Una grammatica italiana per tutti

**Regole d'uso,
esercizi e chiavi
per studenti stranieri**

**Volume primo:
livello elementare**

II edizione
errata corrige pagina 208

**Alessandra Latino
Marida Muscolino**

EDILINGUA

www.edilingua.it

Alessandra Latino e **Marida Muscolino** si occupano da oltre dieci anni di insegnamento della lingua italiana agli stranieri e di formazione degli insegnanti di italiano. Attualmente insegnano presso l'International House di Milano. Sono inoltre preparatrici ed esaminatrici per il conseguimento delle Certificazioni di Italiano dell'Università per Stranieri di Perugia (CELI e CIC).

© Copyright edizioni EdiLingua
www.edilingua.it
info@edilingua.it
via Moroianni, 65 12133 Atene
Tel. +30-210-57.33.900
Fax: +30-210-57.58.903

II edizione: febbraio 2005
Impaginazione e progetto grafico: EdiLingua
Illustrazioni: S. Scurlis
I.S.B.N. 960-7706-70-6

Ha collaborato Antonio Bidetti

L'editore sente il bisogno di ringraziare tutti i colleghi per i loro preziosi commenti nella fase di sperimentazione dell'opera. Un ringraziamento particolare al prof. Graziano Serragiotto e alla prof.ssa Paola Begotti (Università Ca' Foscari di Venezia, Dipartimento di Scienze del Linguaggio), alla prof.ssa Lorenza Mazzocato (Volkshochshule di Francoforte) e alla prof.ssa Nella Leo.
Un grazie anche a tutti coloro che volessero farci pervenire i loro contributi (suggerimenti, segnalazioni, commenti e consigli), ai recapiti sopra riportati, per un miglioramento dell'opera.

> I diritti di traduzione, di memorizzazione elettronica, di riproduzione e di adattamento totale o parziale, con qualsiasi mezzo (compresi i microfilm e le copie fotostatiche) sono riservati per tutto il mondo.

L'ARTICOLO
1. L'articolo determinativo e indeterminativo — pag. 8

IL NOME
2. I nomi: genere e numero — pag. 13
3. I nomi irregolari — pag. 17

4. Gli ausiliari *Essere* e *Avere* — pag. 20
5. È oppure C'è — pag. 24
6. *Ho* oppure *Ce l'ho* — pag. 26

IL PRESENTE INDICATIVO
7. Verbi regolari — pag. 28
8. Verbi irregolari — pag. 31
9. I Verbi modali per esprimere obbligo/permesso — pag. 34
10. I Verbi modali per invitare e rifiutare — pag. 37
11. *Andare* e *Venire* — pag. 39
12. Il presente indicativo con gli avverbi di frequenza — pag. 41
13. Esprimere la capacità: *sapere/potere/riuscire (a)* — pag. 44

LE PREPOSIZIONI
14. Le preposizioni semplici: regole generali — pag. 47
15. Le preposizioni articolate — pag. 52
16. *In* o *A*? — pag. 55
17. *Di* o *Da*? — pag. 57

IL PASSATO PROSSIMO
18. *Essere* e *Avere* usati come ausiliari nei tempi composti — pag. 60
19. Verbi regolari — pag. 63
20. Verbi irregolari — pag. 66
21. Verbi modali — pag. 70
22. Il passato prossimo con le determinazioni di tempo — pag. 72
23. Il passato prossimo con *già/ancora/appena* — pag. 74
24. Il passato prossimo con le azioni finite — pag. 77

IL FUTURO
25. Il futuro semplice: verbi regolari — pag. 79
26. Il futuro semplice: verbi irregolari — pag. 81
27. Il futuro anteriore con le determinazioni di tempo — pag. 85
28. Il futuro per le previsioni — pag. 88
29. Il futuro dopo un verbo di opinione — pag. 90

L'AGGETTIVO
30. La concordanza con il nome — pag. 92
31. Questo/Quello — pag. 95
32. I possessivi — pag. 97
33. I possessivi con la famiglia — pag. 100

34. Le espressioni *Ci vuole/Ci metto* — pag. 102

L'IMPERFETTO
35. Verbi regolari — pag. 105
36. Verbi irregolari — pag. 107
37. Verbi modali — pag. 109
38. L'imperfetto con *mentre* — pag. 111
39. L'imperfetto per le abitudini nel passato — pag. 113
40. L'imperfetto: altri usi — pag. 115
41. Il contrasto fra imperfetto e passato prossimo — pag. 117

IL TRAPASSATO PROSSIMO
42. Il trapassato prossimo — pag. 121
43. Differenza temporale fra l'imperfetto e il trapassato prossimo — pag. 122

I PRONOMI DIRETTI
44. I pronomi diretti — pag. 125
45. I pronomi diretti con i tempi composti — pag. 127

46. *Ci* e *ne* — pag. 129

I VERBI RIFLESSIVI
47. I verbi riflessivi al presente indicativo — pag. 132
48. I verbi riflessivi al presente indicativo: esprimere le emozioni — pag. 134
49. I verbi riflessivi al passato prossimo — pag. 137
50. I verbi riflessivi all'imperfetto — pag. 140

51. Il *si* impersonale — pag. 142

I PRONOMI INDIRETTI
52. I pronomi indiretti — pag. 144
53. Uso dei pronomi diretti e indiretti al telefono — pag. 147
54. I pronomi nella forma di cortesia — pag. 149

INDICE

L'IMPERATIVO

55. L'imperativo per *tu* e *voi* — pag. 150
56. L'imperativo nella pubblicità/avvisi pubblici — pag. 153
57. L'imperativo per esortazioni/consigli — pag. 154
58. L'imperativo per dare istruzioni — pag. 156
59. I pronomi con l'imperativo *tu* e *voi* — pag. 158

IL CONDIZIONALE

60. Il condizionale presente — pag. 160
61. Il condizionale passato — pag. 163
62. Il condizionale presente per esprimere la cortesia — pag. 165
63. Il condizionale presente per i desideri — pag. 167
64. Il condizionale presente per la possibilità — pag. 168
65. Il condizionale presente per i consigli — pag. 170
66. Il condizionale passato per esprimere i rimpianti — pag. 171
67. Il condizionale passato per esprimere il *futuro nel passato* — pag. 174

APPENDICE

Tavole Sinottiche — pag. 178

CHIAVI — pag. 190

PREMESSA

Questo libro di grammatica è il primo di due volumi espressamente pensati per gli studenti stranieri. Nasce dalla nostra decennale esperienza di insegnanti di italiano per stranieri a tutti i livelli, con una tipologia di studenti estremamente varia, per età, nazionalità, ambiente, interessi. Il contatto diretto con gli studenti ci ha portato ad identificare le maggiori difficoltà che gli stranieri incontrano nello studio della lingua italiana e gli aspetti grammaticali che più gli impediscono una comunicazione efficace. Per questi motivi, il nostro approccio alla compilazione del testo è stato eminentemente pratico e si è basato sui seguenti criteri:

- stabilire le priorità sulla base delle esigenze reali dei discenti stranieri;
- facilitare la comunicazione efficace in lingua italiana;
- usare un linguaggio il più possibile autentico e che rispecchia l'italiano parlato attualmente dai parlanti nativi;
- permettere a discenti diversi di usufruire del testo nel modo più adatto alle loro esigenze grazie alla flessibilità dell'impostazione.

Struttura del testo

Il libro si presenta come una raccolta di schede grammaticali (parte teorica) corredate una per una da una serie di esercizi (parte pratica) con le rispettive chiavi di correzione in Appendice. Lo scopo della parte teorica è quello di presentare un determinato argomento di grammatica nella maniera più semplice possibile, insistendo solo sulle informazioni rilevanti per un discente straniero; lo scopo della parte pratica è quello di permettere una verifica diretta dell'apprendimento dell'argomento di grammatica corrispondente.

Caratteristiche della parte teorica: Per agevolare la comprensione delle spiegazioni, la scheda presenta numerosi *Esempi*; il rinforzo avviene tramite le *Frasi*, che presentano l'argomento grammaticale in un contesto reale e quindi facilitano l'uso successivo e autonomo delle strutture da parte dello studente straniero. Gli elementi di particolare interesse o che possono creare difficoltà sono evidenziati, dal punto di vista grafico oltre che concettuale, dall'uso delle *Tabelle* e dei *Nota Bene!*

Caratteristiche della parte pratica: Gli esercizi presentano una tipologia varia, in base ai diversi scopi didattici, ad esempio se mirano a far fare agli studenti pratica controllata o pratica libera. Per questo motivo, oltre ad esercizi come quelli di completamento, di trasformazione o di sostituzione, lo studente ne troverà altri in cui dovrà usare l'immaginazione. In tutti i casi, comunque, gli esercizi riportano un linguaggio autentico; evitano il più possibile l'uso di frasi isolate, ma inseriscono le strutture nei contesti, con il vantaggio per lo studente di comprendere più facilmente l'uso della struttura e di poterla poi riprodurre correttamente in modo autonomo.

Infine, le *Chiavi di correzione* sono state pensate per permettere allo studente di utilizzare il testo anche senza la supervisione di un insegnante.

Destinatari

Il testo (due volumi) è pensato per studenti di corsi di italiano per stranieri, sia individuali che di gruppo, presso scuole e/o università, di livello elementare e intermedio. Pensiamo inoltre che, per le sue caratteristiche e per l'approccio usato, possa essere uno strumento utile per gli studenti stranieri delle scuole e istituti statali italiani che necessitano un approfondimento di determinati temi di grammatica per l'integrazione nella scuola e il corretto sviluppo del curriculum scolastico. Infine, la struttura flessibile del testo lo rende interessante per tutti i privati residenti in Italia o all'estero che desiderano consolidare e/o approfondire le proprie conoscenze di grammatica italiana, sia per motivi personali che di lavoro.

Conclusioni

Per sua stessa natura, *Una grammatica italiana per tutti* non è un testo di grammatica tradizionale. La scelta degli argomenti grammaticali e le spiegazioni che vengono fornite rispondono unicamente ai criteri esposti all'inizio della premessa. Noi speriamo che il libro possa essere uno strumento utile per gli insegnanti di italiano per stranieri che desiderano consolidare e/o far praticare determinate strutture o devono intervenire su argomenti grammaticali che creano ripetute difficoltà ai loro studenti. Abbiamo inteso lasciare ad ogni insegnante la massima libertà nell'utilizzare le schede grammaticali e gli esercizi in base alle esigenze reali dei loro studenti; è sottinteso che ogni insegnante, a sua completa discrezione, integrerà ed approfondirà opportunamente le nostre indicazioni.

Saremo grate a tutti coloro che vorranno mandarci i loro commenti ed osservazioni.

Con l'augurio di un buon lavoro,

Le autrici

L'ARTICOLO DETERMINATIVO E INDETERMINATIVO

Generalmente, in italiano prima di un sostantivo c'è un articolo e dove c'è un articolo c'è sempre un sostantivo.

L'articolo può essere **determinativo** o **indeterminativo**:

determinativo = che conosco già, di cui abbiamo parlato prima, una cosa definita, specifica.

ESEMPI

Prendo **il** treno delle 17.   (è quel treno e non un altro)
Paolo, hai visto **il** gatto?   (conosco il gatto, è il nostro gatto Felix)
Metto **il** libro in valigia?   (è un libro specifico, di cui abbiamo parlato prima)

indeterminativo = che non conosco, una cosa non definita, qualsiasi.

ESEMPI

Prendo **un** treno domani pomeriggio. (un treno qualsiasi, non conosco ancora l'orario)
Paolo, ho visto **un** gatto in giardino! (non conosco il gatto, non è Felix, è un gatto qualsiasi)
Metto **un** libro in valigia?   (un libro qualsiasi, non so quale, devo ancora decidere)

L'articolo e il sostantivo **concordano in genere e numero**:
(maschile **M.** - femminile **F.** - singolare **S.** - plurale **PL.**)

ESEMPI

(articolo determinativo M.S.)   (nome M.S.)
           il   libro

(articolo indeterminativo F.S.)   (nome F.S.)
           una   macchina

ARTICOLO DETERMINATIVO

	SINGOLARE	PLURALE
MASCHILE	Il	I
	L' (*)	
	Lo (**)	Gli (***)
FEMMINILE	La	Le
	L' (*)	

(*) Si usa **l'** davanti a VOCALE (a, e, i, o, u), sia per il maschile che per il femminile.
(**) Si usa **lo** per i nomi maschili davanti a   S + CONSONANTE
                                                    Z
                                                    Y
                                                    PS
                                                    GN
                                                    PN (nella maggior parte delle parole l'italiano moderno preferisce l'articolo **il**: il pneumatico).
(***) Si usa **gli** per il plurale maschile di **l'** e **lo**.

8

Una grammatica italiana per tutti ● edizioni Edilingua

FRASI

il libro mi piace molto.
l'aereo parte alle 10.
lo spagnolo è una lingua molto bella.
lo zio di Nicola vive in Francia.
lo yen è la moneta del Giappone.
lo gnomo è un personaggio delle favole.
la scuola è chiusa.
l'insalata non mi piace.

i biglietti sono esauriti.
gli amici di Max sono simpatici.
gli studenti sono in aula 9.
gli zaini dei bambini sono molto pesanti.
gli yogurt alla frutta sono buoni.
gli psichiatri sono persone eccentriche.
le colline toscane sono bellissime.
le isole greche sono famose.

NOTA ALLA TABELLA: È una questione di pronuncia: la lingua italiana non vuole troppe vocali o consonanti vicine ma preferisce il modello *consonante-vocale-consonante-vocale ecc*. Ecco perché esiste **lo** e **l'**: il studente (3 consonanti vicine, non va bene) lo studente (cons.-voc.-cons., va bene).

ARTICOLO INDETERMINATIVO

	SINGOLARE	PLURALE
MASCHILE	Un Uno / Un (**)	Dei Degli
FEMMINILE	Una Un' (*)	Delle

(*) si usa **un'** davanti a VOCALE, ma solo per il femminile.
(**) si usa **uno** davanti a S + CONSONANTE
　　　　　　　　　　　　　　　Z
　　　　　　　　　　　　　　　Y
　　　　　　　　　　　　　　　PS
　　　　　　　　　　　　　　　GN
　　　　　　　　　　　　　　　PN (nella maggior parte delle parole l'italiano moderno preferisce l'articolo **un**: un pneumatico).

(**) si usa **un** davanti a VOCALE.

ESEMPI

un libro	dei libri
un amico	degli amici
una strada	delle strade
un'amica	delle amiche
uno studente	degli studenti
uno zio	degli zii
uno yogurt	degli yogurt
uno psicologo	degli psicologi
uno gnomo	degli gnomi

! NOTA BENE

○ In caso di parole che finiscono in **-e**, l'articolo specifica il *genere* e il *numero*:

ESEMPI

carne: maschile o femminile? singolare o plurale? ⟶ **la** carne (F.S.)
pesce: maschile o femminile? singolare o plurale? ⟶ **un** pesce (M.S.)
colline: maschile o femminile? singolare o plurale? ⟶ **le** colline (F.PL.)

edizioni Edilingua • *Una grammatica italiana per tutti*

ARTICOLO DETERMINATIVO E INDETERMINATIVO

○ Non usiamo l'articolo determinativo:

● con i nomi di persona:
"Pronto, c'è Maria?" *(c'è la Maria=da evitare, dialettale)*

● con i nomi di città:
"Tokyo è una città molto grande". *(il Tokyo=errore)*

● con alcune espressioni, del tipo:
ho fame, ho sete, ho sonno ecc. ... *(ho la fame=errore)*

● con la domanda: "Che lavoro fa?"
"Che lavoro fa Paolo?" "È avvocato". *(è l'avvocato=errore)*

● con una lista di parole (non obbligatoriamente):
"Ho portato tutto ... passaporto, biglietti, agenda, cellulare. Ok, possiamo andare".

● con gli aggettivi possessivi sing. (mio, tuo, suo ecc.) + nome di parentela sing. (padre, madre ecc.)
"Come sta tuo padre?" *(come sta il tuo padre=errore)*

ESERCIZI

1. Quale articolo determinativo?

1. .... zio
2. .... sciopero
3. .... psicologo
4. .... borsa
5. .... isola
6. .... appartamento
7. .... penna
8. .... studente
9. .... indirizzo
10. .... zia
11. .... professore
12. .... agenda

Trasforma al plurale:

1. *gli zii*
2. ....
3. ....
4. ....
5. ....
6. ....
7. ....
8. ....
9. ....
10. ....
11. ....
12. ....

2. Completa il testo con l'articolo determinativo

"(1)........ vita è bella" è (2)........ film di Roberto Benigni che ha vinto (3)........ Oscar. (4)........ storia è terribile: (5)........ nazisti contro (6)........ ebrei, (7)........ guerra, (8)........ fame, (9)........ morte. (10)........ idea geniale di Benigni è che (11)........ film è anche molto divertente. È possibile unire (12)........ dolore con (13)........ divertimento? Sì, è possibile. (14)........ spettatori ridono e piangono. Bravo Benigni e bravi tutti (15)........ attori, in particolare (16)........ attore di 8 anni che recita la parte del bambino. (17)........ insegnanti spesso fanno vedere questo film in classe e (18)........ studenti sono sempre molto interessati. Questo succede in tutto (19)........ mondo: (20)........ messaggio di questo film è universale.

Una grammatica italiana per tutti ● edizioni Edilingua

3. Correggi i sei errori presenti nel testo

"Cheese please!" è la festa dei formaggi italiani organizzata da Slow Food a Bra (Cuneo). I italiani amano molto i formaggi e, infatti, l'Italia ha tanti formaggi differenti. Il interesse per i nostri prodotti è molto forte anche all'estero. Gli stranieri comprano soprattutto il formaggi piccanti (pecorino e gorgonzola per esempio) e il famoso Parmigiano. All'interno di questa festa è possibile anche seguire i lezioni di Maurizio Donà - lo esperto di gastronomia - che insegna come scegliere il vino giusto per ogni formaggio. E allora, tutti a Bra! Per informazioni contattate la sito www.slowfood.it

4. Quale articolo indeterminativo?

1. ..... specchio
2. ..... ragazza
3. ..... aranciata
4. ..... cane
5. ..... sbaglio
6. ..... lezione
7. ..... psicologo
8. ..... edicola
9. ..... zio
10. ..... aereo
11. ..... yogurt
12. ..... bicicletta

Trasforma al plurale:

1. *degli specchi*
2. .....
3. .....
4. .....
5. .....
6. .....
7. .....
8. .....
9. .....
10. .....
11. .....
12. .....

5. Completa le frasi con l'articolo indeterminativo

1. A: Ho visto ..... appartamento ieri...
   B: Bello?
   A: Sì, ma è in ..... zona che non mi piace.
2. A: Conosci ..... ragazzo che si chiama Luca?
   B: Sì, è ..... studente di lingue.
3. A: Buongiorno, vorrei ..... valigia abbastanza grande.
   B: Sì, subito.
4. A: Ma che hai?
   B: Eh, domani ho ..... esame difficile. Ho paura.
   A: Senti, ho ..... idea: vieni a casa mia e ti aiuto a ripassare.
5. Devo comprare ..... zaino. È molto più comodo della borsa.
6. A: Allora, cosa compri per il giardino?
   B: ..... tavolo, ... lampada e poi ..... gnomo.
   A: Cosa?!
   B: Ma sì, è divertente!
7. A: Dove andiamo stasera?
   B: C'è ..... ristorante carino qui vicino. Fanno la bistecca in modo eccezionale!
   A: Ma io sono vegetariana!
   B: Vabbé, tu prendi ..... insalata o ..... yogurt.

ARTICOLO DETERMINATIVO E INDETERMINATIVO

edizioni Edilingua • *Una grammatica italiana per tutti*

6. Completa le seguenti frasi con l'articolo (determinativo o indeterminativo) corretto e indica se l'informazione è VERA o FALSA

		V	F
1.	_Gli_ irlandesi parlano gaelico.	X	☐
2.	.... persona può vivere 15 giorni senza mangiare.	☐	☐
3.	.... sport più popolare in Italia è il calcio.	☐	☐
4.	.... aereo supersonico supera i 300km/h.	☐	☐
5.	.... costellazione è un gruppo di pianeti.	☐	☐
6.	.... elefanti vivono solamente in Africa.	☐	☐
7.	.... strudel è un tipico dolce francese.	☐	☐
8.	.... arance sono arrivate in Europa dalla Cina.	☐	☐

7. Trasforma le frasi al plurale (attenzione a verbi, nomi, aggettivi)

1. In aula c'è una ragazza italiana. → _In aula ci sono delle ragazze italiane._
2. A Londra conosco un ristorante interessante.
3. Non posso riposare! C'è un bambino che gioca in strada.
4. Posso invitare un amico stasera a cena?
5. A teatro c'è uno spettacolo bellissimo.
6. Vorrei fare una lezione di italiano.
7. Chi è? Uno studente spagnolo.
8. Su Internet c'è una notizia molto interessante.

8. In base al significato della frase, quale articolo usiamo?

Determinativo (*per qualcosa che conosciamo già, definita*) o **indeterminativo** (*qualcosa che non conosciamo, non definita, qualsiasi*)?

1. A: Sai dov'è il/un professore Ferrari?
   B: Sì, è in aula 5.
2. A: Ehi, quanti DVD!
   B: Vuoi vedere il/un film?
   A: Va bene, quale?
   B: Decidi tu.
3. A: Carlo, dov'è il/un cane?
   B: In giardino, credo.

...in giardino

4. Scusi, dov'è la/una chiesa di San Callisto?
5. Devo comprare la/una borsa nuova.
6. A: Se vedi il/un cane in strada devi fare attenzione, può essere pericoloso!
   B: Ma va'!
7. Mamma, mi racconti la/una storia?
8. Tutti a tavola! Il/Un pranzo è pronto!
9. A: Un/Il professore universitario in genere è una persona molto riservata, non credi?
   B: Ma no! Il/Un professor Pirani, è molto simpatico!
10. Conosci la/una storia di Pinocchio?

I NOMI: GENERE E NUMERO

In italiano tutti i nomi hanno un *genere* (maschile **M.** o femminile **F.**) e un *numero* (singolare **S.** o plurale **PL.**).

Tutti i nomi italiani finiscono in vocale.

1 Generalmente:
i nomi che finiscono in **-o** sono MASCHILI
i nomi che finiscono in **-a** sono FEMMINILI

ESEMPI

il lib**ro** (M.S.)   la strad**a** (F.S.)

2 Per i nomi che finiscono in **-e** non è possibile "vedere" se sono maschili o femminili.
È necessario memorizzare il genere o -se c'è- guardare l'articolo che è prima del nome:

ESEMPI

lezione: maschile o femminile? ⟶ femminile: **la** lezione

fiume: maschile o femminile? ⟶ maschile: **il** fiume

3

	SINGOLARE	PLURALE
MASCHILE	- o	- i
	- e	
FEMMINILE	- a	- e
	- e	- i

Come si vede, il plurale più frequente è in **-i**.

ESEMPI

	SINGOLARE	PLURALE		SINGOLARE	PLURALE
maschile	il lib**ro**	i lib**ri**	*femminile*	la lezion**e**	le lezion**i**
	un lib**ro**	dei lib**ri**		una lezion**e**	delle lezion**i**
	l'ami**co**	gli ami**ci**		la bors**a**	le bors**e**
	un ami**co**	degli ami**ci**		una bors**a**	delle bors**e**
	il can**e**	i can**i**		l'isol**a**	le isol**e**
	un can**e**	dei can**i**		un'isol**a**	delle isol**e**

! **NOTA BENE**

Ecco alcune regole per aiutare a memorizzare il genere dei nomi, soprattutto i nomi in **-e** (le eccezioni però sono sempre presenti).

○ Sono generalmente **maschili**:

• i nomi che finiscono in - ORE
- ONE
- ALE
- ILE

l'att**ore**, il magli**one**, il giorn**ale**, il cort**ile**
Il plurale è regolare:
gli att**ori**, i magli**oni**, i giorn**ali**, i cort**ili**

- i nomi di origine straniera (la maggior parte termina in consonante):
  lo sport, il bar, il CD, il DVD, il film, il computer *(eccezione: un'e-mail)*
  *Il plurale **non** cambia:*
  gli sport, i bar, i CD, i DVD, i film, i computer

- i nomi di montagne, laghi, fiumi, mari:
  Il Cervino è molto alto. Che bello **il** Lago di Garda! **Il** Tevere è il fiume di Roma.
  Il Mar Ligure è vicino. *(eccezioni: le Dolomiti, le Alpi, la Senna ecc.)*

- i nomi dei mesi e dei giorni:
  Che brutto **il** lunedì! Che giorno preferisci? Ah, **il** sabato! *(eccezione: la domenica)*
  Quest'anno abbiamo **un** aprile veramente freddo.

○ Sono generalmente **femminili**:

- i nomi che finiscono in - ICE
  - IONE
  - UDINE
  - IE (plurale irregolare)

  l'attr**ice**, la staz**ione**, l'abit**udine**, la ser**ie**

  Il plurale è regolare (eccetto per i nomi in -IE che non cambiano):
  le attr**ici**, le staz**ioni**, le abitud**ini**,
  le ser**ie** *(fanno eccezione: la superficie - le superfici
                                       la moglie - le mogli)*

- i nomi che finiscono in -TÀ
  -TÙ

  l'universi**tà**, la cit**tà**, la vir**tù**

  *Il plurale **non** cambia:*
  le universi**tà**, le cit**tà**, le vir**tù**

- i nomi di continenti, nazioni, regioni, isole e città:
  (numerose però le eccezioni):
  L'Europa unita. **La** Francia è molto bella. **La** Toscana è famosa. Capri è molto piccola.
  Tokyo è molto moderna.

- i nomi che indicano un concetto, un'idea astratta e i nomi di scienza:
  la pace, la fede, la bellezza, la giustizia, la matematica.

○ In italiano le parti di una frase hanno un forte legame: una parte dipende dall'altra. Per esempio: se un nome (il soggetto) è femminile singolare, altre parti della frase sono al femminile singolare.

ESEMPI

strad**a**: femminile singolare   "La strada per il mare è lunga ma bellissima."

La	strada	per il mare	è	lunga	ma	bellissima
ARTICOLO	NOME		VERBO	AGGETTIVO		AGGETTIVO
femm./sing.	femm./sing.		singolare	femm./sing.		femm./sing.

strad**e**: femminile plurale   "Le strade per il mare sono lunghe ma bellissime."

Le	strade	per il mare	sono	lunghe	ma	bellissime
ARTICOLO	NOME		VERBO	AGGETTIVO		AGGETTIVO
femm./plur.	femm./plur.		plurale	femm./plur.		femm./plur.

ESERCIZI

1. Completa le seguenti frasi

1. A: Prendi una birr.....?
   B: No grazie, preferisco il vin......
2. A: Chi è?
   B: Un amic..... di Piero.
3. A: Scusi, dov'è la stazion.....?
   B: Sempre diritto, dopo la chies......
4. A: Maria, dove sono le mie scarp.....?
   B: Sotto il divan.....!
5. A: Le vacanz..... sono finite!
   B: Eh sì, il lavor..... ci aspetta.
6. A: Qual è il fium..... di Roma?
   B: Il Tevere.

2. Come sopra

1. A: Il padr...... di Laura è veramente simpatico!
   B: Sì, è vero. La madr......, invece, non parla molto.
   A: Mah, forse è un po' timida.
2. A: Ecco i bigliett..... e il passaport.....!
   B: Grazie. La valigi..... qui, per favore. L'aere..... parte fra 20 minuti.
3. A: Devo fare gli eserciz..... di italiano per la lezion..... di domani.
   B: Vuoi un aiut.....?
4. Dove sono le chiav..... di casa?
5. A: Sai, ho un gatt....., si chiama Felix.
   B: Io invece ho un can......, Poldo.
6. A: C'è un odor..... terribile qui!
   B: Apro la finestr......?
   A: Eh certo!

3. Inserisci i nomi dati nelle tabelle. Per i nomi in -e (plurale -i) è necessario ricordare il genere

ristorante canzone aerei strade ragazze università giornali esercizi fiume
colazione stazioni classe scarpe lavoro libri abitudini formaggio chiavi
lezioni città biglietti attori mare vacanze televisione valigia cani

SINGOLARE		PLURALE	
maschile	femminile	maschile	femminile

edizioni Edilingua • *Una grammatica italiana per tutti*

4. Trasforma le frasi dal singolare al plurale

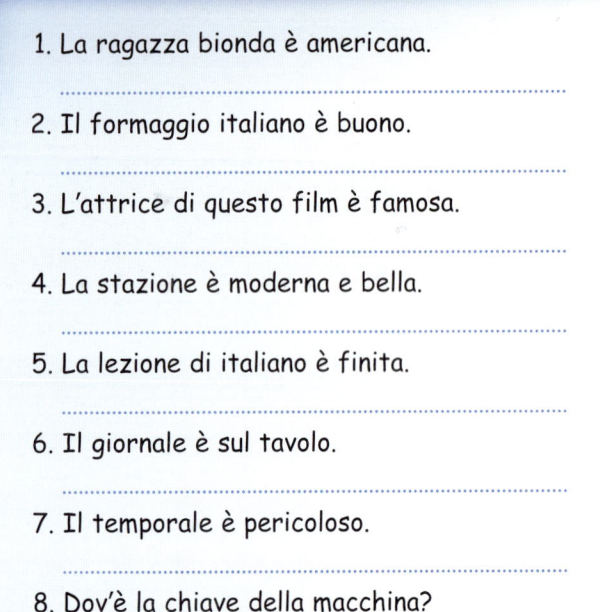

1. La ragazza bionda è americana.
   ....
2. Il formaggio italiano è buono.
   ....
3. L'attrice di questo film è famosa.
   ....
4. La stazione è moderna e bella.
   ....
5. La lezione di italiano è finita.
   ....
6. Il giornale è sul tavolo.
   ....
7. Il temporale è pericoloso.
   ....
8. Dov'è la chiave della macchina?
   ....

...mmm, il parmigiano!

...e la chiave?

5. Completa il testo cercando di ricordare il genere in base alla terminazione delle parole

1. A: Chi è Mel Gibson?
   B: Come, non lo sai? È ..... att*ore* australian..... molto famos......
2. Ho letto che ..... univers*ità* di Bologna è antichissim......
3. Mi passi ..... giorn*ale*?
4. A: ..... sta*gione* che preferisco è la primavera, e tu?
   B: Mah, per me ..... stagioni sono tutt..... bell......
5. A: Cosa vuoi per il tuo compleanno?
   B: Allora, ... CD, ... DVD e anche ..... pall*one*.
6. A: Ehi, stasera in Tv c'è X-Files!
   B: Cos'è?
   A: È ..... se*rie* american..... molto famos......
7. Ieri, Carlo mi ha mandato ..... *e-mail* lunghissim..... e così nois......!
8. Mario, ... lavatr*ice* non funziona!
9. ..... *sport* che preferisco sono il calcio e ..... *basket*.
10. A: Sai ..... nov*ità*? Michele si sposa!
    B: Ma dai! Non è possibile!

I NOMI IRREGOLARI

Generalmente:
- i nomi che finiscono in **-o** sono MASCHILI
- i nomi che finiscono in **-a** sono FEMMINILI
- i nomi che finiscono in **-e** possono essere MASCHILI o FEMMINILI

Ci sono però molti nomi che non seguono questa regola.

1 NOMI MASCHILI in -A

Sono nomi che finiscono in:
- A
- ISTA
- MA
- AMMA
- ETA/OTA

ESEMPI

il colleg**a**	l'atlet**a**	lo psichiatr**a** (*)				
il pian**ista**	il dent**ista**	il tur**ista**	il reg**ista**	il giornal**ista**	il tass**ista**	l'art**ista** (*)
il te**ma**	il proble**ma**	il cli**ma**	il siste**ma**	il panora**ma**		
il progr**amma**	il telegr**amma**	il dr**amma**				
il po**eta**	il pian**eta**	il maraton**eta**(*)	il pil**ota**			

Il plurale è regolare:

i colleghi	gli atleti	gli psichiatri				
i pianisti	i dentisti	i turisti	i registi	i giornalisti	i tassisti	gli artisti
i temi	i problemi		i sistemi	i panorami		
i programmi	i telegrammi	i drammi				
i poeti	i pianeti	i maratoneti	i piloti			

(*) anche femminili, se la persona è una donna: la collega, la psichiatra, la pianista, la turista ecc.
Al plurale: le colleghe, le psichiatre, le pianiste, le turiste ecc.

2 NOMI FEMMINILI in -O

Sono nomi che normalmente, soprattutto nella lingua parlata, si usano abbreviati:
la mot**o**(cicletta), l'aut**o**(mobile), la fot**o**(grafia), la radi**o**.

*Il plurale **non** cambia:*
le moto, le auto, le foto, le radio.

3 NOMI FEMMINILI in -I / -SI

Sono nomi di origine greca:
la metropol**i**, la cris**i**, la diagnos**i**, la tes**i**, l'anali**si**, la sinte**si**, la parente**si**.

*Il plurale **non** cambia:*
le metropoli, le crisi, le diagnosi, le tesi, le analisi, le sintesi, le parentesi.

NOMI IRREGOLARI

edizioni Edilingua • *Una grammatica italiana per tutti*

PLURALI IRREGOLARI

• Generalmente:

	SINGOLARE	PLURALE
maschile	-o -e -a (nomi irregolari)	-i

	SINGOLARE	PLURALE
femminile	-a -e	-e -i

• Alcuni nomi hanno il plurale irregolare:

SINGOLARE	PLURALE
l'uomo	gli uomini
l'uovo	le uova (femminile plurale)
il paio	le paia (femminile plurale)

• Sono irregolari al plurale i nomi di alcune parti del corpo:

SINGOLARE *maschile*	PLURALE *femminile*
il braccio	le braccia
il dito	le dita
il ginocchio	le ginocchia
il labbro	le labbra
l'osso	le ossa

"la mano" è irregolare al singolare (plurale: "le mani").

• La formazione del plurale di alcune parole segue delle complesse regole di fonetica e ortografia. La tabella qui sotto illustra queste regole:

		SINGOLARE		PLURALE	
Maschile	-io *i* non accentata -io *i* accentata	l'orologio lo zio	-i -ii *i* accentata	gli orologi gli zii
	-co -go accento sulla penultima sillaba	il banco l'albergo	-chi -ghi	i banchi gli alberghi
	-co -go accento sulla terzultima sillaba	il medico lo psicologo	-ci -gi	i medici gli psicologi
Femminile	-ca -ga	l'amica la collega	-che -ghe	le amiche le colleghe
	-cia *i* accentata	la farmacia	-cie *i* accentata	le farmacie
	vocale -cia vocale -gia *i* non accentata	la camicia la valigia	-cie -gie *i* non accentata	le camicie le valigie
	consonante -cia consonante -gia *i* non accentata	la faccia la spiaggia	-ce -ge *i* non accentata	le facce le spiagge

Anche in questo caso ci sono alcune eccezioni:
l'amico → gli amici *(gli amichi = errore)*, il nemico → i nemici, il greco → i greci
il dialogo → i dialoghi, il monologo → i monologhi, l'obbligo → gli obblighi, il riepilogo → i riepiloghi

ESERCIZI

1. Scegli l'articolo corretto. Osserva con attenzione la terminazione delle parole

Alla rivista *Quattrozampe*:
Gentile direttore,
sono (1)un/una giornalista e sono in vacanza con mia moglie a Portovecchio, all'albergo *Sole bello*. (2)Il/la panorama è veramente spettacolare e (3)il/la clima è molto piacevole. (4)Il/la problema è che l'albergo non vuole il mio cane, Gringo. (5)Il/la sistema funziona così: niente cani! Per mia moglie è (6)un/una dramma: (7)il/la foto di Gringo è vicino al letto e il cane dorme in macchina. Ho anche mandato (8)un/una telegramma alla Protezione Animali. Potete aiutarmi?
Cordiali saluti,
Daniele Forno

...povero Gringo!

2. Indica se i seguenti nomi sono maschili o femminili

	M	F			M	F
1. clima			10. crisi			
2. metropoli			11. sistema			
3. moto			12. sport			
4. problema			13. dramma			
5. giornalista			14. poeta			
6. panorama			15. collega			
7. serie			16. foto			
8. ipotesi			17. radio			
9. pianeta			18. turista			

3. Scrivi il plurale dei seguenti nomi

1. La collega
2. L'arancia
3. L'uovo
4. Il dito
5. L'uomo
6. Lo zio
7. La banca
8. Il medico
9. La valigia
10. Il figlio
11. Il teologo
12. L'amica

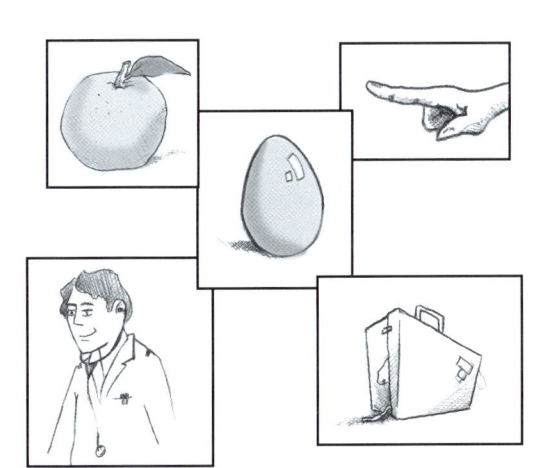

NOMI IRREGOLARI

4

4. Correggi i 6 plurali errati presenti nelle frasi

1. A: L'hotel *Hilton* e l'hotel *Hassler*. Li conosci?
   B: Sì, sono due albergi molto famosi.
2. A: Vado a comprare qualcosa per il mal di stomaco.
   B: Guarda che le farmace sono chiuse adesso!
3. Quando arrivano gli zii?
4. Per fare la torta quante uove devo comprare?
5. I suoi amici sono davvero simpatici.
6. Sai, Mario colleziona orologii antichi.
7. I violinisti e i chitarristi usano i diti della mano sinistra.
8. Vai in Australia: ci sono delle spiagge fantastiche.

...un violinista

GLI AUSILIARI *ESSERE* E *AVERE*

Essere e **Avere** sono **verbi irregolari**. Sono molto frequenti e si possono usare in molti casi.

CONIUGAZIONE

	ESSERE	AVERE
io	sono	ho
tu	sei	hai
lui/lei	è	ha
noi	siamo	abbiamo
voi	siete	avete
loro	sono	hanno

- Alcuni esempi di frasi con **essere**:

ESEMPI

con gli **aggettivi**
Il tempo è *brutto*.
Luigi e Marco sono *italiani*.
Questo problema è *difficile*.

per indicare la **posizione o il luogo**
Sono *a Milano*.
La borsa è *sulla sedia dell'ingresso*.
A: *Dove* siete?
B: Siamo *vicino a casa*.

20

Una grammatica italiana per tutti • edizioni Edilingua

- Alcuni esempi di frasi con **avere**:

ESEMPI

con i *nomi*
    Ho *la macchina*.
    Abbiamo *figli* grandi.
    A: **Avete** *francobolli*?
    B: No, signora, mi dispiace.
    Mia madre **ha** 60 *anni*.   (*indica l'età*)
    I bambini **hanno** *fame/sete/caldo/freddo*.   (*indica lo stato fisico*)

FRASI

Mia sorella minore **ha** quindici anni.

A: **Sei** stanco?
B: No, però **ho** caldo.

Siamo contenti di andare in vacanza.

È una persona molto simpatica, ma qualche volta **ha** poca pazienza.

A: Volete venire al bar con noi?
B: Purtroppo non **abbiamo** tempo.

Sono ancora in ufficio, ma esco fra 5 minuti.

Siamo in vacanza!

! NOTA BENE

- Alcuni esempi di **espressioni idiomatiche** con **essere** e **avere**:

ESEMPI

Essere in ritardo
Essere in anticipo
Essere/non essere d'accordo
Avere torto
Avere ragione
Avere da fare
Avere bisogno (di)
Avere voglia (di)

FRASI

Devo andare via, **sono in ritardo**.   (*non ho tempo*)

Sono in anticipo all'appuntamento   (*sono arrivato prima dell'ora stabilita*)
e devo aspettare 20 minuti.

Hai ragione, sono d'accordo con te.   (*dici una cosa giusta, ho la tua stessa opinione*)
Hai torto, non sono d'accordo.   (*dici una cosa sbagliata, ho un'opinione diversa*)

A: Puoi venire al cinema con noi?
B: Mi dispiace, **ho da fare** in ufficio.   (*sono occupato*)

Ho bisogno di relax per studiare.   (*è necessario per me*)

A: Vieni in discoteca?
B: No, non **ho voglia di** stare al chiuso.   (*non voglio*)

...ho molto da fare

AUSILIARI ESSERE E AVERE

edizioni Edilingua • *Una grammatica italiana per tutti*

4 AUSILIARI ESSERE E AVERE

- **Essere** o **avere** usati con **alcuni aggettivi** o **verbi** indicano un **tempo** diverso:
    - **essere** indica *il tempo presente*
    - **avere** indica *il tempo passato*

ESEMPI

(ora)
Il negozio è aperto/è chiuso.
Anna e Paolo **sono** sposati.
La porta è rotta.

(prima)
Paolo **ha** aperto/**ha** chiuso il negozio.
Paolo **ha** sposato Anna.
Hai rotto la porta.

ESERCIZI

1. Completa le frasi con le forme verbali date

siamo, hanno, siete, ha, sono, sei, hai, è

1. A: .... fame?
   B: Un po', adesso mi faccio un panino.
2. La madre di Anna .... di origine argentina.
3. A: Potete dare un passaggio a Giovanni e Laura?
   B: Purtroppo no, ... già cinque in macchina.
4. Paolo, i bambini .... sonno, portali a letto.
5. A: Pronto, ... Marta. Posso parlare con Giacomo?
   B: Sì, un momento.
6. A: .... olandesi?
   B: No, danesi.
7. Mio figlio .... quasi quindici anni.
8. A: .... stanca?
   B: Sì, vorrei riposarmi cinque minuti.

2. Completa con *essere* oppure *avere*

1. A: .... libero domani sera?
   B: No, mi dispiace, ... da fare.
2. Secondo me, Giulio e Paolo .... torto: non .... vero che Marco .... antipatico.
3. A: Quando puoi finire questo lavoro?
   B: .... bisogno di una settimana di tempo.
4. A: Non mi piace uscire con lui, ... sempre in ritardo.
   B: .... ragione, secondo me non .... rispetto per gli altri.
5. A: .... pronto?
   B: Quasi, ... un'ultima telefonata da fare.
6. A: Ti preparo qualcosa?
   B: No, grazie, non .... voglia di mangiare, vado subito a letto.

3. Metti *essere* o *avere* secondo il tempo delle frasi

1. A: Ti ricordi quando Patrizia .... sposato Luca?
   B: Nel 1999, mi pare.
2. A: Che bell'uomo, chissà se .... sposato!
   B: Sì, purtroppo, conosco sua moglie.
3. Mi dispiace, signore, il ristorante .... chiuso.
4. La società aveva dei problemi finanziari, perciò .... chiuso.
5. Franco ha avuto un incidente e .... distrutto la macchina di suo padre.
6. A: Come stai?
   B: .... distrutto, ho fatto 10 Km di corsa.
7. Il telecomando del televisore .... rotto, puoi ripararlo?
8. Ecco, i bambini .... di nuovo rotto il telecomando del televisore!

4. Completa i brevi dialoghi con le seguenti espressioni coniugando il verbo

*essere in ritardo/in anticipo, essere/non essere d'accordo,
avere torto/ragione, avere da fare, avere bisogno, avere voglia*

1. A: Che caldo! Ci fermiamo in quel bar?
   B: Volentieri! .... di un bel gelato.
2. A: Scusami, ... Aspetti da molto?
   B: No, solo da 10 minuti.
3. A: Gli amici di Marco sono ragazzi simpatici e alla mano.
   B: .... , io li trovo piuttosto arroganti.
4. A: Vado al supermercato. .... di qualcosa?
   B: Sì, grazie, puoi prendermi una scatola di biscotti per la colazione?
5. A: Non ti sembra un po' noiosa questa conferenza?
   B: .... Oltretutto, non dicono nulla di nuovo.
6. A: Mi dispiace dirlo, ma il bambino di Paola è molto maleducato.
   B: Sì, lei .... ad accontentarlo in tutto.
7. A: Ho un appuntamento con il Dottor Bianchi alle 17.00, ma ....
   B: Non si preoccupi, vedo se può riceverLa prima.
8. A: .... ? Ti disturbo?
   B: No, affatto, vieni pure!

È oppure C'è

Usiamo **È** (essere) oppure **C'è** (esserci) in situazioni diverse.

- Alcuni esempi con **È** (essere):

ESEMPI

Questo **è** il signor Ferrari, e queste **sono** le sue valigie.	(*identifico* una persona/una cosa)
Paola **è** bionda e simpatica.	(parlo delle **caratteristiche** di Paola)
Questa frutta **è** matura.	(parlo dello **stato** della frutta)

- Alcuni esempi con **C'è** (esserci):

ESEMPI

Ci sono molti problemi in quest'ufficio.	(**descrivo** problemi che esistono in questo **momento**)
L'aereo non può atterrare perché **c'è** troppa nebbia.	(la nebbia è **presente** in questo **momento**)
Che problema **c'è**?	(chiedo che tipo di problema **esiste** in questo **momento**)

FRASI

A: Che cosa **c'è**?
B: **Sono** stanco.

A: **Ci sono** ancora delle pesche in casa?
B: Sì, ma non **sono** molto buone.

A: Pronto, **sono** Anna, posso parlare con Simone?
B: Mi dispiace, non **c'è** in questo momento.

A: Il telefono suona, chi **può essere** a quest'ora?
B: Non lo so, ma **deve essere** importante.

A: Sai se abbiamo delle buste?
B: Guarda, **deve esserci** una scatola di buste bianche nell'armadio a destra.

Come sono stanco!

ESERCIZI

1. Completa le frasi con le forme verbali date

è, sono, ci sono, c'è, è, sono, c'è, ci sono

1. Il mio lavoro .... interessante e mi dà soddisfazione.
2. Non .... tempo per finire tutto, continuiamo domani.
3. Paolo e Giorgia .... sposati da tre anni.
4. Quanti ragazzi .... in questo corso?
5. Oggi .... una bella giornata, ma un po' ventosa.
6. Non .... più pane in casa.
7. Chi .... queste persone?
8. Che caldo! Per fortuna .... i condizionatori d'aria.

A casa mia c'è sempre fresco!

2. Abbina le frasi delle due colonne, come nell'esempio

1. In quest'ufficio
2. Queste giornate
3. Le tue scarpe
4. A Venezia
5. Nel mio condominio
6. Le vacanze
7. Gli animali domestici
8. Il dentista

a) è in via Manzoni.
b) sono vicine.
c) ci sono dei vicini simpatici.
d) sono una responsabilità.
e) c'è l'aria condizionata.
f) ci sono sempre turisti.
g) sono calde.
h) sono care.

3. Essere o esserci? Completa i brevi dialoghi

1. A: Pronto, ... Anna, ... Paolo?
   B: .... io.
2. A: Che ore ....?
   B: Le 7 e 30.
3. A: Buongiorno, signora, desidera?
   B: Vorrei della mozzarella di bufala.
   A: Mi dispiace, non .... più, però abbiamo della ricotta. Guardi, ... freschissima.
4. A: Scusi, ... una banca qui vicino?
   B: Mi dispiace, non .... di qui.
5. A: .... libero domani verso l'ora di pranzo?
   B: Purtroppo no, ... una riunione e non so quando finisce.
6. A: Che cosa .... da mangiare?
   B: Mah, ... delle uova, oppure una pizza.
7. A: Come .... il tempo lì da voi?
   B: .... bello, ... il sole. E da voi?
   A: .... un po' di vento, ma non fa freddo.
8. A: Questa gonna .... troppo grande. Posso cambiarla?
   B: Certo, non .... problema.

4. Leggi il brano e correggi i 5 errori presenti

La nostra vita c'è frenetica. Non c'è mai tempo sufficiente per fare tutto. Esco di casa presto tutte le mattine, ma sono sempre in ritardo al lavoro perché c'è sempre traffico. Qualche volta decido di prendere i mezzi, ma non mi piacciono, ci sono troppo affollati. Anche il sabato e la domenica non riesco veramente a rilassarmi: è sempre qualcosa da fare, siamo sempre in giro per fare spese, visite o cose del genere. Insomma, c'è impossibile continuare così, sono troppo stressato. Mia moglie dice che la vita moderna è così, e comunque sono tanti vantaggi, ma io non sono d'accordo con lei.

...sempre traffico
...autobus affollati
...fare spese

Ho oppure Ce l'ho

1 Usiamo **ho** (avere) quando **nominiamo l'oggetto** nella frase.

ESEMPI

Ho *la macchina*.	la macchina	
Abbiamo *molte cose* da fare.	molte cose	= **oggetto espresso nella frase**
Non ho *tempo*.	tempo	

2 Usiamo **ce l'ho** quando **sostituiamo un oggetto** già nominato in precedenza.

ESEMPI

A: Hai *la macchina*?
B: Sì, **ce l'ho**.   *(sostituisce l'oggetto "la macchina", già nominato)*

Credevo di avere *il portafoglio*,
invece non **ce l'ho**.   *(sostituisce l'oggetto "il portafoglio")*

- Quando usiamo **ce l'ho**, " **l'** " cambia se l'oggetto è al plurale (PL.) maschile (M.) o femminile (F.).

ESEMPI

A: Hai *le chiavi*?
B: Sì, ce **le** ho.   *(**le** sostituisce "le chiavi", F.PL.)*

A: Hai *i soldi*?
B: No, non ce **li** ho.   *(**li** sostituisce "i soldi", M.PL.)*

FRASI

A: Desidera?
B: **Ha** marche da bollo?
A: No, mi dispiace, provi dal tabaccaio di fronte.

A: Che macchina **hai**?
B: Una *Punto*.
A: **Ha** il climatizzatore?
B: Sì, ormai **ce l'hanno** tutte di serie.

A: Il passaporto, **ce l'hai** con te?
B: Ma certo, eccolo.

A: Allora, domani si va a sciare?
B: Se trovo qualcuno che mi presta gli scarponi, perché io non **ce li ho**.

! NOTA BENE

- Usiamo **Ce l'ho (avercela)** in un'espressione comune:

avercela con qualcuno   *(significa: sono arrabbiato con qualcuno)*

ESEMPI

A: Perché sei così nervosa, che ti ho fatto?
B: Scusa, non **ce l'ho con te**, sono arrabbiata per il lavoro.

A: Non capisco perché **ce l'hai con lui**.
B: Mi ha raccontato una bugia.

ESERCIZI

1. Completa le frasi con le forme verbali date

ce l'abbiamo, avete, hai, ho, ce li hanno, ce li ha, ce le ho

1. A: Sai dove sono le chiavi della macchina?
   B: Sì, ... io.
2. A: .... una sigaretta?
   B: Mi dispiace, non fumo.
3. Volevo dei panini integrali, ma non ....
4. A: Dica, signora.
   B: .... della mozzarella di bufala?
   A: Sì, ...
5. A: Vieni anche tu alla riunione?
   B: No, ... un appuntamento in banca.
6. A: E i biglietti del treno?
   B: .... Marco.

2. Completa i mini-dialoghi con la domanda o la risposta

1. A: ....?
   B: Sì, ce l'ho.
2. A: Sei a piedi?
   B: No, ...
3. A: ....?
   B: No, non ce li abbiamo.
4. A: ....?
   B: Sì.
5. A: Vuoi venire con noi?
   B: Mi dispiace, ...
6. A: ....?
   B: Ce le ha lui.

3. *Ho* oppure *ce l'ho*? Completa con l'espressione giusta

1. A: Anna, puoi prestarmi la macchina oggi?
   B: Mi dispiace, non ...., è dal meccanico.
2. Il mio capo .... con me, non gli va mai bene niente di quello che faccio.
3. A: Che cosa vi servo, signori?
   B: .... la zuppa di pesce?
   A: Mi dispiace, oggi non ....
4. A: Perché non compri una macchina come quella?
   B: Costa 25.000 euro, chi ....?
   A: Puoi fare un finanziamento.
   B: No, guarda, non .... voglia di pagare rate per 3 anni.
5. A: Allora, ... tutto?
   B: Sì, possiamo andare.
6. A: Che cosa .... il gatto?
   B: Non lo so, non mangia da ieri sera.
7. Ci dispiace di non poter venire da voi, ma .... un problema in famiglia.
8. A: Paolo e Silvia .... il tuo numero?
   B: No, non ....

4. Correggi i 4 errori presenti in queste frasi

1. Oggi non vengo perché non ce l'ho tempo.
2. Io, la macchina, non ce l'ho.
3. Non avete per caso un sacchetto?
4. Hai una penna? No, non ho.
5. Mi dispiace, non ho moneta.
6. Oggi l'avvocato ce l'ha una riunione fino alle 5.30.
7. Ce l'hanno l'ascensore rotto e devono salire a piedi.
8. Quanti anni hai?

IL PRESENTE INDICATIVO: VERBI REGOLARI

1 In italiano ci sono **tre** gruppi di verbi:

-ARE   -ERE   -IRE

ESEMPI

(-ARE)   parl**are**, mangi**are**, lavor**are**

(-ERE)   prend**ere**, viv**ere**, legg**ere**

(-IRE)   dorm**ire**, part**ire**, sent**ire**

2 Per formare il presente indicativo, **bisogna togliere** -ARE, -ERE, -IRE dal verbo ...

ESEMPI

Parl**are**   =   parl
Prend**ere** =   prend
Dorm**ire**   =   dorm

... e **aggiungere** le desinenze del presente:

	PARLARE	PRENDERE	DORMIRE
io	parl **o**	prend **o**	dorm **o**
tu	parl **i**	prend **i**	dorm **i**
lui/lei	parl **a**	prend **e**	dorm **e**
noi	parl **iamo**	prend **iamo**	dorm **iamo**
voi	parl **ate**	prend **ete**	dorm **ite**
loro	parl **ano**	prend **ono**	dorm **ono**

ESEMPI

(io - vivere)   vivo
(noi - sentire)   sentiamo
(lui - lavorare)   lavora
(tu - partire)   parti
(voi - leggere)   leggete
(loro - mangiare)   mangiano

FRASI

(tu - vivere)   Dove vivi?
(io - vivere)   Vivo a Roma.

(voi - prendere)   Che cosa prendete?
(noi - prendere)   Prendiamo due birre medie.

(lui - parlare)   Parla inglese?
(loro - non parlare)   Non parlano italiano.

(tu - leggere)   Che cosa leggi?
(io - leggere)   Leggo un giornale.

(Lei - lavorare)   Dove lavora, signora?
(voi - sentire)   Sentite questo rumore?

(lui/lei - costare)   Quanto costa questo maglione? / Quanto costa questa giacca?
(loro - costare)   Quanto costano questi pantaloni?

NOTA BENE

○ La coniugazione in **-IRE** include un gruppo di verbi che si coniugano aggiungendo "**isc**" al tema.

ESEMPI

Capire

capi**sc**o	capiamo
capi**sc**i	capite
capi**sc**e	capi**sc**ono

Come il verbo *capire* si coniugano anche *finire*, *preferire* ecc.

○ Alcuni verbi devono essere scritti con la "**h**" davanti a "i/e" per mantenere la pronuncia **dura** (c = /k/).

ESEMPI

Cercare (ca = /ka/)

cerco	(co = /ko/)	cer**ch**iamo
cer**ch**i	(chi = /ki/)	cercate
cerca		cercano

Come *cercare* si coniugano anche *dimenticare*, *pagare*, *giocare* ecc.

○ Altri verbi **cambiano la pronuncia** nella coniugazione.

ESEMPI

leggere / legg**e** / legg**e**te	(ge = /dʒe/)
legg**o** / legg**o**no	(go = /gho/)
legg**i** / legg**i**amo	(gi = /dʒi/)

● ESERCIZI ●

1. Metti al presente il verbo fra parentesi

1. Paola .... domani per Roma.   (partire)
2. Voi .... spesso alla vostra famiglia. (telefonare)
3. D'inverno molte persone .... in montagna. (sciare)
4. A: .... la chitarra, Laura?   (suonare)
   B: Sì, ... abbastanza bene, e tu?
5. A: Che cosa .... di solito?   (leggere)
   B: .... giornali e riviste. E voi?
6. In ufficio tutti .... di lavorare alle 18. (finire)

...in montagna

2. Come sopra

1. Quei ragazzi non .... abbastanza.   (studiare)
2. A: A che ora .... la sera?   (mangiare)
   B: Di solito, ... alle 8, e voi?
3. Non tutte le famiglie .... la televisione la sera. (guardare)
4. A: Lei ...., signora?   (fumare)
   B: No, non .... più da dieci anni.
5. Paolo, ... questa parola?   (capire)
6. Mio figlio .... 8 ore al giorno.   (dormire)

...davanti alla tv!

29

edizioni Edilingua ● *Una grammatica italiana per tutti*

PRESENTE INDICATIVO: VERBI REGOLARI

3. Abbina la domanda alla risposta

Domande

1. Che cosa guardi?
2. Quando arrivano i tuoi?
3. Chi parla?
4. Dove portate la macchina?
5. Quanto costano?
6. Chi cerca?
7. Perché non prendi il tè?
8. Quando parte il treno?
9. Parla inglese?
10. Come partite per Roma?

Risposte

a) Sono Anna.
b) Preferisco un caffè.
c) Alle 18.50.
d) Le scarpe? 78 euro.
e) Un vecchio film.
f) Sì, un po'.
g) In macchina.
h) Il Signor Rossi, per favore.
i) In garage.
l) Probabilmente domani sera.

4. Leggi il dialogo e...

Intervista a Michele, 21 anni, elettricista.

Giornalista: Tu parli le lingue, Michele?
Michele: Non molto. Capisco un po' l'inglese, ma non lo parlo.
Giornalista: Lavori molto?
Michele: Sì, dipende dai clienti. Qualche volta comincio molto presto la mattina e finisco tardi la sera.
Giornalista: Guadagni bene?
Michele: Sì, abbastanza.
Giornalista: Sei contento del tuo lavoro?
Michele: Per ora sì. Forse più avanti torno a studiare, ma aspetto di mettere da parte un po' di soldi.

...rispondi alle domande

1. Che lavoro fa Michele?
2. Quante lingue parla?
3. Quanto lavora?
4. Che cosa pensa del suo lavoro?
5. Che programmi ha per il futuro?

5. Scrivi la domanda o la risposta

1. A: ....?
   B: Un caffè.
2. A: Dove abiti?
   B: ....
3. A: ....?
   B: Lunedì.
4. A: Che cosa leggete?
   B: ....
5. A: ....?
   B: Perché non mi piace.
6. A: Chi parla?
   B: ....
7. A: ....?
   B: Paolo e Anna.
8. A: Quando torna tua sorella?
   B: ....

IL PRESENTE INDICATIVO: VERBI IRREGOLARI

I verbi irregolari **cambiano il tema** prima di aggiungere le desinenze del presente indicativo.

ESEMPI

Andare	**VAD**O
Potere	**POSS**O
Uscire	**ESC**O

Il tema **cambia nella coniugazione** ...

(io - andare) **vad**o
(noi - andare) **and**iamo

(tu - potere) **puo**i
(voi - potere) **pot**ete

(lui - uscire) **esc**e
(voi - uscire) **usc**ite

... quindi è necessario **memorizzare** la coniugazione completa.

	ANDARE	POTERE	USCIRE
io	**vad**o	**poss**o	**esc**o
tu	**va**i	**puo**i	**esc**i
lui/lei	**va**	**può**	**esc**e
noi	**and**iamo	**poss**iamo	**usc**iamo
voi	**and**ate	**pot**ete	**usc**ite
loro	**vanno**	**poss**ono	**esc**ono

FRASI

A: Dove **andate**, ragazzi?
B: **Andiamo** al bar, vieni con noi?

A: **Possiamo** fumare qui?
B: No, non **potete**, è vietato.

A: A che ora **esci** la mattina?
B: **Esco** verso le 8.15.

Vado in montagna sabato.

Signora, **può** aspettare un momento?

Stasera **usciamo** o restiamo a casa?

edizioni Edilingua • *Una grammatica italiana per tutti*

31

PRESENTE INDICATIVO: VERBI IRREGOLARI

NOTA BENE

● Generalmente, i verbi irregolari al presente sono molto comuni e di uso frequente.

ESEMPI

Bere	bevo, bevi, beve, beviamo, bevete, bevono
Dare	do, dai, dà, diamo, date, danno
Dire	dico, dici, dice, diciamo, dite, dicono
Dovere	devo, devi, deve, dobbiamo, dovete, devono
Fare	faccio, fai, fa, facciamo, fate, fanno
Rimanere	rimango, rimani, rimane, rimaniamo, rimanete, rimangono
Salire	salgo, sali, sale, saliamo, salite, salgono
Sapere	so, sai, sa, sappiamo, sapete, sanno
Stare	sto, stai, sta, stiamo, state, stanno
Venire	vengo, vieni, viene, veniamo, venite, vengono
Volere	voglio, vuoi, vuole, vogliamo, volete, vogliono

FRASI

(bere) A: Che cosa **bevete**, ragazzi?
B: Una birra media chiara e una spremuta d'arancia.

(dare) A: Mi **dai** il tuo numero di telefono?
B: Sì, 02-2437654.

(dovere) A: Scusi, dov'è il Duomo?
B: **Deve** andare sempre dritto.

(fare) A: Che cosa **fai**?
B: Lavoro in banca.

(salire) A: **Saliamo** in ascensore o a piedi?
B: A piedi, l'ufficio è al secondo piano.

(stare) A: Come **sta**, signora?
B: Bene, grazie.

(venire) A: **Venite** con noi al cinema?
B: Volentieri!

(volere) A: **Vuole** un caffè, signor Bianchi?
B: No, grazie.

(dire / sapere) A: Mi **dici** che ore sono, per favore?
B: Non lo **so**, non ho l'orologio.

...e il Duomo?

ESERCIZI

1. Coniuga il verbo al presente e forma delle frasi

1. Noi - andare ....
2. Loro - venire ....
3. Io - sapere ....
4. Tu - venire ....
5. Loro - sapere ....
6. Noi - salire ....
7. Io - andare ....
8. Voi - dare ....
9. Io - salire ....
10. Noi - fare ....
11. Loro - volere ....
12. Voi - uscire ....
13. Lui - dare ....
14. Tu - bere ....
15. Loro - dare ....
16. Lei - dire ....

Una grammatica italiana per tutti ● edizioni Edilingua

2. Completa il testo con i seguenti verbi irregolari al presente:

salire, andare, volere, dare, uscire, essere, avere, fare
(uno di questi verbi si deve usare due volte)

Vita moderna

Tutte le mattine (1).................... di casa alle 7.30. Prendo l'autobus sempre alla stessa ora. Alla mia fermata (2).................... un sacco di persone che (3).................... tutte di fretta come me. Di solito (4).................... la maggior parte del viaggio in piedi; solo qualche volta (5).................... la fortuna di trovare un posto. Quando poi bisogna scendere, (6).................... una vera lotta: tutti si (7).................... delle spinte perché (8).................... uscire per primi. Quando arrivo in ufficio (9).................... già stanco.

3. Completa i brevi dialoghi con un verbo irregolare al presente

1. A: Perché non mangi?
   B: ....
2. A: Che cosa fate?
   B: ....
3. A: ....?
   B: Non posso, devo studiare.
4. A: Ti presento mio marito.
   B: ....
5. A: Anna non c'è?
   B: ....
6. A: Che buona la tua pasta!
   B: ....
7. A: ....?
   B: No, grazie, sono a dieta.
8. A: ....?
   B: No, grazie, non mi piace.

...buona!

4. Completa con i verbi irregolari al presente

DOVERE / POTERE / VOLERE

1. I ragazzi .... finire i compiti se .... uscire stasera.
2. Lei ha una forte tosse: non .... fumare.
3. Quando .... trovare il direttore?
4. Siamo qui solo per due giorni, non .... vedere tutta la città.
5. Che cosa ....?
6. In questo ristorante non .... entrare i cani.
7. Tutti .... lavorare.
8. Non .... andare al supermercato. Tu ....?

USCIRE / ANDARE / VENIRE / SALIRE

1. L'ascensore non funziona: .... a piedi.
2. La sera .... spesso.
3. Di solito .... al lavoro con i mezzi, perché è difficile trovare parcheggio.
4. A: Quando .... tua madre?
   B: Domani sera. .... fuori a cena.
5. Anna, ..., ti do un passaggio: .... in macchina!

FARE / RIMANERE / STARE

1. A: Che .... questo fine settimana?
   B: Mah, non lo so, di solito .... a casa.
2. Voglio invitare a cena Franca e Mario perché da molto tempo non .... più insieme.
3. Ragazzi, ... i compiti prima di uscire!
4. Quanto tempo .... per finire il lavoro?
5. Come ....?

SAPERE / DARE / DIRE

1. Mauro e Silvia sono senza macchina: gli .... un passaggio voi?
2. Per festeggiare la nuova casa, sabato sera i Rossi .... una festa.
3. Scusi, signora, ... se c'è una farmacia qui vicino?
4. Che cosa ...., signora? Non ho sentito.
5. Tutti .... che Milano è una città stressante, ma a me piace.
6. .... che ore sono?

IL PRESENTE INDICATIVO: I VERBI MODALI PER ESPRIMERE OBBLIGO/PERMESSO

I verbi modali **Dovere** e **Potere** sono irregolari.

CONIUGAZIONE

	DOVERE	POTERE
io	devo	posso
tu	devi	puoi
lui/lei	deve	può
noi	dobbiamo	possiamo
voi	dovete	potete
loro	devono	possono

Una grammatica italiana per tutti • edizioni Edilingua

2 Dovere e Potere sono seguiti dall'infinito:

(io - potere + fare) **Posso fare** una telefonata?
(tu - dovere + prendere) **Devi prendere** l'autobus 53.
(noi - potere + andare) **Possiamo andare** in vacanza.
(voi - dovere + studiare) **Dovete studiare** molto.

3 Usiamo **Dovere** e **Potere** per esprimere rispettivamente **obbligo** e *permesso*:

Ho mal di denti: **devo** andare dal dentista. (sono obbligato, non ho scelta)
Per andare in Via Dante, **devi** girare a destra. (è obbligatorio girare)
In biblioteca **dobbiamo** fare silenzio. (siamo obbligati)

Posso parlare con il Signor Rossi? (chiedo il permesso di parlare)
Mi dispiace, signora, non *può* fumare qui. (non è permesso fumare)
Prego, signori, *potete* entrare. (do il permesso di entrare)

FRASI

A: Scusi, **posso** disturbarLa un momento?
B: Prego, signora, mi dica pure.

A: Come va il tuo mal di schiena?
B: Sempre peggio, **devo** assolutamente farmi vedere dal medico.

A: Signora, qui i cani **non possono** entrare.
B: Scusi, non lo sapevo.

A: **Possiamo** pagare anche con la carta di credito?
B: Certamente, signori.

A: Scusi, per Via Roma?
B: **Deve** andare sempre dritto e poi, al primo semaforo, **deve** girare a sinistra.

ESERCIZI

1. Completa con *dovere* o *potere* al presente

1. A: Che cosa .... fare per rinnovare il passaporto?
   B: .... fare questo versamento in posta e poi venire da noi a compilare un modulo.
2. A: Scusi, ... sederci qui?
   B: Mi dispiace, è già occupato.
3. L'ascensore non funziona, bambini, ... salire a piedi.
4. A: Mi dispiace, il dottore non c'è.
   B: Quando .... richiamare?
5. A: Carlo, scusa, ... prendere la tua macchina?
   B: Va bene, ma .... fare benzina.
6. A: Sara, senti, ho la febbre, non .... venire in ufficio oggi.
   B: Va bene, non preoccuparti, lo dico al capo.
7. Allora, signori, se non avete altre domande, abbiamo finito, ... andare.
8. A: .... entrare?
   B: .... avere pazienza un momento, signori, il dottore è con una persona.

edizioni Edilingua • *Una grammatica italiana per tutti*

2. Usa i seguenti verbi per formare delle frasi con *dovere* o *potere* al presente

1. non parcheggiare qui
   ....
2. fare una telefonata interurbana
   ....
3. pagare la bolletta entro il 15 giugno
   ....
4. portare il cane in albergo
   ....
5. non dimenticare di timbrare il biglietto
   ....
6. aspettare un momento
   ....
7. pagare a rate
   ....
8. lasciare le borse al guardaroba
   ....

3. Completa le frasi con *dovere* o *potere* al presente seguiti da un infinito appropriato

1. Se avete ancora tempo, ...
2. Quando finisci qui, ...
3. Per andare alla stazione centrale, ...
4. Per passare l'esame, ...
5. Prima di uscire, ...
6. Non abbiamo più acqua minerale, ...
7. Se preferisce, ...
8. Per ottenere risultati, ...

4. Leggi il regolamento e scrivi frasi con *dovere* o *potere* al presente

Condominio di Via Morgantini, 34

Orari
Portineria: 8.00 – 13.00; 14.30 – 18.00
Ritiro e distribuzione posta: 8.00 – 12.30

È vietato
Disturbare con rumori molesti prima delle 9.00 e dopo le 22.00
Lasciare i bambini incustoditi per le scale e le aree comuni.
Parcheggiare le macchine fuori dal box.

IL PRESENTE INDICATIVO:
I VERBI MODALI PER INVITARE E RIFIUTARE

1 Oltre a **Dovere** e **Potere**, c'è il verbo modale **Volere**. Anche Volere è irregolare.

CONIUGAZIONE

	VOLERE
io	voglio
tu	vuoi
lui/lei	vuole
noi	vogliamo
voi	volete
loro	vogliono

2 **Volere** è seguito dall'infinito:

(io - volere + fare) **Voglio fare** una passeggiata.
(noi - volere + andare) **Vogliamo andare** in vacanza.
(loro - volere + bere) **Vogliono bere** una Coca Cola.

3 Usiamo **Volere** e **Potere** *per fare inviti* o *richieste*:

ESEMPI

Vuoi venire al bar?
Puoi uscire con noi stasera?
Volete fare un giro in centro?
Signora, **può** venire a cena da noi sabato prossimo?
Potete accompagnare Silvia all'aeroporto?

4 Usiamo **Potere** e **Dovere** *per rifiutare inviti* o *richieste*:

ESEMPI

A: **Vuoi** venire al bar?
B: Mi dispiace, **non posso**, sono impegnata.

A: **Puoi** uscire con noi stasera?
B: Mi dispiace, **devo** studiare.

A: **Volete** fare un giro in centro?
B: **Non possiamo**, **dobbiamo** finire un lavoro urgente.

A: Signora, **può** venire a cena da noi sabato prossimo?
B: La ringrazio, ma **non posso**, perché la prossima settimana **devo** partire per lavoro.

A: **Potete** accompagnare Silvia all'aeroporto?
B: Purtroppo no, **dobbiamo** andare dalla nonna in ospedale.

edizioni Edilingua • *Una grammatica italiana per tutti*

ESERCIZI

1. Completa il seguente dialogo con le forme mancanti di *dovere/potere/volere* al presente

A: Ciao, Anna! (1)................ venire al bar?
B: Mi dispiace, non (2)................ perché (3)................ andare dal dentista. (4)................ fare domani?
A: Certo, con piacere! A che ora?
B: Vediamo, (5)................ andare a un appuntamento alle 11.00, ma dopo sono libera.
A: Ho capito. (6)................ andare a pranzo insieme?
B: Buona idea!

2. Abbina le domande alle risposte

1. Potete restare anche voi?
2. Vuole bere qualcosa?
3. Vuoi dirmi che cosa succede?
4. Non potete darmi il numero di telefono?
5. Volete fare una passeggiata?
6. Puoi accompagnare Giovanna a casa adesso?

a) Non posso, devo aspettare Giancarlo.
b) No, grazie, dobbiamo studiare.
c) Purtroppo dobbiamo andare via subito.
d) No, grazie, devo evitare gli alcolici.
e) Purtroppo non possiamo, è riservato.
f) Non posso, è confidenziale.

3. Rispondi rifiutando l'invito/la richiesta e spiegando il motivo

1. A: Volete venire a cena fuori, venerdì?
   B: ....
2. A: Puoi andare tu al supermercato?
   B: ....
3. A: Non vuoi uscire con noi?
   B: ....
4. A: Vuole venire domani alle 17.30?
   B: ....
5. A: Potete dare un passaggio a Maria nella vostra macchina?
   B: ....
6. A: Volete fermarvi qui a dormire?
   B: ....
7. A: Può aspettare una ventina di minuti, signora?
   B: ....

...al supermercato

4. Scrivi dei brevi dialoghi per esprimere un invito/un rifiuto

Esempio: - Volete rimanere a cena?
- Purtroppo non possiamo, dobbiamo tornare subito a casa.

Invito/Richiesta	Rifiuto
uscire	andare a cena
andare in piscina	andare dal dentista
andare in posta	portare la macchina dal meccanico
aspettare	tornare a casa
venire con me	andare all'aeroporto
rimanere a cena	andare a un appuntamento

IL PRESENTE INDICATIVO: *ANDARE E VENIRE*

Andare e **Venire** indicano movimenti diversi.

1 Usiamo **Andare**:

- quando il movimento è <u>autonomo</u>, verso un luogo o una persona.
- in alcune espressioni comuni.

ESEMPI

Andiamo a mangiare al bar.	*(ci muoviamo spontaneamente verso il bar)*
Vado in pizzeria con Gianfranco.	*(decido di muovermi verso la pizzeria)*
A: Ci vediamo alle 7.30?	
B: **Va** bene.	*(espressione che significa: OK)*
Come **va**?	*(espressione che significa: "come stai, come sta")*
Ti **va** una pizza?	*(espressione che significa: "vuoi una pizza?")*
Quando **vai a** trovare la mamma?	*(espressione che significa: "fare una visita")*

2 Usiamo **Venire**:

- quando il movimento <u>deriva</u> da un invito o dalla necessità di raggiungere un luogo/una persona.
- per indicare un punto di partenza o di origine.
- in alcune espressioni comuni.

ESEMPI

Domani sera **veniamo** tutti a cena da te.	*(noi ti raggiungiamo a casa)*
Domani **venite** tutti a casa mia.	*(vi invito a casa)*
Vieni con me al cinema stasera?	*(invito)*
George e Maggie **vengono** dalla Scozia.	*(la Scozia è il luogo di origine)*
Quando **vieni a** trovarmi?	*(espressione che significa: "fare una visita a casa mia")*

! NOTA BENE

○ Non bisogna confondere il verbo **andare** con il verbo *partire*.

Andare	Partire
A: C'è Anna?	A: C'è Anna?
B: No, è **andata** via.	B: No, *è partita*.
A: Hai finito di lavorare?	A: Hai finito di lavorare?
B: Sì, adesso **vado**.	B: Sì, domani *parto* per le vacanze.
("andare" significa: lasciare un posto per breve tempo; per esempio, tornare a casa dal lavoro)	*("partire" significa: lasciare un posto per un periodo lungo; per esempio, fare un viaggio)*

○ In italiano **NON** usiamo **andare** per formare **il futuro** (ad esempio come in francese).

ESEMPI

Vado a mangiare.	*(non significa che mangerò, ma solo che fisicamente mi muovo verso il bar/ristorante)*
Andiamo a finire l'esercizio a casa.	*(non è futuro, ma indica il movimento fisico verso casa)*

11

- In italiano usiamo **venire** anche con il senso di *arrivare*.

ESEMPI

Paola **viene** a casa presto dall'ufficio.   *(significa che arriva a casa presto dall'ufficio)*

Siamo pronti a ordinare, ma il cameriere non **viene**.   *(il cameriere non arriva al tavolo)*

ESERCIZI

1. Completa le frasi con alcune delle forme verbali date

vanno, veniamo, venite, andate, vengono, vai, vado, viene, va, andiamo, vieni, vengo

1. Anna, quando .... dal medico?
2. Quando .... a trovarmi, ragazzi?
3. Stasera io e Giorgio .... a teatro.
4. ...., Laura, non avere paura del cane!
5. Signora, come ....?
6. Quando .... gli ospiti?
7. Aspettate, ... anche noi!
8. Ho capito, ... subito a prendere i documenti.

...paura del cane, io?

2. Abbina le frasi delle due colonne

1. Che cosa fai sabato?
2. Siete pronti?
3. Ho troppo lavoro da fare,
4. Paolo e Anna hanno appena telefonato:
5. La macchina è ancora dal meccanico:
6. Volete fermarvi a cena?
7. Mi piace la tua collana.
8. Ci sono anche Giorgio e Laura stasera?

a) non vengo.
b) No, grazie, andiamo subito a casa.
c) Grazie, viene dal Messico.
d) Sì, veniamo subito.
e) Vado al mare.
f) No, vanno a cena dalla suocera.
g) vengono anche loro.
h) andiamo con i mezzi.

3. Completa i brevi dialoghi con *andare* o *venire* al presente

1. A: Domani io e mio marito .... al lago. Perché non .... anche voi?
   B: Mi dispiace, ma mia madre .... a cena da noi domani sera.
   A: Peccato! Comunque noi ci .... sempre, perché mia sorella ha la casa, quindi .... pure quando volete.
   B: Grazie, sei molto gentile.
2. A: Prendiamo il pesce?
   B: No, non mi ....
   A: Allora cosa vuoi? Sbrigati a decidere, perché adesso .... il cameriere.
3. A e B: Ecco che .... Marco e Stefania, in ritardo come al solito!
   C e D: Scusate il ritardo. ....?
   A e B: Sì. .... dietro a noi con la vostra macchina.
4. A: Allora, quando .... in America?
   B: Non so se ....
   A: Come mai?
   B: Sandro ha detto che non .... più.

5. A: Come ....?
   B: Male, ho la febbre.
   A: Quando .... il dottore?
   B: Non lo so, penso prima delle 12.
6. A: Buonasera, signori. Che cosa prendete?
   B: Due pizze margherita e una bottiglia di rosso della casa.
   A: .... bene.
   B: C'è molto da aspettare?
   A: No, signori, ... subito.

4. Correggi i 5 errori nell'uso di *andare* e *venire*

1. Sai quando viene Paolo?
2. Paolo, quando vai a trovarmi?
3. Sai quando Paolo va dal medico?
4. Vai al cinema con noi?
5. Veniamo al lago domenica?
6. Ha detto che non può andare qui alle sette.
7. Allora, venite o no?
8. Stiamo aspettando da un'ora, ma il cameriere non va.

Scusi, cameriere...
...può venire?

IL PRESENTE INDICATIVO CON GLI AVVERBI DI FREQUENZA

1 Quando parliamo di <u>abitudini</u> o azioni <u>ripetute regolarmente</u> usiamo il presente con gli **avverbi di frequenza**:

ESEMPI

Vado **spesso** al cinema.   (azione ripetuta più volte)
Giochiamo a tennis **due volte alla settimana.**   (azione ripetuta regolarmente)
Non faccio **mai** colazione al bar.   (abitudine)

2 La posizione degli avverbi di frequenza **non** è fissa. In qualche caso dipende dall'avverbio che usiamo.

ESEMPI

• *dopo il verbo*
Guardiamo **sempre** la televisione la sera.   (NON si dice: sempre guardiamo la televisione)

• *in posizione variabile*
Leggo **spesso** il giornale in metropolitana.
Di solito si alza tardi.   (queste posizioni NON sono obbligatorie)
Qualche volta andiamo a sciare.

3 Mettiamo l'avverbio vicino a un nome per **enfatizzare**.

ESEMPI

Vado al cinema **di solito il lunedì.**   ("lunedì" è l'informazione importante)
Spesso con gli amici guardiamo la televisione.   ("con gli amici" è l'informazione importante)
Mi alzo **qualche volta** alle 7 e **qualche volta** alle 7.30. (l'orario è l'informazione importante)

edizioni Edilingua • *Una grammatica italiana per tutti*

12 PRESENTE INDICATIVO: AVVERBI DI FREQUENZA

FRASI

Mio marito lava la macchina **ogni tanto**.

A: Perché stai **sempre** in casa davanti al computer?
B: Non mi va di uscire.

Andiamo in piscina **due volte alla settimana**.

Qualche volta passiamo il week-end fuori città.

Non andiamo **mai** a teatro, ma **ogni tanto** andiamo ai concerti.

Laura è **quasi sempre** in ritardo.

A: Vedi **spesso** Piero e Salvo?
B: No, li vedo **molto raramente**.

! NOTA BENE

○ Con gli avverbi di frequenza **mai** e **quasi mai** bisogna usare anche **NON** (*)

ESEMPI

Non ci alziamo **mai** presto di sabato. (*NON si dice:* Ci alziamo mai presto.)
Non si alza **quasi mai** presto di sabato. (*NON si dice:* Si alza quasi mai presto.)

(*) però nelle domande si omette: Scrivi **mai** alla nonna?
                                  Andate **mai** in vacanza all'estero?

● ESERCIZI ●

1. Rispondi con i verbi della lista e gli avverbi di frequenza sottoelencati:

sempre; quasi sempre; spesso; qualche volta;
una, due volta/e al giorno/settimana/mese/anno; ogni tanto; raramente; quasi mai; mai

Esempio: vado in palestra due volte alla settimana

Quanto spesso fai queste cose?
1. andare in palestra ....
2. mangiare la pasta ....
3. scrivere una lettera ....
4. fare un viaggio all'estero ....
5. bere caffè ....
6. parlare al telefono con la mamma ....
7. comprare vestiti o scarpe ....
8. fare sport ....
9. uscire con gli amici ....
10. andare dal dentista ....

2. Qual è la posizione giusta (1 o 2)? Inserisci correttamente gli avverbi dati nelle frasi

1. La donna delle pulizie ....1......... viene ....2......... di lunedì. (sempre)
2. Non ....1......... vado ....2......... a teatro. (quasi mai)
3. ....1......... la domenica andiamo al ristorante ....2......... con tutta la famiglia. (qualche volta)
4. Paola va ....1......... in palestra ....2......... (due volte alla settimana)

Una grammatica italiana per tutti • edizioni Edilingua

5. Quando vado al ristorante ......1...... ordino pesce ......2...... (di solito)
6. ......1...... con i miei amici non facciamo ......2...... troppo tardi la sera. (mai)
7. ......1...... mi dice di chiudere ......2...... la porta a chiave. (sempre)
8. ......1...... passiamo le vacanze ......2...... da loro. (ogni tanto)

3. Scrivi la domanda o la risposta usando gli avverbi di frequenza

1. A: .... in piscina?
   B: Solo d'estate.
2. A: La sera uscite?
   B: ....
3. A: .... la televisione?
   B: No.
4. A: A che ora vi alzate?
   B: ....
5. A: .... colazione a casa?
   B: Sì, sempre.
6. A: Chi porta i bambini a scuola?
   B: ....
7. A: .... in albergo?
   B: Dipende...
8. A: Ogni quanto cambiate la macchina?
   B: ....

4. Osserva l'agenda di Bruno e scrivi delle frasi usando gli avverbi di frequenza

Esempio: Bruno ha sempre delle riunioni / non va mai al cinema.

4 lunedì	5 martedì	6 mercoledì	7 giovedì	8 venerdì	9 sabato
riunione	riunione		riunione	riunione	Partenza per il lago: andare a prendere Giulia
Telefonare ufficio di Parigi		Pranzo con Giulia	Telefonare ufficio di Londra		
Aeroporto: arrivo Sig. Takamura	Pranzo con Takamura, visita uffici		Aeroporto: partenza Sig. Takamura	Appuntamento con Giulia: regalo per Silvia	Compleanno di Silvia
Cena con Takamura			palestra	palestra	

10 domenica

edizioni Edilingua • *Una grammatica italiana per tutti*

13 ESPRIMERE LA CAPACITÀ: *SAPERE/ POTERE/ RIUSCIRE (A)*

1 In italiano usiamo tre verbi per esprimere il concetto della **capacità di fare qualcosa**.

        POTERE   SAPERE   RIUSCIRE (A)

Questi verbi sono **irregolari**.

CONIUGAZIONE

	POTERE	SAPERE	RIUSCIRE
io	posso	so	riesco
tu	puoi	sai	riesci
lui/lei	può	sa	riesce
noi	possiamo	sappiamo	riusciamo
voi	potete	sapete	riuscite
loro	possono	sanno	riescono

Potere   si usa quando la capacità di fare (o non fare) qualcosa dipende dalla **volontà** di una persona o dalle circostanze esterne.

Sapere   si usa quando la persona **ha imparato** (o non ha imparato) a fare qualcosa.

Riuscire (a)   si usa quando la persona ha (o non ha) la capacità **fisica**(*) di fare qualcosa.

(*) vedere NOTA BENE

ESEMPI

Anna, **puoi** accompagnarmi all'aeroporto?   (dipende da Anna: può accompagnarmi se vuole)
Anna, **sai** cucinare?   (Anna ha imparato o no a cucinare)
Anna, **riesci a** prendere quel libro in alto?   (Anna è -o forse non è- abbastanza alta: questione fisica)

2 In alcuni casi, possiamo usare tutti e tre i verbi per esprimere la capacità, ma il senso della frase cambia:

ESEMPI

Non **posso** parcheggiare la macchina.   (esiste un divieto: volontà esterna)
Non **so** parcheggiare la macchina.   (non ho mai imparato a farlo)
Non **riesco a** parcheggiare la macchina.   (esiste un problema fisico, per esempio lo spazio è troppo stretto)

FRASI

A: **Sai** l'inglese?
B: No, **so** solo un po' di francese.

A: Non ho capito il Suo nome, **può** ripetere?
B: Bonfanti.

A: **Possiamo** cambiare posto? Da qui **non riesco a** vedere niente.
B: Certo, andiamo a sederci più avanti.

A: Scusi, **può** spostare la macchina? **Non riesco a** uscire.
B: Subito.

A: **Sai** che ore sono?
B: Le 15.35.

Se **riuscite a** finire il lavoro entro oggi, domani **potete** restare a casa.

13

ESPRIMERE LA CAPACITÀ: SAPERE/POTERE/RIUSCIRE (A)

! NOTA BENE

- *Riuscire* + infinito **è sempre** seguito da **a**.

  ESEMPI

  Non riusciamo a finire questo lavoro oggi. *(NON si dice:* non riusciamo *finire questo lavoro)*

- Usiamo *Riuscire* anche quando **la capacità è mentale**.

  ESEMPI

  Non riesco a capire.   *(questione mentale)*
  Non riesce a fare questo lavoro.   *(è troppo difficile per lui)*
  Non riuscite a vedere la differenza.   *(problema fisico oppure mentale)*

● ESERCIZI ●

1. Formula delle domande usando i verbi della lista e *potere/sapere/riuscire* a al presente

1. la strada per Pavia
2. dov'è la mia giacca blu
3. giocare a golf domani
4. giocare a golf
5. capire che cosa dice Paul
6. l'inglese
7. vedere qualcosa da qui
8. telefonare a Cristina prima delle 7
9. cucinare
10. cucinare stasera
11. quanto costa un chilo di pere
12. lasciare la macchina qui

2. Completa le frasi con *sapere/potere/riuscire* a al presente

1. A: .... portarmi i documenti entro domani sera?
   B: Non lo .... , spero di sì.
2. A: Perché non finisci l'esercizio?
   B: Non .... farlo, è troppo difficile per me.
3. Oggi Paola non .... uscire perché deve studiare.
4. Da qui non .... vedere bene, cambiamo posto.
5. A: Come stai?
   B: Meglio, ma il dottore dice che non .... alzarmi dal letto fino a sabato.
6. A: Come stai?
   B: Male, non .... alzarmi dal letto.
7. Scusa, ... a che ora parte il prossimo autobus?
8. A: Perché non venite anche voi a Roma?
   B: Non .... , il bambino sta male.

edizioni Edilingua ● *Una grammatica italiana per tutti*

45

3. Correggi gli errori (5) nell'uso di *potere/sapere/riuscire a*

1. A: Scusi, sa dove posso trovare una banca qui vicino?
   B: Mi dispiace, non posso dirglielo.
2. A: Ma è la strada giusta per andare da Mario?
   B: Non lo so, non posso leggere il segnale.
3. A: Puoi cucinare?
   B: No, sono un disastro.
4. Puoi aiutarmi con le valigie?
5. Ho dimenticato gli occhiali, non posso vedere così lontano.
6. Se riesco a sapere qualcosa, ti telefono subito.
7. A: Che cosa sai di lui?
   B: Niente di particolare.
8. A: Ma puoi portare tutti quei libri?
   B: Penso di sì, non sono pesanti.

4. Rispondi alle seguenti domande usando *potere/sapere/riuscire a* al presente

1. A: Vieni anche tu in piscina?
   B: ....
2. A: Devo chiederti un grosso favore...
   B: ....
3. A: Perché non facciamo una partita a tennis?
   B: ....
4. A: Ci vediamo stasera come al solito?
   B: ....
5. A: Perché non finisci i tuoi compiti?
   B: ....
6. A: Ma che cosa succede a Paolo da un po' di tempo?
   B: ....
7. A: È molto lontana Via Bonghi?
   B: ....
8. A: Hai bisogno di una mano?
   B: ....

LE PREPOSIZIONI SEMPLICI: REGOLE GENERALI

1 Le preposizioni semplici sono:

DI A DA IN CON SU PER TRA/FRA

Ogni singola preposizione non ha un solo e unico significato: usiamo le preposizioni sempre insieme a una parola e da questa ricevono il significato.
La posizione è sempre **prima** della parola.

ESEMPI

a	(non ha un significato unico e preciso)
a mezzanotte	(indica il tempo, l'orario)
a casa	(indica il luogo, lo spazio)

Ecco alcuni usi delle preposizioni:

2 Usiamo **DI**:
- per specificare, per dare ulteriori informazioni
- dopo i verbi che indicano la fine di un'azione + infinito
- dopo verbi di opinione + infinito o le parole "sì, no"

ESEMPI

Luigi parla sempre **di** politica.   (specifica l'argomento preferito di Luigi)

A: **Di** chi è quella macchina?
B: È la macchina **di** Paola.   (specifica, indica il proprietario)

A: Cosa c'è alla televisione stasera?
B: C'è un film **di** fantascienza, **di** alieni, credo.   (specifica il tipo di film)

A: Sai, ho comprato un orologio **d'**oro!
B: Mah, il mio è **di** plastica e funziona benissimo!   (specifica la materia *)

A: **Di** dov'è Carla?
B: È **di** Bologna.   (specifica la provenienza, la città di origine)

Finisco **di** scrivere questa mail e arrivo.
Vorrei **smettere di** fumare ma è difficile!   (verbi che indicano la fine di un'azione)
Signora, **termini di** compilare il modulo, per favore.

A: **Pensi di** venire con noi?
B: **Credo di** no, ho troppo lavoro.   (verbi di opinione)

Che maleducato! Ma chi si **crede di** essere?

(*) per la materia, possiamo anche usare la preposizione IN

3 Usiamo **A**:
- con i nomi di città e di isole (Cuba, Cipro, Malta, Capri ecc.)
- per indicare l'ora
- con l'espressione "fino a", per indicare la fine di un periodo di tempo
- con alcuni verbi (andare, venire, restare, uscire) + infinito per indicare perché faccio qualcosa
- con i verbi che indicano l'inizio di un'azione + infinito
- per indicare una persona, destinazione finale di un'azione

edizioni Edilingua • *Una grammatica italiana per tutti*

14

ESEMPI

A Barcellona c'è una cattedrale molto famosa.	*(città)*
Vado a Cipro la settimana prossima.	*(isola)*

Allora, ci vediamo a mezzogiorno?

A: Scusi, a che ora finisce il film?	*(indica l'ora)*
B: A mezzanotte.	

Resto a Milano **fino a** venerdì.	*(fine di un periodo di tempo)*
Sofia è in ufficio **fino alle** tre, poi esce.	

Vado a mangiare.	*(vado perché voglio mangiare)*
Esco a fare una passeggiata.	*(esco perché voglio fare una passeggiata)*
Resto in ufficio **a** lavorare.	*(resto perché devo lavorare)*

Paolo, è tardi, **comincia a** fare i compiti!	
Adesso mi **metto a** pulire il giardino.	*(inizio di un'azione)*
Prendi l'ombrello, **inizia a** piovere!	

A: **A chi** mandiamo questo documento?	
B: **Al** direttore e **alla** signora Romano.	
Sai, ho scritto una mail a mio fratello.	*(indica la persona, destinatario finale dell'azione)*

A: Ho prestato la macchina a Stefano.
B: **A chi**?!
A: **A** Stefano, perché?

4

Usiamo **DA**:
- per indicare la provenienza *(spesso con i verbi venire, partire, arrivare)*
- per indicare la casa o il posto di lavoro di una persona
- per indicare l'inizio di un periodo di tempo
- per indicare a cosa serve qualcosa
- con alcuni verbi all'infinito

ESEMPI

Questo fax arriva **da** Lisbona.

A: Che buono questo vino! **Da** dove viene?	*(provenienza)*
B: **Dal** Cile.	

Questa informazione arriva **dal** Ministero dell'Interno.

Vado **dal** medico: ho un appuntamento alle cinque.	*(nello studio del medico)*
Porto la macchina **dal** meccanico.	*(all'officina del meccanico)*
Sto **da** mio padre per qualche giorno.	*(a casa di mio padre)*

Il film è iniziato **da** un'ora.	
In quel ristorante è possibile pranzare **da** mezzogiorno.	*(indica quando comincia il film,*
Il dottore riceve **dalle** 16.30 in poi.	*il pranzo, la visita medica ecc.)*

Che bel vestito **da** sera!	*(un vestito elegante che serve per la sera)*
Dove sono i miei occhiali **da** sole?	*(occhiali che servono per proteggere dal sole)*
Qual è il tuo spazzolino **da** denti?	*(uno spazzolino che serve per pulire i denti)*

Vuoi qualcosa **da bere**?	*(qualcosa che si può bere)*
Vorrei qualcosa **da mangiare**.	*(qualcosa che si può mangiare)*
Non ho niente **da leggere**.	*(qualcosa che si può leggere)*

ATTENZIONE: NON si dice "Vorrei qualcosa per bere, per mangiare".

PREPOSIZIONI SEMPLICI

5 Usiamo **IN**:
- con i nomi di continenti, nazioni, regioni, di alcune isole (Giamaica, Corsica ecc.) e delle strade
- per specificare un periodo di tempo
- per definire il limite di un periodo di tempo
- per indicare un mezzo di trasporto in generale

ESEMPI

Vivo **in Europa**, per la precisione **in Francia**, **in Provenza**.
Abita **in Via Dante 12**.

Siamo già **in primavera**!?
Preferisco le vacanze **in estate**.
Gabriella si sposa **in maggio**. *(periodo di tempo)*
Sono nato **nel 1980**.
Negli anni '70 la moda era molto colorata.

Puoi finire questo lavoro **in due ore**? *(entro due ore e non più tardi)*
Devo perdere sei chili **in due mesi**! *(ho a disposizione solo questo periodo)*

A: Domani andiamo a Roma.
B: **In aereo**?
A: No, **in treno**. *(mezzi di trasporto in generale)*

6 **CON** ha tre usi principali:
- significa insieme a persone o oggetti
- indica lo strumento per fare qualcosa
- indica il mezzo di trasporto specifico

ESEMPI

A: Mario, **con chi** vai al cinema?
B: **Con Renata**. *(significa insieme a Renata)*

Preparo l'insalata: ti piace **con i pomodori e il mais**? *(insalata, pomodori e mais insieme)*

La polizia cerca qualcosa **con il metal detector**. *(la polizia usa questo strumento per cercare)*

Vado a Roma **con il treno delle 7.00.** *(indica il mezzo di trasporto specifico)*

7 Usiamo **SU**:
- per definire lo spazio e significa: sopra
- per specificare l'argomento in discussione

ESEMPI

Il cane non può stare **su questo divano**.
Che bella villa **sul mare** e che panorama! *(sopra il divano, il mare, la camicia ecc.)*
C'è una macchia **su questa camicia**.

Domani c'è una conferenza **sulla** bioarchitettura, ci vieni? *(specifica l'argomento)*
Ieri alla TV ho visto un programma **su** Leonardo da Vinci.

8 Usiamo **PER**:
- per indicare un periodo di tempo nel passato o nel futuro (dipende dal verbo usato)
- per indicare la direzione e/o la destinazione finale
- per indicare il motivo, la causa di qualcosa

edizioni Edilingua • *Una grammatica italiana per tutti*

ESEMPI

Il presidente ha parlato **per tre ore**.   *(periodo definito, nel passato)*
Resto in Italia ancora **per tre mesi**.   *(periodo definito, nel futuro)*
Luigi ha lavorato qui **per qualche anno**.   *(periodo indefinito, nel passato)*
Cara, ti amerò **per sempre**!   *(periodo indefinito, nel futuro)*

Questa è la strada **per Pavia**.   *(direzione Pavia)*
Parto **per Roma**.   *(destinazione finale)*

Ho fatto tutto questo **per te**.
Sono a Milano **per lavoro**.   *(motivo)*

9 Usiamo TRA/FRA (*):

- per indicare *il tempo*, un punto di arrivo nel futuro
- per indicare la posizione "in mezzo"

ESEMPI

Simone arriva **fra due giorni**.   *(oggi è mercoledì, Simone arriva venerdì)*
Ehi, **fra cinque minuti** inizia il film!   *(sono le 16.55 e il film inizia alle 17.00)*

Bologna è **tra Milano e Roma**.   *(Bologna è a metà strada)*
Fra tutti questi cappotti, dov'è il mio?   *(il mio cappotto è in mezzo agli altri)*

(*) **Tra** e **Fra** sono sinonimi. Si sceglie uno o l'altro in base a criteri di eufonia (= bel suono). *Esempi:* "tra tre ore" suona male, è meglio dire "fra tre ore"; oppure "tra Francia e Belgio" invece di "fra Francia e Belgio".

! NOTA BENE

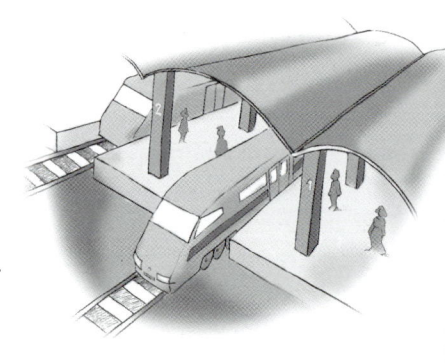

○ Per tutti gli usi delle preposizioni semplici con gli articoli vedere la scheda 15, **Preposizioni Articolate** (p.52).

● ESERCIZI ●

1. Abbina le frasi delle due colonne

1. Puoi stare qui	a) fra 10 minuti.
2. Vieni	b) a Marina.
3. Il treno parte	c) da me stasera?
4. Vorrei regalare un CD	d) fino a mezzogiorno.
5. Vado	e) da mangiare?
6. Vuoi qualcosa	f) con il computer?
7. Ho abitato in questa città	g) a fare un giro in centro.
8. Hai un bel vestito	h) per due anni.
9. Posso fare un disegno	i) da tre mesi.
10. Abito a Firenze	l) da sera.

Una grammatica italiana per tutti ● edizioni Edilingua

2. Completa le frasi con le preposizioni semplici

1. Hai visto la mostra .... Picasso?
2. C'è una bella chiesa antica .... un paese vicino .... Trento.
3. Vengo .... te dopo le sette.
4. Questi fiori sono .... plastica.
5. Non ho niente .... bere .... casa.
6. Ti telefono domani pomeriggio .... le 5 e le 6.
7. Non ho contanti: posso pagare .... la carta .... credito?
8. A: Scusi, è questa la strada .... Bergamo?
   B: Non lo so, non sono .... qui.

3. Completa il dialogo con le preposizioni semplici

A: Allora, che facciamo stasera?
B: Andiamo al cinema?
A: Per me va bene e per te Laura?
C: Mah, dipende, per esempio non voglio vedere un film (1)............... guerra.
A: Io non voglio vedere un film stupido!
C: Io voglio vedere un film divertente!
B: Non cominciate (2)............... litigare! Perché non andiamo (3)............... vedere "Io non ho paura"? È una storia italiana, è un film candidato all'Oscar.
A: Ah sì, io ho letto il libro: è molto bello.
C: (4)............... chi è?
A: Il libro? (5)............... Nicolò Ammaniti, uno scrittore italiano.
C: OK, allora va bene. (6)............... che ora finisce il film? Domani devo alzarmi presto.
A: Non lo so, però (7)............... mezzanotte sicuramente sei (8)............... casa, non ti preoccupare.
B: Dopo il film venite (9)............... me. Vi preparo spaghetti aglio e olio.
C: Andiamo (10)............... macchina?
A: Ma no, è vicino.
C: Allora, io telefono (11)............... l'orario e vi chiamo (12)............... un'ora.

Tre biglietti, per favore!

4. Completa il testo con le preposizioni semplici

È molto piacevole organizzare una festa (1)............... casa e invitare i nostri amici più cari. Ma dopo? Quando tutti vanno (2)............... casa, noi chiudiamo la porta e cosa vediamo? Piatti sporchi (3)............... cucina, bicchieri ovunque, anche (4)............... bagno, il vaso (5)............... cristallo pieno di sigarette, pezzi di torta (6)............... tutti i tavoli e i divani. Cominciamo (7)............... pulire e pensiamo: devo smettere (8)............... organizzare feste, basta! Ma poi c'è la festa (9)............... compleanno dei bambini, l'amica che viene (10)............... Roma e che non vediamo (11)............... tanto tempo, la collega così gentile che la mattina ci accompagna (12)............... ufficio (13)............... macchina. Che cosa possiamo fare? Niente. Infatti (14)............... una settimana devo organizzare un'altra festa!

edizioni Edilingua • *Una grammatica italiana per tutti*

LE PREPOSIZIONI ARTICOLATE

1

Sono le preposizioni semplici **DI A DA IN SU** + *l'articolo determinativo*

	il	**lo**	**la**	**l'**	**i**	**gli**	**le**
di	del	dello	della	dell'	dei	degli	delle
a	al	allo	alla	all'	ai	agli	alle
da	dal	dallo	dalla	dall'	dai	dagli	dalle
in	nel	nello	nella	nell'	nei	negli	nelle
su	sul	sullo	sulla	sull'	sui	sugli	sulle

ESEMPI

Dov'è la casa **dello** zio? (dello = *di + lo* zio)
Devo telefonare **alla** dottoressa Maggi. (alla = *a + la* dottoressa)
Questa cartolina viene **dall'**Egitto. (dall' = *da + l'*Egitto)
L'anno prossimo studierò **negli** Stati Uniti. (negli = *in + gli* Stati Uniti)
Marco, non camminare **sul** pavimento bagnato! (sul = *su + il* pavimento)

2

Per usare correttamente le preposizioni articolate è necessario:
- sapere quale preposizione semplice bisogna usare;
- sapere se il nome, in quel caso, vuole o no l'articolo.

ESEMPI

Il libro **di** Mario = preposizione semplice *di* senza articolo perché "Mario" è un nome di persona
Il libro **del** professore = preposizione semplice *di* con articolo (*di + il* professore) perché "professore" è un nome comune

con articolo

al professore
(normalmente con i *nomi comuni*)

agli studenti
(normalmente con i *nomi plurali*)

alla scuola francese
(*specifica* quale scuola)

alle 9.00
(con i *numeri*: ore, anni, percentuali ecc.)

senza articolo

a mio fratello
(aggettivo possessivo + nomi di parentela al singolare)

a Maria (nomi di persona)

a Roma (nomi di città)

ESEMPI

Vado **dalla sorella di Antonio**: c'è una festa!
Il mare **dell'Italia meridionale** è particolarmente blu.
Dalle 9 alle 11 sono a scuola.
C'è sempre un sacco di polvere **sui libri**.

Devo telefonare *a mio padre*.
Il panorama *di Roma* è spettacolare.
Ha scritto un libro *su Napoleone*.

!NOTA BENE

○ La preposizione CON si usa preferibilmente **non** unita all'articolo determinativo.

ESEMPI

Esco **con l'**ombrello.
È andata al cinema **con la** sorella di Carlo.
Vorrei parlare **con il** dottore.
Abbiamo fatto una vacanza **con i** bambini.
Non vado d'accordo **con le** sue sorelle.
Andiamo in pizzeria **con gli** amici.
Ho lasciato Marco **con lo** zio.

● Tuttavia questa unione è possibile e in uso:

	il	lo	la	l'	i	gli	le
con	col	collo	colla	coll'	coi	cogli	colle

● ESERCIZI ●

1. Completa la tabella con le preposizioni articolate mancanti

	l'	le	il	lo	i	la	gli
DA	dall'						
A		alle		allo			
SU						sulla	
DI			del		dei		
IN			nel				negli

2. Completa con le preposizioni articolate

1. Vorrei fare una vacanza (in + gli) .... Stati Uniti.
2. Ricordati di telefonare (a + la) .... zia.
3. Ecco la casa (di + i) .... miei genitori.
4. (in + la) .... vita è importante essere ottimisti.
5. Questo formaggio viene (da + la) .... Francia.
6. La banca è aperta (da + le) .... 8.30 (a + le) .... 13.30.

edizioni Edilingua • *Una grammatica italiana per tutti*

7. Che bello! C'è la neve (su + le) .... montagne.
8. La segretaria deve telefonare (a + gli) .... studenti.
9. Domani portiamo la macchina (da + il) .... meccanico.
10. Michele, c'è un messaggio (di + il) .... direttore per te.

3. Con o senza articolo? Scegli la preposizione corretta

1. Lavoro in/nell' ufficio di mio zio.
2. È una cartolina di/della Roma.
3. C'è una festa da/dal Roberto.
4. Devo telefonare a/alle mie sorelle.
5. Stasera vado a cena da/dalla mia zia.
6. Parto in/con il treno delle 5.30.
7. È bello fare una vacanza in/nella campagna.
8. L'aumento è di/del 10%.
9. Marco, il cane è su/sul letto!
10. Devo andare a/al 3º piano.

Saluti da Roma

4. Completa con la preposizione articolata corretta

1. A: Questo ascensore è molto lento. Ah, finalmente!
   B: A che piano?
   A: .... terzo, grazie.
   B: Va .... dottor Segni?
   A: Sì, ho un appuntamento .... quattro.
2. .... 1968 .... Europa e anche .... Stati Uniti gli studenti .... università protestavano contro la guerra e per la pace.
3. Ho molte foto .... vacanze che abbiamo fatto .... Paesi Bassi.
4. Marco lavora .... ufficio Relazioni Esterne, ... quarto piano.
5. A: Roberto, hai una faccia terribile!
   B: Eh, vengo direttamente .... aeroporto! Ho un appuntamento .... direttore e sono così stanco!
6. .... librerie a volte si incontrano persone interessanti.
7. Il 40% .... italiani dice che il Paradiso esiste.
8. Questo formaggio viene .... montagne vicino a Bergamo.
9. .... mese di agosto molti italiani vanno in vacanza .... mare o .... estero.
10. Devo consegnare questo pacco .... signora Cervi.

IN o A?

1 Come regola generale

Usiamo **IN**:
- con *continenti, nazioni, regioni*
- con gli *indirizzi*

Usiamo **A**:
- con le *città*
- con le *isole*

ESEMPI

In Europa
A Cuba
In Italia, in Toscana
A Firenze, in via Pola 3

2 Esistono molti altri casi, però, dove non è possibile dare una regola precisa. Ecco alcuni suggerimenti per aiutare a memorizzare l'uso di queste preposizioni:

Usiamo IN

- *con i mezzi di trasporto*
in macchina
in treno
in aereo
in metrò
in autobus
in tram
in taxi
in bicicletta
in moto
in nave
in barca
MA: **a** piedi, **a** cavallo

- *con i nomi che finiscono in -IA*
in farmacia
in panetteria
in trattoria
in pizzeria

3 Può essere utile ricordare che la maggior parte dei nomi che vogliono la preposizione **IN** sono **femminili** e la maggior parte dei nomi che vogliono **A** sono **maschili**.

Usiamo IN
- *con i nomi femminili*
in casa
in banca
in piazza
in strada
in vacanza
in montagna
in campagna
in collina
in stazione
in discoteca
in biblioteca

- *alcuni maschili*
in ufficio
in negozio
in centro
in ospedale
in giardino

Usiamo A
- *con i nomi maschili*
al ristorante
al cinema (maschile irregolare)
al mercato
al bar
a teatro
al mare
al fiume
al lago
all'aeroporto

- *alcuni femminili*
a scuola
a casa

PREPOSIZIONI: IN O A?

16 PREPOSIZIONI: IN o A?

!NOTA BENE

• Molto spesso la preposizione della <u>domanda</u> è la stessa nella <u>risposta</u>:

ESEMPI

A: **A** che ora arriva Paolo?
B: **A** mezzogiorno.

A: **In** che stanza mettiamo il pianoforte?
B: Mah, **in** soggiorno direi.

○ IN casa o A casa?
• Normalmente usiamo "a casa" con significato generico del termine; anche con significato affettivo e come sinonimo di patria, paese d'origine.
• Usiamo "in casa" quando vogliamo specificare lo spazio interno, concreto, di una casa.

ESEMPI

Ciao, vado **a casa**. *(il significato è generico, non è necessario specificare "dentro la casa")*
Dopo tanti anni all'estero, è bello tornare **a casa**! *(significa tornare nel proprio paese d'origine)*

Ho sentito un rumore strano: forse ci sono i ladri **in casa**! *(si intende all'interno della casa)*

A: Che magnifica pianta!
B: Le piace signora? È un Ficus Benjamina.
A: E si tiene in giardino o **in casa**? *(in casa = dentro la casa, non fuori)*

ESERCIZI

1. Scrivi la corretta preposizione davanti ai seguenti nomi

1. .... bar
2. .... scuola
3. .... banca
4. .... aeroporto
5. .... montagna
6. .... supermercato
7. .... Londra
8. .... palestra
9. .... stazione
10. .... centro
11. .... aereo
12. .... Cuba
13. .... treno
14. .... mare
15. .... piedi

2. IN o A? Completa le frasi

1. A: Dove abiti?
   B: .... Palermo.
   A: Anch'io, dove?
   B: .... via Martini.
2. A: Allora, dove andate .... vacanza?
   B: .... Grecia, ... Mykonos.
   A: Ah, è un'isola bellissima!
3. Pronto, Polizia? Aiuto, c'è un serpente .... casa!
4. Carla, io vado .... farmacia. Hai bisogno di qualcosa?
5. Preferisci una vacanza .... mare o .... montagna?
6. A: Non ho voglia di tornare .... casa.
   B: Beh, facciamo un giro .... centro.
7. Allora, andiamo a Berlino .... aereo o .... treno?
8. Accompagno Franco .... stazione e torno.

Pronto, polizia? Aiutooo!!!

56

Una grammatica italiana per tutti • edizioni Edilingua

3. Trova gli errori (7) nell'uso di *IN* o *A*

1. A: Vieni con me in scuola?
   B: No, prima devo andare in banca.
2. A: Stasera andiamo in teatro, vieni anche tu?
   B: Non posso, devo andare in cinema con Piero.
3. A: A che ora arrivate in Torino?
   B: Verso le 18.30.
4. A: Come vai nell'ufficio?
   B: In metrò.
5. A questa casa non si trova mai niente!
   Dove sono i miei occhiali?
6. A: Sabato andiamo alla montagna, venite anche voi?
   B: Purtroppo no, dobbiamo andare in ospedale
   a trovare la nonna.

4. Rispondi usando correttamente *IN* o *A*

1. A: Dove lavori?
   B: ....
2. A: Dove siete andati?
   B: ....
3. A: Come andate a Parigi?
   B: ....
4. A: Dove sono i bambini?
   B: ....
5. A: Dove hai comprato quella bella gonna?
   B: ....
6. A: Dove avete incontrato Franco?
   B: ....

DI o DA?

DI e DA indicano l'origine o la provenienza di una persona/cosa, con questa differenza:

- Verbo ESSERE + DI + CITTÀ
- Verbo VENIRE + DA + NAZIONE (con articolo)
                   + CITTÀ (senza articolo)

ESEMPI

Sono **di Londra**.
Siamo **di Bologna**.   *(indica la vera origine)*
Questo prosciutto è **di Parma**.

Vengo **dall'Inghilterra**.
Lui viene **da Berlino**.   *(indica la provenienza, forse non la vera origine)*

ATTENZIONE: NON si dice: "Sono di Inghilterra", si deve dire: "sono inglese".

edizioni Edilingua • *Una grammatica italiana per tutti*

2. Usiamo il verbo ESSERE + DI e il verbo VENIRE + DA anche in altri casi:

ESEMPI

Questa casa è **della sorella** di Paolo.
Questi prodotti **sono della ditta** Lancaster. *(DI indica possesso, tempo)*
Questo vestito è **di due anni fa**, ma è ancora attuale.

Questo treno **viene dalla stazione** di Milano.
La mia amica **viene** all'appuntamento **da casa sua**. *(DA indica provenienza/punto di partenza)*
Questo regalo **viene dalla zia Marta**.

3. Usiamo DI e DA dopo qualcosa/niente con questa differenza:

- qualcosa/niente + DI + aggettivo
- qualcosa/niente + DA + infinito

ESEMPI

A: Vuoi qualcosa *da bere*? *(indica la funzione)*
B: Sì, grazie, qualcosa *di fresco*. *(indica la qualità)*

Vorrei qualcosa *di interessante da fare*.
Non c'è niente *di bello da vedere* in televisione.

4. Usiamo DI dopo alcuni aggettivi che, generalmente (ma non sempre), indicano la quantità.

ESEMPI

Ho la casa **piena di** libri.
L'Italia è **ricca di** opere d'arte.
Questi alimenti sono **poveri di** grassi.
È un gelato **ricoperto di** cioccolato.

5. Usiamo DA con la forma passiva.

ESEMPI

Queste marmellate sono **fatte da** mia nonna.
Questa macchina è stata **collaudata da** molti esperti.
Quel concerto è **diretto da** Riccardo Muti.

! NOTA BENE

○ Ricordiamo che esiste una differenza di significato:

"Sono di Londra" *significa:* sono nato a Londra, sono inglese.
"Vengo da Londra" *non significa necessariamente* che sono nato a Londra o che sono inglese: può significare che vivo a Londra ma sono nato in un altro posto.

○ Per gli altri usi di DI e DA vedere la scheda 14, **Preposizioni semplici: regole generali** (pp.47-48).

ESERCIZI

1. DI o DA? Completa le frasi mettendo l'articolo dove necessario

1. A: Karl, tu .... dove sei?
   B: Sono tedesco, ... Berlino.
2. A: Paolo, c'è una cartolina per te!
   B: .... dove viene?
   A: .... San Francisco.
3. La tarantella è una danza popolare e viene .... Italia.
4. A: Vi presento José. Viene .... Barcellona.
   B: Ah, allora parli catalano?
   C: Beh, veramente sono nato a Madrid e la mia famiglia è .... Bilbao.
5. A: Ciao, mi chiamo Fernando, sono portoghese.
   B: .... dove?
   A: .... Lisbona.
6. Sono .... Firenze ma abito .... Roma.

2. DI o DA? Completa le espressioni

1. pieno .... entusiasmo
2. vuoto .... idee
3. visto .... pochi
4. ricoperto .... oro
5. niente .... speciale
6. conosciuto .... tutti
7. fatto .... mia madre
8. qualcosa .... rilassante
9. qualcosa .... leggere
10. scritta .... Dante

3. Formula delle frasi con le espressioni dell'esercizio 2

....
....
....

4. Leggi il testo e correggi i 7 errori presenti nell'uso di DI e DA

L'organizzazione italiana FAI (Fondo per l'ambiente) che si occupa della protezione del paesaggio italiano, ha chiesto qual è il 'Luogo del cuore' in Italia, il posto dove abbiamo provato qualcosa da particolare, da forte. Fino a giugno è possibile rispondere via Internet (www.fondoambiente.it) a questa domanda. Anche noi abbiamo fatto questa domanda a Firenze, una città sempre piena da turisti. Ecco alcune risposte che vengono di tutto il mondo. Marie, francese da Marsiglia dice: «Ho abitato a Roma per tre anni e la conosco bene. Il mio posto del cuore è Piazza del Pantheon. Non so esattamente perché ma quando sono lì sento qualcosa da speciale.» Akiko è giapponese, sta facendo una vacanza in Europa: «Il mio posto del cuore? Si chiama Sciacca, che è un piccolo paese dalla Sicilia. Il mare è bellissimo e la gente molto simpatica. Ho visitato tutta la Sicilia in macchina ma Sciacca mi piace di più.» E voi? Qual è il vostro 'posto del cuore' in Italia?

Il Pantheon

18 — ESSERE E AVERE USATI COME AUSILIARI NEI TEMPI COMPOSTI

Usiamo i verbi ESSERE e AVERE per formare i *tempi composti*.
Un tempo composto è formato da **due parti**:

verbo ausiliare   +   participio passato
avere/essere   mangiato/andato

I tempi composti sono:
- il passato prossimo   (*ho mangiato/sono andato*)
- il trapassato prossimo   (*avevo mangiato/ero andato*)
- il futuro anteriore   (*avrò mangiato/sarò andato*)
- il condizionale passato   (*avrei mangiato/sarei andato*)

Quale ausiliare usare: essere o avere?

Osservate la tabella:

ESSERE	AVERE
Si usa:	Si usa:
• con tutti i verbi **riflessivi**: *alzarsi, lavarsi, incontrarsi, sentirsi...*	• con i verbi **transitivi**(**): *mangiare, comprare, leggere...*
• con i verbi di **movimento**: *andare, tornare, uscire, partire, scendere...*	• con **alcuni verbi di movimento**: *camminare, viaggiare, nuotare, correre...*
• con i verbi di **cambiamento**: *diventare, nascere, crescere, morire...*	• con il verbo AVERE: *ho avuto, avevo avuto, avrò avuto, avrei avuto*
• con i verbi di **stato**: *stare, restare, rimanere...*	
• con i verbi **impersonali**(*): *piacere, bastare, costare, succedere, occorrere...*	
• con il verbo ESSERE: *sono stato, ero stato, sarò stato, sarei stato*	

(*) i verbi impersonali sono verbi che usiamo al **singolare** (3ª persona singolare) o al **plurale** (3ª persona plurale). Per esempio: "Quanto **costa** il dizionario?" "Quanto **costano** i libri di italiano?".

(**) i verbi transitivi possono rispondere alla domanda: "*che cosa?*".
Per esempio: "Marco mangia" (soggetto) "*che cosa?*" "una pizza" (oggetto).

! NOTA BENE

○ Alcuni verbi possono usare come ausiliare sia *essere* che *avere*:

ESEMPI

(*vivere*)   Marcello ha / è vissuto a Parigi molti anni.
(*piovere*)   Ieri ha / è piovuto.   (*il significato non cambia*)

○ Usiamo alcuni verbi con *essere* o *avere*, cioè in modo *intransitivo* o *transitivo*.

ESEMPI

	USO INTRANSITIVO		USO TRANSITIVO	
	soggetto			*oggetto*
(finire)	La scuola	è finita.	Mario ha finito	la scuola.
(cominciare)	La lezione	è cominciata.	Mario ha cominciato	a lavorare.
(cambiare)	La vita	è cambiata.	Mario ha cambiato	vita.
(salire)	La temperatura	è salita.	Mario ha salito	le scale a piedi.

● Come questi verbi si coniugano anche: saltare, scendere, passare, iniziare ...

ESEMPI

Ho sceso le scale a piedi.	*(le scale = oggetto)*
Sono sceso in ascensore.	*(io = soggetto)*
Ho passato delle bellissime vacanze.	*(le vacanze = oggetto)*
Sono passato da casa di Silvia.	*(io = soggetto)*

● **ESERCIZI** ●

1. Indica con una X a quale categoria appartiene ciascun verbo

	transitivi	riflessivi	di movimento	di stato	di cambiamento	impersonali
1. Andare						
2. Stare						
3. Alzarsi						
4. Prendere						
5. Costare						
6. Avere						
7. Mangiare						
8. Partire						
9. Diventare						
10. Arrivare						
11. Bastare						
12. Salire						
13. Divertirsi						
14. Cadere						
15. Leggere						
16. Succedere						
17. Riposarsi						
18. Restare						

18

2. Essere o avere? Inserisci i verbi dati nelle due colonne

mangiare   stare   tornare   alzarsi   avere   comprare   succedere   divertirsi
restare   riposarsi   leggere   essere   uscire   costare   scrivere   salire   partire

verbi con ESSERE	verbi con AVERE

3. Completa le frasi con l'ausiliare (essere o avere) corretto

1. Stamattina mi .... vestito in fretta e adesso ho le calze di due colori diversi.
2. Sai che Luisa .... comprato una villa al mare?
3. Ieri .... guardato un film in DVD ma .... dormito tutto il tempo: era così noioso!
4. Ragazzi, ... avuto un aumento di stipendio!
5. A che ora ti .... svegliato stamattina?
6. .... conosciuto mio fratello?
7. Mario e Gina .... andati in Brasile per le vacanze.
8. Bobo, ti .... lavato le mani o no?
9. Ieri sera .... uscita con Roberto.
10. Noi ci .... incontrati l'anno scorso alla festa di Giulia.

...che bel film!

4. Trova e correggi i 7 errori nell'uso degli ausiliari

"Sono un ragazzo di 28 anni, ho nato a Firenze ma ho studiato a Venezia e mi ho laureato in Lingue Orientali. Durante l'università ho andato molte volte in Giappone per perfezionare la lingua. Dopo la laurea ho lavorato per due anni a Tokyo dove ho avuto l'opportunità di collaborare con una famosa università. A Tokyo ho conosciuto Akiko: ci abbiamo sposato tre anni fa. L'anno scorso abbiamo tornato a Firenze e io ho cercato un lavoro ma non ho trovato niente. Allora Akiko ha tornato in Giappone e io invece ho rimasto qui a Firenze. Che storia triste: che devo fare?"

5. Essere o avere? Completa le frasi

1. Mi scusi, il film .... iniziato?
2. Dove .... passato le vacanze?
3. A: Sono stanchissimo!
   B: Perché?
   A: .... salito a piedi: sette piani!
4. Mario, ... finito o no i compiti?
5. Eh, l'estate .... proprio finita!
6. L'opera di Wagner .... finita a mezzanotte.
7. .... sceso le scale di corsa, sono senza fiato.

...che fatica!

8. Silvia, allora la traduzione .... finita?
9. .... passato da Carla ma non era in casa.
10. .... cominciato a lavorare alle 9.

6. Correggi i 7 errori nell'uso degli ausiliari con i verbi *finire/scendere/passare* ecc.

Gentile Signora Marchi,
so perfettamente che non è facile gestire una famiglia con quattro figli e un cane, tuttavia quello che è successo ieri è troppo: troppo rumore, troppo caos!
Suo figlio Marco e il cane sono scesi le scale (dal settimo piano fino al primo piano!) sullo skateboard e naturalmente hanno finito contro la mia porta e il cane, poverino, ha cominciato ad abbaiare forte. Poi Suo figlio piccolo, Giovanni, è cominciato a piangere perché ha visto lo skateboard rotto. Per fortuna Julie, la baby-sitter inglese, ha riportato tutti in casa.
Dopo qualche ora, però, ha passato un'amica di Julie e così le ragazze hanno ascoltato tecno-music tutto il pomeriggio. I bambini hanno iniziato a ballare e saltare (e anche il cane). Ho salito e ho bussato alla porta ma, ovviamente, nessuno ha aperto! Probabilmente non hanno sentito niente. Insomma, io sono passato una giornata d'inferno e come risultato il mio lavoro non ha finito. Sono passato dall'amministratore e ho spiegato la situazione.
Aspetto una Sua risposta.

Cordiali saluti,
Carlo Alberto Muffa

...scendere le scale

IL PASSATO PROSSIMO: VERBI REGOLARI

1 Il passato prossimo è un **tempo composto** cioè formato da due parti e indica un'azione del passato intera e conclusa.

verbo ausiliare al presente + *participio passato*

ESEMPI

Ieri **ho mangiato** al ristorante. (questa azione è conclusa e completa)
Sono andato in ufficio.

2 Per coniugare un verbo al passato prossimo è quindi necessario sapere:
- quale verbo ausiliare usare: ESSERE o AVERE?(*)
- il participio passato è: REGOLARE o IRREGOLARE?

edizioni Edilingua • *Una grammatica italiana per tutti*

PASSATO PROSSIMO: VERBI REGOLARI

- Ecco la tabella del *participio passato regolare* dei verbi in -are -ere -ire:

verbo	participio passato regolare
(ARE) TORN**ARE**	TORN**ATO**
(ERE) SAP**ERE**	SAP**UTO**
(IRE) SENT**IRE**	SENT**ITO**

Il verbo *tornare* è un verbo <u>regolare</u> di movimento e vuole l'ausiliare ESSERE.
I verbi *sapere* e *sentire* sono verbi <u>regolari</u> transitivi e vogliono l'ausiliare AVERE.

- Ecco la coniugazione:

	TORN**ARE**	SAP**ERE**	SENT**IRE**
io	sono torn**ato/a**	ho sap**uto**	ho sent**ito**
tu	sei tornato/a	hai saputo	hai sentito
lui/lei	è tornato/a	ha saputo	ha sentito
noi	siamo tornati/e	abbiamo saputo	abbiamo sentito
voi	siete tornati/e	avete saputo	avete sentito
loro	sono tornati/e	hanno saputo	hanno sentito

ESEMPI

(arrivare)   A: **Paolo**, a che ora *sei* arriv**ato** ieri?
                B: Alle 17, **Maria** invece *è* arriv**ata** alle 18.30.
(vendere)   *Avete* vend**uto** la macchina?
(capire)   Non *ho* cap**ito** la tua domanda.

(*) vedere la scheda 18, **Essere e avere come ausiliari nei tempi composti** (p.60).

! NOTA BENE

- Per tutti i verbi che vogliono ESSERE è necessario l'accordo di genere (**maschile/femminile**) e di numero (**singolare/plurale**).

ESEMPI

Carla	è	tornata.
fem./sing.	*sing.*	*fem./sing.*

Alberto	è	tornato.
masch./sing.	*sing.*	*masch./sing.*

Carla e Giulia	sono	tornate.
fem./plur.	*plur.*	*fem./plur.*

Alberto e Marco	sono	tornati.
masch./plur.	*plur.*	*masch./plur.*

Una grammatica italiana per tutti • edizioni Edilingua

ESEMPI

Maria, dove sei andata in vacanza?
I ragazzi sono usciti alle 4.
La macchina nuova è costata un sacco di soldi.
Mio figlio è stato male ieri sera.
Raffaella e sua madre sono partite.
Il film mi è piaciuto molto.
Anna e Lisa sono state a casa tutto il giorno.
Queste scarpe sono costate un po' troppo.

...un sacco di soldi.

- I verbi in *-cere/-scere* aggiungono una "**i**" prima di **-UTO**, per mantenere la pronuncia **dolce** della "c" o "sc".

ESEMPI

Piacere	piaciuto
Conoscere	conosciuto
Crescere	cresciuto

ESERCIZI

1. Abbina le frasi

1. Ieri Marco è
2. Che cosa hai
3. Stamattina mi sono
4. Siamo
5. Carlo, hai
6. Cosa è
7. Questa macchina è
8. Ieri ci siamo
9. Luca ha
10. Quando sei

a) parlato con Simona?
b) andati a scuola in autobus.
c) costata davvero molto!
d) arrivato in ufficio in ritardo.
e) svegliato presto.
f) riposati tutto il giorno.
g) comprato ieri?
h) successo?
i) partita?
l) studiato molto oggi.

2. Metti ciascun participio passato nella colonna corrispondente

saputo   riposato   divertito   tornato   entrato
capito   conosciuto   uscito   addormentato

io sono	io mi sono	io ho
....	....	....
....	....	....
....	....	....
....	....	....

3. Completa le frasi al passato prossimo con i verbi dati

1. A: Perché non hai .... con Franco?   (parlare)
   B: Eh, non ho .... tempo.   (avere)
2. Allora, hai .... o no?   (capire)
3. A: Dove sono i ragazzi?
   B: Sono .... ieri per il mare.   (partire)

edizioni Edilingua • *Una grammatica italiana per tutti*

PASSATO PROSSIMO: VERBI REGOLARI

65

4. Mario, ho .... un rumore strano! (sentire)
5. Ho .... in tutta la casa ma non ho .... (cercare/trovare)
il CD di Mauro.
6. A: Il nostro appartamento è .... un sacco (costare)
di soldi.
B: Ah sì? Quanto avete ....? (pagare)
7. Abbiamo .... tutto il pomeriggio ma Luisa e (aspettare)
Carla non sono .... (arrivare)

4. Scrivi le domande per completare il dialogo

"Una vacanza perfetta"

1. A: ....?
   B: In Tunisia.
2. A: ....?
   B: Sì, moltissimo.
3. A: ....?
   B: Il 10 giugno.
4. A: ....?
   B: Beh, due giorni fa, il 25 giugno.
5. A: ....?
   B: No, non molto: 600 euro.
6. A: ....?
   B: Tutte le specialità della cucina tunisina: il cous cous, per esempio.
7. A: ....?
   B: Sì, molte persone. La gente è veramente gentile e simpatica.

IL PASSATO PROSSIMO: VERBI IRREGOLARI

Il participio passato di un verbo può essere REGOLARE o IRREGOLARE.
I verbi con il participio passato **irregolare** sono abbastanza numerosi. È necessario memorizzarli.
Può essere d'aiuto ricordare che la maggior parte dei verbi **irregolari** appartengono al gruppo dei verbi in -ERE.

Ecco una lista di questi verbi:

VERBO	PARTICIPIO IRREGOLARE	ESEMPI
correggere	**corretto**	*Hai corretto gli esercizi?*
dire	**detto**	*Scusa, che cos' hai detto?*
fare	**fatto**	*Cos'hai fatto ieri sera?*
leggere	**letto**	*Ho letto con attenzione la vostra proposta.*
rompere	**rotto**	*Ho rotto il CD di Anna!*
scrivere	**scritto**	*Ho scritto un'e-mail a Paolo.*
accendere	**acceso**	*Hai acceso la TV? C'è la partita!*
chiudere	**chiuso**	*Hai chiuso bene la porta?*
decidere	**deciso**	*Ho deciso: vado per un anno all'estero.*
prendere	**preso**	*Renato, hai preso tu il giornale?*
scendere	**sceso**	*Siamo scesi a piedi.*
spendere	**speso**	*Ho speso davvero troppo!*
chiedere	**chiesto**	*Ho chiesto un prestito in banca.*
proporre	**proposto**	*Ho proposto di fare una riunione.*
rimanere	**rimasto**	*Sono rimasto in ufficio fino a tardi.*
rispondere	**risposto**	*E tu che cosa hai risposto?*
vedere	**visto**	*Scusa, hai visto Maria?*
aprire	**aperto**	*Avete aperto un conto in banca?*
morire	**morto**	*Nell'incidente sono morte due persone.*
offrire	**offerto**	*Carlo ha offerto una cena al ristorante.*
soffrire	**sofferto**	*E lui ha sofferto molto?*
discutere	**discusso**	*Abbiamo discusso tutta la notte.*
mettere	**messo**	*Dove hai messo le chiavi della macchina?*
permettere	**permesso**	*Non mi ha permesso di entrare.*
promettere	**promesso**	*Ha promesso di cambiare vita.*
succedere	**successo**	*Insomma, cos'è successo?*
dipingere	**dipinto**	*Chi ha dipinto 'Guernica'?*
piangere	**pianto**	*Quando è partito ho pianto.*
spegnere	**spento**	*Hai spento il computer?*
vincere	**vinto**	*Allora, chi ha vinto?*
bere	**bevuto**	*Ieri ho bevuto troppo.*
venire	**venuto**	*Perché ieri non sei venuto a lezione?*
vivere	**vissuto**	*Ho/(sono) vissuto molti anni all'estero.*
ridurre	**ridotto**	*Abbiamo ridotto le importazioni.*
tradurre	**tradotto**	*Ho tradotto questa frase nella mia lingua.*
perdere	**perso**	*Ho perso le chiavi di casa.*
scegliere	**scelto**	*Non ho scelto io il film!*

! NOTA BENE

- Il participio passato del verbo ESSERE è irregolare mentre quello del verbo AVERE è regolare.

    ESSERE   AVERE
    sono **stato**   ho avuto

20

ESEMPI

Ho avuto molto da fare ieri.
Avete avuto la traduzione del documento?
Ho sentito che sei **stato** male, mi dispiace.
Marco è **stato** molto gentile con me.

ESERCIZI

1. Scrivi l'infinito dei seguenti verbi al participio passato

1. aperto ....
2. sceso ....
3. spento ....
4. fatto ....
5. acceso ....
6. detto ....
7. rimasto ....
8. preso ....
9. scritto ....
10. chiuso ....
11. stato ....
12. perso ....
13. visto ....
14. chiesto ....
15. avuto ....
16. successo ....

2. Scrivi il participio passato dei seguenti verbi all'infinito

1. prendere ....
2. essere ....
3. spendere ....
4. chiudere ....
5. decidere ....
6. piangere ....
7. fare ....
8. scegliere ....
9. rompere ....
10. chiedere ....
11. mettere ....
12. bere ....
13. venire ....
14. rispondere ....
15. vivere ....
16. vincere ....

3. Abbina le frasi delle due colonne

1. Michele, hai
2. Cosa
3. Ho
4. Sono
5. Maria, sei
6. Chi ha
7. Le bambine hanno
8. Carla è
9. Ragazzi, siete
10. Dove avete

a) già risposto alla vostra domanda.
b) deciso dove andare in vacanza?
c) sceso in cantina a prendere il vino.
d) è successo?
e) mai stati in Turchia?
f) mai stata a Barcellona?
g) rotto il vaso di cristallo?
h) messo il giornale?
i) venuta con noi in discoteca.
l) promesso di fare i compiti.

4. Completa le frasi con il participio passato dei verbi fra parentesi

1. A: Allora, che cosa ha .... (dire) il direttore?
   B: Dunque, lui ha .... (leggere) la relazione ma è .... (rimanere) in silenzio. Che ne pensi?
2. Mi dispiace, l'altro giorno sono .... (essere) veramente maleducato.
3. Scusa Mario, perché non hai .... (rispondere) alle mie lettere?

4. Perché c'è la Polizia? Cosa è .... (succedere)?
5. Ieri noi siamo .... (stare) tutto il giorno a casa.
6. A: Allora, Marina, hai .... (decidere) cosa fare all'università?
   B: Sì, ho .... (prendere) tutte le informazioni possibili,
      ho .... (chiedere) agli altri studenti e alla fine ho
      .... (scegliere): mi iscrivo a Scienze della Comunicazione.
7. Renato, hai .... (rompere) tu il vetro della finestra?
8. Ieri ho .... (spendere) un sacco di soldi, come al solito!
9. Ieri io e Roberto abbiamo .... (discutere) tutta la sera di calcio.

Chi è stato?

5. Completa il testo con il passato prossimo dei verbi fra parentesi

A: Allora, cos' (1) .... (succedere) ieri?
B: Guarda, adesso ti racconto. Allora, ieri verso mezzanotte ho sentito un rumore strano in casa. Un ladro, ho pensato. Mi sono alzato e (2) .... (fare) un giro: niente! Allora (3) .... (chiudere) bene la porta e le finestre. Poi - che stupido! - (4) .... (chiedere): "C'è qualcuno?" e ovviamente nessuno (5) .... (rispondere). Allora sono ritornato al letto e (6) .... (spegnere) la luce. (7) .... (chiudere) gli occhi e (8) .... (rimanere) immobile a letto e tac! ancora quel rumore strano. Ad un certo punto (9) .... (decidere) di affrontare il ladro: (10) .... (scendere) in cucina e (11) .... (prendere) una padella. Ho aspettato dietro una porta ma non (12) .... (vedere) nessuno. Ero molto nervoso e per calmarmi ho mangiato qualcosa, (13) .... anche .... (bere) un po' di vino rosso e tac! sempre quel rumore metallico! Che paura! Alla fine (14) .... (accendere) la TV e ho guardato un vecchio film. Insomma, non (15) .... (chiudere) occhio tutta la notte. Stamattina mia moglie, che è all'estero in questi giorni, mi ha telefonato e sai cosa mi (16) .... (dire)? "Caro, allora, funziona il nostro nuovo impianto di allarme contro i ladri?"

6. Scrivi le domande o le risposte con i verbi al passato prossimo irregolare

1. A: .... *Che cosa avete fatto ieri* ....?
   B: Siamo rimasti a casa a guardare la partita di calcio, Juventus - Milan.
   A: ....?
   B: Il Milan, tre a zero.
2. A: Al museo abbiamo visto un quadro bellissimo: "I girasoli".
   B: ....?
   A: Vincent Van Gogh.
3. A: Scusa il ritardo ma veramente oggi è stata una giornata terribile!
   B: ....?
   A: Di tutto!
4. A: A me piace molto leggere libri di storia.
   B: ....?
   A: Ultimamente? Un libro su Alessandro Magno.
5. A: .... al *Surimono*, ieri sera.
   B: Al *Surimono*?! Ehi ma è un ristorante carissimo!
   A: .... l'azienda.
   B: Per fortuna! Il vostro direttore è veramente generoso!

edizioni Edilingua • *Una grammatica italiana per tutti*

PASSATO PROSSIMO: VERBI IRREGOLARI

20

69

IL PASSATO PROSSIMO: VERBI MODALI

1 I verbi POTERE, VOLERE, DOVERE si chiamano verbi modali.

Questi verbi si uniscono a un verbo all'infinito:
   POSSO
   VOGLIO + infinito
   DEVO

ESEMPI

Non **posso mangiare** tutta la pizza!
Voglio andare a casa presto.
Devo finire questo lavoro.

2 Per formare una frase al PASSATO PROSSIMO con un verbo modale è necessario considerare:
- la posizione e il tempo del verbo modale
- quale verbo ausiliare usare: essere o avere?

- La **posizione** e il tempo del verbo modale:

   ausiliare + verbo modale + verbo all' infinito
      ho   dovuto   studiare
              (participio passato)

- Quale **ausiliare** usare?
   Usiamo l'ausiliare dell'infinito che segue il verbo modale. Il verbo all'infinito è quindi più forte.

(dovere + andare)   **Sono** dovuto **andare** in banca.   *(si usa "essere" perché il verbo andare vuole "essere")*

(dovere + finire)   **Ho** dovuto **finire** questo lavoro.   *(si usa "avere" perché il verbo finire vuole "avere")*

ESEMPI

Mi dispiace, non **ho** potuto **telefonare**.
Sono dovuto **uscire** alle sette.
Non **ho** voluto **ascoltare** il suo consiglio e ho sbagliato.
Alla fine **ho** dovuto **pagare** un conto esagerato.

! NOTA BENE

- Quando usiamo il verbo modale con l'ausiliare ESSERE è necessario l'accordo di genere e numero (M./F., S./PL.).

ESEMPI

Laura è dovut**a** andare dal medico.   *(Laura: F.S.)*
I ragazzi non sono potut**i** andare al cinema.   *(I ragazzi: M.PL.)*
Giulia e sua sorella sono dovut**e** tornare a casa presto.   *(Giulia e sua sorella: F.PL.)*

- Quando usiamo un verbo modale **da solo**, l'ausiliare è sempre AVERE.

ESEMPI

A: Perché non sei venuto alla festa?
B: Mi dispiace ma non **ho potuto**.

A: Ti ha raccontato che cosa è successo?
B: No, non **ha voluto**.

A: Sei rimasto con lei tutto il giorno?
B: **Ho dovuto**!

ESERCIZI

1. Completa le frasi con *essere* o *avere*

1. A: Hai telefonato a Marina?
   B: Mi dispiace ma non .... potuto chiamarla.
2. Nicola .... voluto comprare una macchina gialla.
3. A: Michele, ti aspetto da un'ora!
   B: Mi dispiace ma .... dovuto passare da mia madre.
4. Non .... voluto dire dove andava.
5. Dopo la festa Stefano .... voluto tornare subito a casa.
6. Ieri .... dovuto fare un sacco di compiti di matematica.
7. Silvia, come .... potuto dimenticare l'appuntamento!
8. A: Carlo, come mai non .... potuto venire al ristorante con noi?
   B: Eh, purtroppo .... dovuto lavorare fino a tardi.
9. .... voluto finire l'università in tempo e per questo .... dovuto studiare molto.
10. Lo so, sono in ritardo ma .... potuto uscire dall'ufficio solo alle sette.

2. Trasforma le frasi mettendo il verbo al passato prossimo

1. Devo finire questo lavoro.   ....Ho dovuto finire questo lavoro...........
2. Non voglio disturbarti.   ....
3. Marco può restare fino alle 3.   ....
4. Dobbiamo salire a piedi.   ....
5. Oggi non posso venire a scuola.   ....
6. Roberta vuole pagare tutto.   ....
7. Dovete lasciare la macchina qui.   ....
8. Scusami se non posso aiutarti.   ....
9. Non voglio discutere con lui.   ....
10. Vuole andare via subito.   ....

3. Correggi i 7 errori presenti nelle frasi

1. Finalmente io e mio marito siamo potute andare a Venezia. ....
2. Allora, avete potuto comprare i biglietti? ....
3. Io e Gianni siamo potuto tornare a casa ma a piedi. ....
4. Valerio è voluto chiamare la polizia. ....
5. Maria è dovuto andare a casa. ....
6. Siamo voluto studiare fino a tardi. ....
7. Non ho voluto sapere niente di quella storia. ....
8. Mi dispiace ma non sono potuto richiamarti. ....
9. Renata ha dovuto lasciare la scuola. ....
10. Maria è dovute andare dal medico. ....

In gondola...

PASSATO PROSSIMO: VERBI MODALI

edizioni Edilingua • *Una grammatica italiana per tutti*

IL PASSATO PROSSIMO CON LE DETERMINAZIONI DI TEMPO

1 Per collocare nel passato un'azione usiamo: *fa, scorso, passato* (meno usato).

Scorso e *passato* sono aggettivi e quindi si accordano con il nome.
Fa invece non cambia mai.

ESEMPI

Una settimana fa
Un mese fa
La settimana scorsa/passata
Gli anni scorsi/passati

2 Per quanto riguarda la **posizione**:
- usiamo *fa* **sempre** dopo il nome
- usiamo *scorso* **preferibilmente** dopo il nome
- usiamo *passato* **quasi sempre** dopo il nome

ESEMPI

Un anno *fa*
L'anno *scorso*/lo *scorso* anno
L'anno *passato*

3 Per quanto riguarda l'**uso**:
- usiamo *fa*:
  - con i numeri e indica, nella maggior parte dei casi, un periodo di tempo preciso
  - con nomi plurali o con "qualche" indica invece un periodo di tempo non precisato

- *scorso* e *passato*
  - indicano, nella maggior parte dei casi, un tempo non precisato

	FA	SCORSO/PASSATO
Ora	un'ora fa; due ore fa...	
	qualche ora fa	-
Giorno	due giorni fa; tre giorni fa...	
	qualche giorno fa; giorni fa	i giorni scorsi/passati
Lunedì, martedì...	due lunedì fa	lunedì scorso/passato
Settimana	una settimana fa; due settimane fa...	la settimana scorsa/passata
	qualche settimana fa	le settimane scorse/passate
Mese	un mese fa; due mesi fa...	il mese scorso
	qualche mese fa; mesi fa	i mesi scorsi
Gennaio, febbraio...	-	gennaio scorso
Anno	un anno fa; due anni fa...	
	qualche anno fa; anni fa	l'anno scorso; gli anni scorsi
Primavera, estate...	un'estate fa	l'estate scorsa
Secolo	un secolo fa; due secoli fa...	
	qualche secolo fa; secoli fa	il secolo scorso; i secoli scorsi

72 *Una grammatica italiana per tutti* • edizioni Edilingua

ESEMPI

Sono tornata dalle vacanze tre settimane fa.
L'anno passato i prezzi erano più bassi.
L'estate scorsa dov'eri?
Un anno fa ero a Miami.

Qualche giorno fa ho ricevuto un'e-mail da Giorgio.
La settimana passata ho iniziato un corso di yoga.
Mesi fa ho incontrato Nicola.
Due estati fa ha piovuto moltissimo.

! **NOTA BENE**

- È possibile anche usare l'aggettivo *altro* come sinonimo di *scorso/passato*.
  In questo caso però la posizione è sempre prima del nome.

ESEMPI

L'altra settimana ho incontrato Marco.   (= la scorsa settimana)
L'altro anno la Juventus ha vinto la Champions League.   (= l'anno scorso)
L'altra primavera ha fatto molto caldo.   (= la primavera passata)

- Per i giorni vicini a oggi usiamo:

tre giorni fa	l'altro ieri	ieri	OGGI	domani	dopodomani	fra tre giorni
venerdì	sabato	domenica	lunedì	martedì	mercoledì	giovedì

Le seguenti espressioni NON sono corrette:
un giorno fa   (si dice: ieri)
due momenti fa   (non si usa)

L'espressione *l'altro giorno* significa *qualche giorno fa* e indica un tempo non preciso.

ESERCIZI

1. Trasforma le seguenti date, come nell'esempio, usando le determinazioni di tempo

Oggi è lunedì 10 giugno 2005:

a) 10 maggio 2005 = ...*un mese fa*......
b) 9 giugno 2005   = ...
c) 10 giugno 2004 = ...
d) 2004   = ...
e) 8 giugno 2005   = ...

f) estate 2004   = ...
g) 7 giugno 2005   = ...
h) maggio 2005   = ...
i) 3 giugno 2005   = ...
l) 10 giugno 2002 = ...

2. Leggi la storia di Carlo e completa le frasi con le determinazioni di tempo; prendi come punto di riferimento la data: lunedì 10 giugno 2005

Allora, mi sono laureato nel maggio del 1990. Mi sono sposato nel 1995. Mio figlio Luca è nato il 10 agosto 2000. Purtroppo nel 2004 ho divorziato. Recentemente, in febbraio, ho cambiato lavoro, sono architetto. In maggio, per motivi di lavoro, ho dovuto cambiare città: adesso abito a Torino. Il 3 giugno ho presentato un progetto importante. L'8 giugno è una data speciale per me perché ho saputo che il mio progetto ha vinto il concorso. Domenica a pranzo ho festeggiato con i miei colleghi. Stamattina mi sono alzato alle 7. Sono arrivato qui alle 10, un po' troppo presto ma preferisco arrivare prima: mi piace essere puntuale. Abbiamo iniziato l'intervista alle 11 precise, no?

edizioni Edilingua • *Una grammatica italiana per tutti*

23

a) Carlo .... *15 anni fa* .... si è laureato.
b) .... si è sposato.
c) .... è nato suo figlio.
d) .... ha divorziato.
e) .... ha cambiato lavoro.
f) .... ha cambiato città.
g) .... ha presentato un progetto.
h) .... ha saputo che ha vinto il concorso.
i) .... ha festeggiato.
l) .... si è alzato.
m) .... è arrivato per l'intervista.

Complimenti, architetto!

3. Rispondi con un frase al passato + una determinazione di tempo

1. A: Quando siete arrivati?
   B: ....
2. A: Quando è successo?
   B: ....
3. A: Quando ha telefonato?
   B. ....
4. A: Quando sono partiti?
   B: ....
5. A: Che bella gonna! È nuova?
   B: ....
6. A: Hai conosciuto la sorella di Franco?
   B: ....

Uh, che bella!

IL PASSATO PROSSIMO CON *GIÀ/ANCORA/APPENA*

Usiamo gli avverbi di tempo *già, ancora, appena* con il passato prossimo con il seguente significato:

- *già*   sottolinea che un'azione **si è conclusa**
- *non ancora* sottolinea che un'azione **non si è conclusa**
- *appena*   significa "poco tempo prima" e indica **la quantità di tempo** trascorso dalla conclusione di un'azione

ESEMPI

Nicola è **già** arrivato.   (*l'azione "arrivare" è conclusa*)
Il direttore **non** è **ancora** arrivato.   (*l'azione "arrivare" non è conclusa*)
Il treno è **appena** partito.   (*il treno è partito pochi minuti prima*)

La posizione di questi avverbi non è rigidamente fissa.
Normalmente la loro posizione è **tra il verbo ausiliare e il participio passato:**

ausiliare		participio
Ho	GIÀ	finito
Non ho	ANCORA	finito
Ho	APPENA	finito

ESEMPI

A: *Hai* **già** *finito* di mangiare? (*è possibile dire:* "Hai finito già di mangiare?" - "Non ho
B: No, **non** *ho* **ancora** *finito*. finito ancora", *ma non è normalmente usato in italiano*)

FRASI

La bambina **non** ha **ancora** finito di mangiare.

Sono **appena** arrivata a casa, **non** ho **ancora** parlato con lui.

Hai **già** telefonato a Barbara?

Non avete **ancora** spedito quel fax?

A: È **già** arrivato Franco?
B: Guarda, è **appena** entrato.

! NOTA BENE

- *Appena* significa anche *"subito dopo/quasi contemporaneamente"*. In questo caso può essere preceduto dalla negazione *non*, che, però, non è obbligatoria.

ESEMPI

Non appena sono arrivata a casa, ho sentito odore di bruciato.   (*subito dopo l'arrivo a casa*)

Non appena ho visto Maria, ho capito che era successo qualcosa.   (*quasi contemporaneamente*)

In questi casi **la posizione** di *appena/non appena* **è fissa**: **prima** del passato prossimo.

ESERCIZI

1. Completa le frasi usando *già, non ancora, appena*

1. A: Buongiorno, ho un appuntamento con il dottore.
   B: Mi dispiace ma .... è .... arrivato.
2. È .... iniziato il film?
3. Basta, non dire altro. Ho .... capito tutto!
4. Sbrigati! Il taxi è .... arrivato!
5. A: Ho .... parlato con Luca.
   B: E allora?
   A: Ha detto che .... ha .... finito di lavorare. Richiama più tardi.

edizioni Edilingua • *Una grammatica italiana per tutti*

2. Come l'esercizio precedente

1. A: Signora, tre euro per comprare un biglietto della lotteria!
   B: L'ho .... comprato ieri, grazie.
   A: E Lei signore? Solo tre euro!
   C: Io l'ho .... comprato, eccolo qua!
2. .... ho .... capito se Mario è sincero o no.
3. A: Non c'è Renata? Ho parlato con lei solo 10 minuti fa.
   B: È .... uscita per una commissione urgente.
4. Ho .... finito di leggere questo libro: è davvero bellissimo!
5. Ragazzi, ... avete .... fatto i compiti e quindi niente TV!

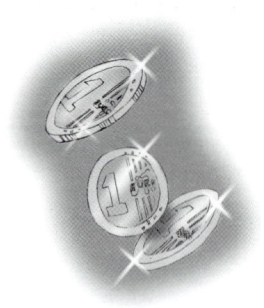

3. Appena o non appena? Completa le frasi e indica nel riquadro il significato che assume

	poco prima	subito dopo/ contemporaneamente
1. Mi dispiace ma l'aereo è .... decollato.		
2. Ho .... ricevuto un fax da Londra.		
3. Laura mi è piaciuta .... l'ho vista.		
4. .... ho preso la medicina mi sono sentito bene.		
5. .... sono arrivato a scuola ho cercato l'aula.		
6. Ho .... visto Piero: com'è cambiato!		
7. Ho pagato .... ho potuto farlo.		
8. Sono .... tornato dalle vacanze.		

4. Rispondi usando il passato prossimo con già, non ancora, appena

1. A: Hai fatto la spesa?
   B: ....
2. A: Quando vai in vacanza?
   B: ....
3. A: Che strano, Paolo non si fa più sentire...
   B: ....
4. A: Bisogna pagare la bolletta del telefono...
   B: ....
5. A: Sei andato alla mostra?
   B: ....
6. A: Allora, la tua valigia è pronta?
   B: ....

Una mostra d'arte moderna

IL PASSATO PROSSIMO CON LE AZIONI FINITE

Usiamo il **passato prossimo** quando un'azione è finita, compiuta.
Graficamente possiamo rappresentare il concetto in questo modo:

una figura "chiusa", per rappresentare un'**azione finita**, intera, "chiusa".
Il tempo imperfetto (*), invece, lo possiamo rappresentare graficamente in questo modo:

una figura "aperta", per rappresentare un'**azione non finita**, incompleta, "aperta".
È in questa compiutezza la caratteristica fondamentale del passato prossimo.

Nell'italiano parlato *standard* il passato prossimo ha sostituito il passato remoto (importante invece nella lingua scritta). Il passato remoto è tuttavia normalmente usato in alcune regioni italiane.
Questo significa che comunemente usiamo il passato prossimo:
- per un'azione vicina o lontana nel tempo
- per un'azione che ha o non ha legami con il presente

Per usare il passato prossimo è quindi fondamentale stabilire se l'azione è **finita** o **non finita**, "chiusa" o "aperta".

ESEMPI

L'anno scorso **siamo andati** in vacanza a Berlino.	(azione finita, interamente compiuta, lontana nel tempo e senza effetti nel presente)
Ho mal di stomaco. Forse **ho mangiato** troppo!	(azione finita, vicina nel tempo e con effetto nel presente)
Sai, tanti anni fa, **ho fatto** un viaggio con il famoso treno Orient Express.	(azione finita; lontana nel tempo e senza effetti nel presente)
Gli architetti del Rinascimento **hanno lasciato** molte testimonianze di quell'epoca.	(azione finita; lontana nel tempo e con effetti nel presente)

(*) per gli usi dell'imperfetto e il contrasto con il passato prossimo vedere la scheda 41, **Il contrasto fra imperfetto e passato prossimo** (p.117).

ESERCIZI

1. Completa le frasi con un verbo appropriato

1. Come certamente già sapete, gli antichi romani ....*hanno costruito*............ molti acquedotti e ponti che ancora oggi è possibile ammirare.
2. A: Che cosa .... ieri sera?
   B: Prima .... a teatro, dopo .... un giro in centro e poi .... a casa. E voi?
   A: Mah, niente di speciale: .... a casa e .... un film alla TV.

24

3. A: Quando .... Dante Alighieri?
   B: Nel 1265.
4. Quando ero bambino .... il giro degli Stati Uniti con i miei genitori. Non mi ricordo molto però.
5. A: Stamattina .... fino alle 11.
   B: Beato te! Io invece .... alle 7.

2. Come sopra

1. Negli ultimi trent'anni la tecnologia .... enormi progressi.
2. A: Allora, nel 1492 Cristoforo Colombo .... l'America.
   B: Beh, non è sicuro: forse .... prima i Vichinghi!
   A: Davvero?
   B: La settimana scorsa .... un programma alla TV su questo argomento.
3. Marco .... il suo primo libro, un romanzo. Io però non l' .... ancora ....
4. Da piccolo, una volta .... l'autobus da solo e mi sono perso!
5. A: .... mai .... in Egitto?
   B: Sì, ... dieci anni fa.

3. Osserva l'agenda di Sandro e scrivi che cosa ha fatto ieri, lunedì 7 aprile

7 aprile   lunedì

h. 9.00 BAR, COLAZIONE
         GAZZETTA DELLO SPORT
h. 10.00 UNIVERSITÀ
h. 10.30 - 12.30 LEZIONI
h. 13.00 PRANZO, MENSA UNIVERSITARIA
h. 14.00 SONNELLINO SUL PRATO
h. 15.00 BIBLIOTECA
h. 19.00 PALESTRA
h. 20.00 CASA, CENA
h. 21.00 SILVIA, CINEMA
h. 23.00 PUB, BIRRA
h. 24.00 CASA, TV, LETTO

Ieri, Sandro... ....

PASSATO PROSSIMO CON LE AZIONI FINITE

78

Una grammatica italiana per tutti • edizioni Edilingua

IL FUTURO SEMPLICE: VERBI REGOLARI

Usiamo il tempo futuro per le azioni che avvengono dopo il momento presente, nel futuro.

Per formare il futuro semplice bisogna, come per tutti gli altri tempi verbali togliere -**ARE**, -**ERE**, -**IRE** dal verbo

parl**are** = parl

prend**ere** = prend

sent**ire** = sent

e aggiungere le desinenze del futuro:

PARL -**ERÒ**   PREND -**ERÒ**   SENT -**IRÒ**

Ecco la tabella del futuro semplice **regolare**:

	PARLARE	PRENDERE	SENTIRE
io	parl **erò**	prend **erò**	sent **irò**
tu	parl **erai**	prend **erai**	sent **irai**
lui/lei	parl **erà**	prend **erà**	sent **irà**
noi	parl **eremo**	prend **eremo**	sent **iremo**
voi	parl **erete**	prend **erete**	sent **irete**
loro	parl **eranno**	prend **eranno**	sent **iranno**

Come si vede, i verbi in -ARE e -ERE hanno la stessa coniugazione.

ESEMPI

(io - arrivare)   Arriverò alle 9.
(lui - partire)   Sergio partirà domani per Bruxelles.
(noi - lavorare)   Lavoreremo insieme per questo progetto.
(lei - leggere)   Carla leggerà questo documento più tardi.
(tu - cantare)   Canterai qualcosa alla festa di Giulia?
(Lei - arrivare)   La signora Marchi arriverà stasera.
(loro - dormire)   Sono molto stanchi. Dormiranno tutto il giorno.
(noi - finire)   Finiremo di lavorare molto tardi.
(voi - prendere)   Prenderete il treno delle 5?

! NOTA BENE

○ Per i verbi che finiscono in -**CARE** e -**GARE** dobbiamo inserire una "**h**" per mantenere la pronuncia **dura**. In italiano CA e GA sono suoni "duri".

CERCARE	(ca = /ka/)		PAGARE	(ga = /ga/)
io	cercherò (ch = /k/)	io	pagherò (gh = /g/)
tu	cercherai	tu	pagherai
lui/lei	cercherà	lui/lei	pagherà
noi	cercheremo	noi	pagheremo
voi	cercherete	voi	pagherete
loro	cercheranno	loro	pagheranno

Altri verbi simili: *dimenticare, giocare, spiegare* ecc.

25

- Per i verbi che finiscono in **-CIARE** e **-GIARE** dobbiamo togliere la "**i**".

	ANNUNCIARE		MANGIARE
io	annuncerò	io	mangerò
tu	annuncerai	tu	mangerai
lui/lei	annuncerà	lui/lei	mangerà
noi	annunceremo	noi	mangeremo
voi	annuncerete	voi	mangerete
loro	annunceranno	loro	mangeranno

Altri verbi simili: *minacciare, alloggiare, parcheggiare* ecc.

- Molto spesso in italiano, nella lingua parlata, usiamo **il tempo presente al posto del tempo futuro**. Per evitare confusioni, a volte insieme al verbo è necessaria una determinazione di tempo: *domani, il mese prossimo, più tardi, fra* ecc.

ESEMPI

Parlo con Marina.	*(adesso o nel futuro?)*
Domani parlo con Marina.	*(è chiaro che l'azione è nel futuro, anche se c'è un verbo al presente)*
Sono a Milano **fra due settimane**.	*(è chiaro che parliamo del futuro, anche se c'è un verbo al presente)*

ESERCIZI

1. Completa la tabella

il futuro semplice

	COMPRARE	LEGGERE	PARTIRE
io	comprerò	....	partirò
tu	....	leggerai	....
lui/lei	comprerà	....	....
noi	....	leggeremo	....
voi	....	....	partirete
loro	compreranno	....	....

2. Scrivi i seguenti verbi al futuro semplice

1. (io - chiamare) ....
2. (lui - leggere) ....
3. (noi - pagare) ....
4. (tu - partire) ....
5. (io - mangiare) ....
6. (noi - lavorare) ....
7. (loro - sentire) ....
8. (Lei - prendere) ....
9. (voi - scegliere) ....
10. (lei - cercare) ....
11. (io - dormire) ....
12. (loro - finire) ....
13. (tu - spiegare) ....
14. (lui - scrivere) ....
15. (voi - capire) ....
16. (io - mettere) ....

Una grammatica italiana per tutti • edizioni Edilingua

3. Riscrivi le frasi trasformando il verbo dal presente al futuro semplice

1. L'aereo parte in ritardo.
2. Domani parto per Roma.
3. Domani c'è sciopero generale.
4. Arrivo alle 5.
5. Finisco l'università e parto per la Spagna.
6. Allora cosa fai domenica?
7. Stasera guardiamo la televisione.
8. Ti chiamo la settimana prossima.
9. L'anno prossimo comprano una casa.
10. A che ora inizia il film?

4. Completa le frasi con i seguenti verbi al futuro semplice

dormire   prendere   leggere   controllare   spiegare
pagare   aprire   prendere   comprare   chiudere
guadagnare   arrivare   partire   mettere

1. Domani al ristorante io .... il pesce, e tu?
2. Giuliano .... per Londra stasera.
3. Signora, quale treno ....?
4. Sai, Antonio .... una Ferrari rossa!
5. Ho deciso, ... un conto in banca.
6. Il direttore .... questo documento domani.
7. Non ho la carta di credito e .... in contanti.
8. Sono stanco, ... le mie e-mail domani.
9. La banca .... alle 15.45.
10. Ho saputo che con il mio nuovo lavoro .... un sacco di soldi.
11. Carla, che vestito .... stasera?
12. Domenica io .... tutto il giorno!
13. Se non hai capito, ti .... ancora una volta questa regola.
14. Il treno Espresso 512 .... al binario 11.

IL FUTURO SEMPLICE: VERBI IRREGOLARI

I verbi irregolari al futuro sono numerosi. Per memorizzare questi verbi può essere di aiuto ricordare che generalmente i verbi irregolari al presente sono irregolari anche in altri tempi verbali (condizionale, passato prossimo, futuro, congiuntivo ecc.).

edizioni Edilingua • Una grammatica italiana per tutti

26 FUTURO SEMPLICE: VERBI IRREGOLARI

- Ecco la tabella dei verbi irregolari ESSERE e AVERE

	ESSERE	AVERE
io	sarò	avrò
tu	sarai	avrai
lui/lei	sarà	avrà
noi	saremo	avremo
voi	sarete	avrete
loro	saranno	avranno

Il verbo **ESSERCI** (al presente: *c'è; ci sono*) segue la coniugazione di ESSERE. Quindi, al futuro:

ESSERCI
ci sarà   ci saranno

- Ecco la tabella dei più comuni verbi irregolari:

andare	io	andrò		*dovere*	io dovrò
	tu	andrai		*potere*	io potrò
	lui/lei	andrà		*sapere*	io saprò
	noi	andremo		*vedere*	io vedrò
	voi	andrete		*vivere*	io vivrò
	loro	andranno		*cadere*	io cadrò
dare	io	darò		*rimanere*	io rimarrò
	tu	darai		*venire*	io verrò
	lui/lei	darà		*bere*	io berrò
	noi	daremo		*tenere*	io terrò
	voi	darete		*ridurre*	io ridurrò
	loro	daranno		*tradurre*	io tradurrò
volere	io	vorrò		*fare*	io farò
	tu	vorrai		*stare*	io starò
	lui/lei	vorrà		*dire*	io dirò
	noi	vorremo			
	voi	vorrete			
	loro	vorranno			

ESEMPI

(io - dovere)   Domani dovrò assolutamente lavare la macchina.
(tu - potere)   Potrai uscire più tardi.
(Lei - sapere) Il dottore saprà certamente cosa fare.
(io - vedere)   Vedrò i miei genitori domenica prossima.
(loro - vivere) Gli uomini vivranno molto a lungo.

(tu - rimanere) Michele, rimarrai a casa stasera?
(loro - venire) I ragazzi verranno con il treno delle 9.00.
(io - bere)   Stasera non berrò niente, devo guidare.
(noi - tenere) Se vuoi, terremo noi il tuo gatto per le vacanze.

(lui - dare)   Marco darà un esame all'università la settimana prossima.
(tu - fare)   Allora, cosa farai domenica?
(Lei - stare)   Signor Castelli, starà qui ancora a lungo?
(voi - dire)   Cosa direte alla conferenza?

Una grammatica italiana per tutti • edizioni Edilingua

ESERCIZI

1. Completa la tabella

	VEDERE	VENIRE	VIVERE	FARE	STARE	DIRE
io	vedrò				starò	
tu		verrai		farai		
lui/lei			vivrà			dirà
noi						diremo
voi	vedrete				starete	
loro			vivranno			

2. Trasforma i seguenti verbi dal presente al futuro semplice

1. io bevo ....
2. noi andiamo ....
3. tu rimani ....
4. loro sanno ....
5. voi avete ....
6. io vado ....
7. tu hai ....
8. loro vivono ....
9. lui è ....
10. noi diamo ....

3. Completa le frasi con il verbo al futuro semplice

1. Mi dispiace ma domani non .... (io-avere) tempo, ... (io-stare) in ufficio tutto il giorno.
2. .... (tu-venire) alla festa dell'università?
3. L'estate prossima .... (noi-andare) in vacanza in Messico.
4. Domani .... (esserci) un concerto di jazz in piazza.
5. Stasera Alberto .... (bere) troppo, come al solito.
6. Io .... (dare) una somma in beneficenza.
7. Secondo te, cosa .... (fare) Daniela per risolvere la situazione?
8. Direttore, ... (io-essere) in ufficio dopo le 11.

In vacanza in Messico

4. Come sopra

1. Domani .... (noi-vedere) un altro appartamento in vendita.
2. I signori Brazzi .... (andare) alla riunione di condominio e .... (dire) cosa pensano del nuovo ascensore.
3. Allora, ... (tu-avere) un aumento di stipendio o no?
4. Se domani .... (sapere) qualcosa di nuovo, per favore chiamate.
5. .... (esserci) molti studenti alla riunione?
6. Il governo ha detto che .... (ridurre) le tasse.
7. Se domani il tempo .... (essere) bello, ... (noi-andare) a fare un picnic.
8. .... (esserci) un tavolo riservato per voi al ristorante.

Un picnic

5. Completa la tabella

	DOVERE	POTERE	VOLERE
io	dovrò	....	vorrò
tu	....	potrai	....
lui/lei	....	....	vorrà
noi	dovremo	....	....
voi	....	potrete	....
loro	....	....	vorranno

6. Completa le frasi con i verbi *dovere/potere/volere* al futuro semplice

1. Non so se domani .... (noi-potere) venire con voi.
2. L'anno prossimo .... (noi-dovere) cambiare la macchina.
3. Il dottore ha detto che .... (io-dovere) smettere di fumare.
4. .... (tu-dovere) studiare molto se .... (tu-volere) passare l'esame.
5. Se .... (potere), ti aiuterò a tradurre il fax.
6. Quando arriveranno, ... (loro-volere) sicuramente mangiare qualcosa.
7. Carlo .... (potere) arrivare solamente dopo le 6.
8. Signora, mi dispiace ma .... (dovere) aspettare molto.

7. Correggi nel testo i 10 verbi errati

La settimana prossima doverò fare molte cose. Lunedì arriveranno da Firenze i miei amici Giulia e Franco; farremo un giro della città e visiteremo il Museo Nazionale e il porto. Penso che loro vorranno mangiare le specialità di questa regione e quindi poteremo andare al ristorante *Da Poldo* che è ottimo e non troppo caro. Mercoledì doverò fare un esame all'università e non poterò stare con loro. Giovedì Franco ritornerà a Firenze, invece Giulia rimanerà qui ancora qualche giorno. Venerdì sera ci sarà una festa all'università e sicuramente io e Giulia anderemo: mangieremo e beveremo un sacco. Sabato io averò un terribile mal di testa ma Giulia no: lei farà shopping tutto il giorno, la conosco bene! Domenica mattina Giulia ritornerà a Firenze e io dormirò tutto il giorno.

Firenze. Palazzo Vecchio

8. Completa le frasi con i seguenti verbi al futuro semplice

avere   dovere   dare   potere   rimanere
andare   venire   dovere   dire   avere   fare

1. Mi dispiace ma non .... studiare insieme.
2. .... con noi al cinema stasera o .... lavorare?
3. Non mi sento bene: .... stare a casa domani.
4. Io e Luca .... una festa sabato sera.
5. Che bello, sabato mattina .... al mare!
6. La settimana prossima .... un sacco di cose da fare.
7. Non so che cosa .... mia madre!
8. Quando .... tempo, parleremo anche di questo problema.
9. .... a casa tutto il giorno?
10. Forse noi .... una vacanza in Egitto.

27
IL FUTURO ANTERIORE CON LE DETERMINAZIONI DI TEMPO

1 Il futuro anteriore (o composto) è un tempo verbale formato da due parti:

futuro di ESSERE o AVERE + *participio passato*

io avrò parlato
io sarò andato

Ecco la tabella del futuro anteriore:

	PARLARE		ANDARE	
io	avrò	parlato	sarò	andato/a
tu	avrai	parlato	sarai	andato/a
lui/lei	avrà	parlato	sarà	andato/a
noi	avremo	parlato	saremo	andati/e
voi	avrete	parlato	sarete	andati/e
loro	avranno	parlato	saranno	andati/e

Come sempre, quando usiamo l'ausiliare ESSERE è necessario l'accordo del genere (M./F.) e del numero (S./PL.).

2 Usiamo il futuro anteriore quando ci sono **due azioni al futuro** e **una precede** l'altra:

ESEMPI

Quando avrò finito l'università, farò un lungo viaggio. (*parlo del futuro*: **avrò finito** precede farò)

avrò finito	farò

oggi...

Guarderò la TV dopo che Carlo sarà uscito. (*parlo del futuro*: **sarà uscito** precede guarderò)

sarà uscito	guarderò

adesso..

ESEMPI

Dopo che avremo finito questo lavoro, andremo a cena fuori. (*prima finiamo, poi usciamo*)
Quando avrò imparato bene questa canzone,
la canterò in pubblico. (*prima imparo, poi canto*)
Dopo che avremo ricevuto una conferma ufficiale,
pubblicheremo la notizia. (*prima riceviamo la conferma, poi pubblichiamo*)

3 Generalmente **prima** del futuro anteriore usiamo le seguenti determinazioni di tempo:

- *quando*
- *dopo che*
- *(non) appena* (*)

edizioni Edilingua • *Una grammatica italiana per tutti*   85

FUTURO ANTERIORE CON LE DETERMINAZIONI DI TEMPO

Confrontare le frasi:

1. **Quando/dopo che** Maria sarà partita, affitteremo la sua stanza.
   (*dobbiamo aspettare la partenza di Maria e dopo affittiamo la sua stanza*)

   oggi ....|............ sarà partita ....|............ affitteremo ....

2. **Non appena** Maria sarà partita, affitteremo la sua stanza.
   (*aspettiamo la partenza di Maria e subito dopo affittiamo la stanza*)

   oggi ....|............ sarà partita ....|............ affitteremo ....

(*) non c'è alcuna differenza tra *appena* e *non appena*.

! NOTA BENE

- L'uso del futuro anteriore (con le determinazioni di tempo) e del futuro semplice in una frase, segnala una <u>dipendenza</u> fra le due azioni.

Confrontare le frasi:

1. "**Finirò** l'università, **farò** un viaggio all'estero"; non c'è una relazione diretta fra le due azioni: finirò l'università e dopo farò un viaggio.

2. "Quando **avrò finito** l'università, **farò** un viaggio all'estero"; in questo caso le due azioni sembrano collegate: è importante prima finire l'università e poi fare il viaggio.

- È possibile cambiare la posizione dei due verbi e il significato non cambia:

Dopo che il presidente **sarà tornato**, **faremo** la riunione.
          1   2

Faremo la riunione dopo che il presidente **sarà tornato**.
  2   1

- Nella lingua parlata spesso si sostituisce il futuro anteriore con il futuro semplice o con il presente:

Appena arriverò a casa, ti telefonerò.   Appena arrivo a casa, ti telefono.

● ESERCIZI ●

1. Scrivi i seguenti verbi al futuro anteriore

1. (io - andare) ....
2. (lei - scrivere) ....
3. (tu - partire) ....
4. (voi - pagare) ....
5. (noi - arrivare) ....
6. (io - finire) ....
7. (loro - trovare) ....
8. (io - sapere) ....
9. (noi - fare) ....
10. (tu - conoscere) ....
11. (loro - rimanere) ....
12. (Lei - offrire) ....

2. Completa le frasi con i seguenti verbi al futuro anteriore

spiegare   arrivare   sapere   finire   vedere
finire   mettere da parte   analizzare

1. Ho una fame tremenda! Appena .... a casa mi farò un panino.
2. Signora, Le dirò qualcosa di più preciso dopo che .... il risultato delle analisi del sangue.
3. Non appena Carla .... quello che è successo, ci telefonerà.
4. Adesso non posso proprio comprare la moto. Lo farò quando .... i soldi che servono.
5. Dopo che ti .... tutto, capirai che ho ragione io.
6. Giulia, appena la partita di calcio .... potrai vedere quello che vuoi, ma adesso no.
7. Potrò capire bene la situazione dopo che .... tutti i dati a disposizione.
8. Adesso ci lamentiamo del caldo ma quando l'estate .... cominceremo a lamentarci del freddo!

3. Come sopra

entrare   passare   assaggiare   parlare
dimagrire   arrivare   finire   ricevere

1. Non appena .... il fax, ti richiamerò.
2. Luca ha detto che ci telefonerà non appena .... all'aeroporto.
3. Quando .... potrò comprare quel vestito. Adesso proprio no!
4. Inizierò a cantare quando tutti .... in sala.
5. A: Allora, che ne pensi della mia torta al limone? Non è fantastica?
   B: Ti dirò se mi piace quando l'........................!
6. Ti giuro che quando .... questa traduzione mi prenderò sei mesi di vacanza!
7. Solo dopo che .... l'esame di italiano, potrò iscrivermi all'università in Italia.
8. Firmerò il contratto dopo che .... con il mio avvocato.

4. Seguendo le indicazioni, scrivi delle frasi, come nell'esempio, con uno dei due verbi al futuro anteriore preceduto da una determinazione di tempo

1. ...*Quando avremo guardato con attenzione i prezzi del ristorante, entreremo...*
   (prima guardiamo con attenzione i prezzi del ristorante, poi entriamo)
2. ....
   (prima prendo lo stipendio, subito dopo compro il computer nuovo)
3. ....
   (prima parlo con mio marito, poi ti telefono)
4. ....
   (prima finisci il lavoro, dopo puoi venire con noi)
5. ....
   (prima parlo con il direttore, subito dopo ti chiamo)
6. ....
   (prima finite gli spinaci, subito dopo potete andare a giocare in giardino)
7. ....
   (prima faccio le foto, dopo vado in Questura per il passaporto)
8. ....
   (prima lasciano un deposito, poi possono firmare il contratto d'affitto)

28 IL FUTURO PER LE PREVISIONI

Usiamo il futuro, oltre che per parlare di azioni che avvengono **dopo il momento presente**, per fare previsioni, cioè ipotesi e considerazioni su azioni o situazioni nel futuro.

Queste previsioni possono essere:
- previsioni sulla normale vita quotidiana
- previsioni del tempo ("il meteo")
- previsioni scientifiche sul futuro
- previsioni astrologiche (e simili)

ESEMPI

Luciano, il cane starà male se continua a mangiare tutto quel pollo!	(posso prevedere che il cane starà male perché mangia troppo)
Se continui così non passerai l'esame.	(non studi abbastanza, quindi prevedo che non passerai)
Arriveranno forti temporali sulle regioni del Nord. L'estate sarà eccezionalmente calda in tutta l'Europa.	(previsioni del tempo atmosferico)
L'utilizzo di automobili a idrogeno diminuirà l'inquinamento atmosferico. Nel 2030 la temperatura terrestre sarà più alta di quella attuale.	(previsioni scientifiche)
Il segno del Leone avrà una settimana molto piacevole.	(oroscopo)

! NOTA BENE

- Quando si usa il futuro per fare una previsione, generalmente, non si sostituisce con il presente come negli altri casi (vedere scheda 25, **Il futuro semplice: verbi regolari**, p.79).

ESEMPI

Se non fai attenzione, quei libri **cadranno** per terra.	(è possibile dire: cadono, ma si perde il senso della previsione)

ESERCIZI

1. Completa le frasi mettendo al futuro semplice il verbo dato fra parentesi

1. Nella giornata di domani il mare Adriatico .... (essere) mosso o molto mosso.
2. Sandra non .... (dimagrire) mai: è troppo golosa!
3. A: Il famoso mago Roxel mi ha detto che .... (cambiare) lavoro, ... (incontrare) una donna bellissima e .... (essere) ricchissimo!
   B: Nient'altro?!
4. Renato, smetti di ascoltare musica tecno! .... (diventare) completamente sordo.
5. Purtroppo le previsioni per il fine settimana non sono favorevoli: .... (piovere) su tutto il Centro-Nord. Al Sud .... (esserci) un abbassamento della temperatura.

6. A: Sai, nel 2150 molte città, come New York e Roma, ... (essere) quasi completamente sott'acqua.
   B: Davvero?!
   A: Sì, perché gli iceberg del Polo Nord .... (sciogliersi).

2. Come sopra

1. Il Brasile .... (vincere) la Coppa del Mondo.
2. A: Mario, cosa ha detto il Meteo?
   B: Domani .... (fare) bel tempo!
3. Entro il 2017, la Cina .... (diventare) il principale competitore economico degli Stati Uniti.
4. Antonio, ... (stare) male se continui a bere così tanto!
5. L'Acquario .... (vivere) un fine settimana molto divertente ma attenzione al portafoglio: .... (voi-spendere) un po' troppo.
6. Fra circa 20 anni, in tutte le strade .... (esserci) videocamere per controllare tutto.

3. Completa le frasi con una previsione

1. Se non fai attenzione *...ingrasserai...*
2. Se la Borsa di Milano scende ancora ....
3. Se l'autobus non arriva fra 5 minuti ....
4. Se andiamo via per il week-end venerdì sera ....
5. Se non smette di nevicare ....
6. Se viene a cena anche Angelo ....

4. Considera i seguenti problemi e scrivi alcune previsioni usando il tempo futuro

1. La foresta dell'Amazzonia, che produce una grande quantità di ossigeno, sta lentamente scomparendo.
   Previsione: ....
2. Nel 2100 sulla Terra ci saranno 10 miliardi di persone.
   Previsione: ....
3. Nel 2150 le grandi città vicine al mare - come New York, Sidney, Roma - saranno quasi completamente sott'acqua.
   Previsione: ....
4. Fra circa 100 anni le riserve di petrolio finiranno.
   Previsione: ....

FUTURO PER LE PREVISIONI

IL FUTURO DOPO UN VERBO DI OPINIONE

In italiano le espressioni per esprimere un'opinione sono:
"penso che", "credo che", "ritengo che", "mi sembra che", "sono sicuro che" ecc.

Dopo queste espressioni usiamo il futuro se l'opinione si riferisce a **un'azione o una situazione nel futuro**.

In questo caso, saranno generalmente presenti determinazioni di tempo tipiche del futuro, per esempio:

Domani - Più tardi - Fra poco - In seguito - Lunedì prossimo ecc.

ESEMPI

Penso che Michele ritornerà **domenica prossima**.
Credo che la signora Chiesa telefonerà **più tardi**.
Mi sembra che **domani** ci sarà uno sciopero del trasporto pubblico.
Cari colleghi, ritengo che continuare questa strategia porterà **in poco tempo** a una grave perdita economica.
Non credo che Mario farà questo lavoro.

! NOTA BENE

- Dopo un verbo di opinione, in alcuni casi, non è possibile sostituire il futuro con il presente (*), perché è necessario stabilire chiaramente la differenza temporale.

ESEMPI

FUTURO	PRESENTE
Sono sicuro che sarà una bella festa.	Dice che è una bella festa.
(sono sicuro adesso, la festa deve ancora cominciare)	*(la festa è cominciata)*
Sono convinto che lavorerà volentieri con noi.	Sono convinto che lavora volentieri con noi.
(sono convinto adesso, lui deve ancora iniziare il lavoro)	*(lui ha già iniziato a lavorare con noi)*

(*) vedere la scheda 25, **Il futuro semplice: verbi regolari** (p.79).

ESERCIZI

1. Completa le frasi con un verbo al futuro semplice

1. Ho aspettato abbastanza. Ancora 5 minuti e poi penso che ......*andrò*...... via.
2. Non credo che Rossana .... alla riunione di domani.
3. Non penso che domani Luca .... pagare questa somma.
4. Mi sembra che la settimana prossima .... il compleanno di Anna.
5. Ritengo che .... impossibile concludere l'affare domani.
6. Penso che .... una catastrofe ambientale a causa dell'inquinamento.
7. Mi sembra che Mario .... una macchina nuova molto presto.
8. Pensi che .... fare l'attore?

2. Scrivi la tua opinione usando *penso che* oppure *non penso che* + un verbo al futuro

1. A: A che ora parte Marcella?
   B: ....
2. A: Allora, quando arriva Nicola?
   B: ....
3. A: Dopo dieci anni non so se Marco si ricorda ancora di me.
   B: ....
4. A: Ho studiato pochissimo ma passerò lo stesso l'esame.
   B: ....
5. A: Quando è il compleanno di Martina?
   B: ....
6. A: Partiamo domani a mezzogiorno così troviamo l'autostrada vuota.
   B: ....

3. Completa le seguenti espressioni formulando delle frasi con il verbo al futuro

1. Siamo sicuri che .... *sarà un successo* ....
2. Tutti ritengono che ....
3. È chiaro che ....
4. Pensiamo che ....
5. Le sembra che ....
6. È convinto che ....
7. Ho il dubbio che ....
8. Crede che ....

FUTURO DOPO UN VERBO DI OPINIONE

edizioni Edilingua • *Una grammatica italiana per tutti*

GLI AGGETTIVI: LA CONCORDANZA CON IL NOME

1 L'aggettivo può essere maschile (M.), femminile (F.), singolare (S.) e plurale (PL.). Esistono due modelli:

MODELLO 1

	S.	PL.
M.	piccolo	piccoli
F.	piccola	piccole

MODELLO 2

	S.	PL.
M./F.	grande	grandi

ESEMPI

Modello 1: nuovo, famoso, bello, vecchio, amaro

Modello 2: veloce, forte, giovane, dolce, debole

2 L'aggettivo deve concordare con il nome a cui si riferisce.

ESEMPI

La borsa (F.S.) + nuovo = la borsa nuova
Il libro (M.S.) + famoso = il libro famoso
La macchina (F.S.) + veloce = la macchina veloce
Il cane (M.S.) + grande = il cane grande
Le case (F.PL.) + nuovo = le case nuove
Gli occhiali (M.PL.) + vecchio = gli occhiali vecchi
Le finestre (F.PL.) + grande = le finestre grandi
I ragazzi (M.PL.) + giovane = i ragazzi giovani

FRASI

A: Guido ha una macchina nuova.
B: Sì, lo so, è molto bella.

A: Il bambino è alto per la sua età.
B: Sì, invece la sorella è piuttosto piccola.

A: Quelle studentesse sono giapponesi?
B: No, coreane.

A: Guarda questi vasi! Secondo te, sono cinesi autentici?
B: Non credo, mi sembrano imitazioni.

A: Vanno bene le scarpe, Signora?
B: Veramente mi sembrano un po' grandi.

! NOTA BENE

○ **Posizione degli aggettivi**

La posizione degli aggettivi **non è fissa**: possiamo trovare l'aggettivo **prima o dopo il nome**.

ESEMPI

- *Prima del nome*

Questa è la **famosa** casa di Maria.
Ho ascoltato una **bella** canzone.
Mi ha fatto una **piccola** sorpresa.
Ho ricevuto un **gradito** invito a cena.

- *Dopo il nome*

Angelo ha una macchina **nuova**.
Sara è una ragazza **bella** e **simpatica**.
Ha comprato una giacca **rossa**.
Abbiamo visto un film **divertente**.

Aggettivi speciali

Bello e **buono** <u>davanti</u> al nome cambiano le forme.

- **Bello** segue le regole ortografiche dell'articolo **il**:

	S	PL
M	bel bello (*s+consonante, z, ps, gn...*) bell' (*vocale*)	bei begli (pl. di *bello* e di *bell'*)
F	bella bell' (*vocale*)	belle

un bel bambino, i bei bambini, la bella bambina, le belle bambine, un bello scaffale/spavento ecc.

- **Buono**, davanti ai nomi maschili, segue le regole ortografiche dell'articolo **un**:

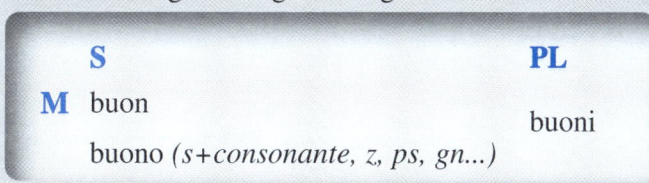

	S	PL
M	buon buono (*s+consonante, z, ps, gn...*)	buoni

un buon lavoro, una buona cena, le buone occasioni, un buono spettacolo/studente, i buoni amici ecc.

- **Grande** <u>davanti</u> al nome cambia *la forma* e anche *il significato*:

ESEMPI

È un palazzo **grande**.   (indica le dimensioni fisiche)
È un **gran** palazzo.   (indica la qualità)

- **Gran** si usa anche davanti a nomi **femminili**, e indica sempre **una qualità**, non le dimensioni fisiche:

ESEMPI

È una **gran** signora.   (indica il carattere)
Non è una **gran** novità.   (indica la qualità dell'informazione)

FRASI

Non è una macchina **grande**, però è comoda.
Quella macchina ha un **gran** motore, fa da 0 a 100 in 8 secondi.

A: Conosci la nonna di Giancarlo?
B: Ah, sì, è una **gran** donna!

ESERCIZI

1. Completa le frasi con gli aggettivi fra parentesi

1. A Gianni piacciono le macchine .... (veloce)
2. La casa di Anna è .... ma .... (piccolo/luminoso)
3. Le tue sorelle sono molto .... (intelligente)
4. I tuoi amici sono .... , ma un po' .... (simpatico/rumoroso)
5. La lezione è .... , ma .... (difficile/interessante)
6. Queste scarpe mi piacciono, ma sono troppo .... per me. (alto)
7. Gli spaghetti sono .... : venite a tavola. (pronto)
8. Ho portato anche alcune amiche .... (inglese)

2. Trasforma al singolare o al plurale

1. la giacca rossa ....
2. due ragazzi spagnoli ....
3. l'albergo centrale ....
4. la situazione particolare ....
5. l'idea geniale ....
6. le serate estive ....
7. l'autunno caldo ....
8. i gatti bianchi ....

3. Completa le frasi con gli aggettivi *buono/bello* alla forma corretta

1. Che .... bambino, signora! È suo figlio? (bello)
2. .... festa! Si divertono tutti! (bello)
3. Mi piacciono i .... ristoranti. (buono)
4. Ha fatto un .... lavoro, e per questo merita un premio. (buono)
5. Che .... occhiali! Sono nuovi? (bello)
6. Le piacciono i .... vestiti e le .... scarpe. (bello)
7. Forse non è una .... cosa, ma voglio partire per un po'. (buono)
8. È un .... problema: che facciamo? (bello)

4. Completa le frasi con l'aggettivo *grande* alla forma e posizione corrette

1. La mia vacanza ideale è in un .... albergo .... di lusso.
2. La nonna era una .... signora .... , tutti la ammiravano.
3. È un .... autore .... , i suoi libri sono famosi in tutto il mondo.
4. Ho bisogno di un .... coltello .... , questo non va bene.
5. Maria abita in una .... casa .... , ci sono almeno sei stanze.
6. Non mi sembra una .... cosa .... se sei riuscito a passare l'esame: era molto facile.
7. Tutti i .... campioni .... dello sport si allenano con costanza.
8. Siamo in 12 a pranzo, apparecchia il .... tavolo ....

Una grammatica italiana per tutti • edizioni Edilingua

QUESTO/QUELLO

1 L'aggettivo dimostrativo **Questo** si riferisce a una cosa/persona **vicina** a chi parla, sia in senso *fisico* che in senso *temporale*.

ESEMPI

Non conosco **questo** libro.   (*il libro è vicino a me*)
Usciamo con **questa** macchina.   (*la macchina è vicina a noi*)
Quest'anno vado in vacanza in Brasile. (*parlo dell'anno in corso*)

- **Questo** concorda con il nome in genere e numero: maschile (M.), femminile (F.), singolare (S.) e plurale (PL.).

	S	PL
M	questo quest' *(vocale)*	questi
F	questa quest' *(vocale)*	queste

ESEMPI

Questo libro   (*M.S*)
Questa macchina   (*F.S.*)
Quest'amico   (*M.S. + nome che inizia per vocale. Ma si può anche dire:* **Questo** *amico*)
Quest'amica   (*F.S. + nome che inizia per vocale. Ma si può anche dire:* **Questa** *amica*)
Questi ragazzi   (*M.PL.*)
Queste scarpe   (*F.PL.*)

FRASI

A: Ti piacciono **queste** scarpe?
B: Sì, ma mi sembrano un po' care.

A: Chi è **questa** ragazza nella foto?
B: Questa qui? È la sorella di Mario.

A: Signora, **quest'o**mbrello è Suo?
B: Sì, grazie mille.

2 L'aggettivo dimostrativo **Quello** si riferisce a una cosa/persona **lontana** da chi parla, sia in senso *fisico* che in senso *temporale*.

ESEMPI

Non conosco **quel** libro.   (*il libro è lontano da me*)
Usciamo con **quella** macchina.   (*la macchina è lontana da noi*)
Quell'anno siamo andati in vacanza in Brasile. (*parlo di un anno passato*)

- **Quello** concorda con il nome in genere e numero.

	S	PL
M	quel quell' *(vocale)* quello *(s+ consonante, z, ps, gn...)*	quei quegli *(pl. di quell' e quello)*
F	quella quell' *(vocale)*	quelle

edizioni Edilingua • *Una grammatica italiana per tutti*

31

ESEMPI

Quel libro	(M.S.)
Quell'albero	(M.S. + nome che inizia per vocale)
Quello scaffale	(M.S. + nome che inizia per **sc**)
Quella ragazza	(F.S.)
Quell'amica	(F.S. + nome che inizia per vocale)
Quei bambini	(M.PL.)
Quegli alberi	(M.PL.)
Quegli scaffali	(M.PL.)
Quelle amiche	(F.PL.)

FRASI

A: Dove sono finiti i bambini?
B: Guarda, sono lì, vicino a **quegli a**lber**i**.

A: Non sopporto **quella** ragazza! Meno male che se n'è andata!
B: Hai ragione, è proprio antipatica.

A: Dobbiamo portare via altro?
B: Sì, ci sono ancora **quelle** scatole in camera da letto.

QUESTO/QUELLO

ESERCIZI

1. Metti gli aggettivi *questo* e *quello* davanti ai nomi dati

1. ..../.............. amico
2. ..../.............. scuola
3. ..../.............. pantaloni
4. ..../.............. finestre
5. ..../.............. scatole
6. ..../.............. orologio
7. ..../.............. acqua
8. ..../.............. posto
9. ..../.............. studenti
10. ..../.............. influenza

2. Completa correttamente con *questo* o *quello*

1. Vedi .... casa in fondo alla strada? È di mio zio.
2. Signorina, vorrei provare .... scarpe in vetrina.
3. A: .... pasta è proprio buona!
   B: È vero, in .... ristorante si mangia sempre bene.
4. A: Dove posso trovare il Signor Monti?
   B: In .... ufficio a destra.
5. A: Scusi, ... posto è libero?
   B: Mi dispiace, è prenotato.
6. .... anno andiamo in vacanza alle Mauritius.
7. A: Hai programmi per .... sabato?
   B: Veramente no.
8. Mi dispiace, signora, ma .... via non la conosco: provi a chiedere a .... signore là.

96

Una grammatica italiana per tutti • edizioni Edilingua

3. Correggi i 4 errori presenti nell'uso di *questo/quello*

1. Vedi questo ragazzo seduto al bar di fronte? È il nuovo fidanzato di Paola.
2. Signora, se questa giacca non Le sta bene, può provare quel modello nero in vetrina.
3. Maria, ti lascio qui quel pollo arrosto così non devi cucinare a pranzo.
4. Signorina, queste scarpe mi stanno bene, le prendo.
5. A: Buongiorno, Signora Bianchi! Chi è quel bel bambino?
   B: È il mio nipotino. Renato, saluta la signora!
6. Fabrizio, quando hai finito questo lavoro che ti ho detto di fare ieri, per favore, puoi dare un'occhiata al computer?
7. Signora, quella macchina parcheggiata vicino al bar all'angolo è Sua?

4. Completa il dialogo con *questo/quello*

Signora: Scusi, (1)............... autobus va in Via Missaglia?
Passante: Non lo so, signora, provi a chiedere a (2)............... autista laggiù.
Signora: Grazie. (*va dall'autista*) Scusi, devo andare in Via Missaglia. (3)............... autobus va bene?
Autista: No, signora, deve prendere (4)............... tram lì, nella strada di fronte.
Signora: Quale?
Autista: Vede (5)............... banca dall'altra parte della strada? Lì davanti c'è la fermata del tram che va in via Missaglia.
Signora: Ah, ho capito, grazie. Senta, (6)............... biglietto va bene?
Autista: Vediamo... Sì, è valido ancora per 20 minuti, se prende subito il tram non ci sono problemi.
Signora: Grazie, molto gentile.

I POSSESSIVI

Gli aggettivi possessivi indicano:

- a **chi** appartiene una cosa/persona *(il possessore)*;
- se questa **cosa/persona** è maschile (**M.**), femminile (**F.**), singolare (**S.**) o plurale (**PL.**).

Questa è la tabella degli **aggettivi possessivi**:

(*possessore*)	MS.	FS.	M.PL.	F.PL.
io	Il mio	La mia	I miei	Le mie
tu	Il tuo	La tua	I tuoi	Le tue
lui/lei/Lei	Il suo	La sua	I suoi	Le sue
noi	Il nostro	La nostra	I nostri	Le nostre
voi	Il vostro	La vostra	I vostri	Le vostre
loro	Il loro	La loro	I loro	Le loro

32

ESEMPI

Questa è **la mia macchina**. (la mia = **io** ho la macchina -*F.S.*)

Anna è venuta alla festa con **le sue amiche**. (le sue = **Anna (lei)** ha le amiche -*F.PL.*)

I ragazzi hanno dimenticato **i loro libri**. (i loro = **I ragazzi (loro)** hanno i libri -*M.PL.*)

FRASI

A: Scusa, posso usare un momento **il tuo** cellulare?
B: Certo.

A: **Marco** mi ha detto che posso prendere **la sua** macchina.
B: Va bene, ma stai attento.

A: Qualcuno ha visto **la mia** sciarpa?
B: Guarda, è qui **sul tuo** letto.

Ragazzi, fatemi vedere **i vostri** biglietti.

Siamo andati al mare **con i nostri** amici.

A: Dove sono **Alberto e Stefania**?
B: Ci raggiungono più tardi **con la loro** macchina.

Prendi la mia macchina, ma stai attento!

! NOTA BENE

○ Usiamo gli aggettivi possessivi sempre con gli articoli, che devono quindi combinarsi con le preposizioni.(*)

ESEMPI

Scusa, hai visto **i miei** occhiali? (***non*** *si dice:* miei occhiali)
Martina è molto affezionata **al** suo cane. (***non*** *si dice:* a suo cane)
Giancarlo mi ha dato le chiavi **del** suo appartamento. (***non*** *si dice:* di suo appartamento)

(*) per le eccezioni a questa regola vedere la scheda 33, **I possessivi con la famiglia** (p.100).

○ Scriviamo il possessivo **Suo** con la lettera maiuscola quando si riferisce al **Lei** formale.

ESEMPI

Signora, ho ricevuto la **Sua** lettera. (***non*** *si scrive:* la sua lettera)
Avvocato, aspetto la **Sua** risposta. (***non*** *si scrive:* la sua risposta)

○ Quando si parla della propria **casa**, l'aggettivo possessivo va **dopo** il nome.

ESEMPI

Oggi Sandra viene a mangiare a casa **mia**. (***non*** *si dice:* alla mia casa)
Pietro e Marco hanno detto che si fermeranno
a casa **nostra** per qualche giorno. (***non*** *si dice:* alla nostra casa)
Da casa **tua** non ci vuole molto per arrivare in centro. (***non*** *si dice:* dalla tua casa)

POSSESSIVI

Una grammatica italiana per tutti • edizioni Edilingua

ESERCIZI

1. Inserisci i seguenti aggettivi possessivi nelle frasi e aggiungi l'articolo, se necessario

mia, loro, loro, nostre, tuoi, sue, vostra, sua

1. Conosco Patrizia da due anni, ma non mi ha mai invitato a casa ....
2. Abbiamo iscritto .... bambine a una scuola di danza classica.
3. Sono dei ragazzi molto intelligenti, ma non sempre condivido .... idee.
4. Avete dimenticato .... macchina fotografica a casa ....
5. Sei stata in vacanza con .... genitori?
6. Simona e Giancarlo dicono che .... macchina consuma pochissimo.
7. Filippo mi parla sempre di .... amiche di Verona.

2. Trasforma al singolare o al plurale

1. le tue impressioni ....
2. il mio appartamento ....
3. le vostre prenotazioni ....
4. il nostro appuntamento ....

5. la loro amica ....
6. il tuo posto ....
7. le sue idee ....
8. i loro biglietti ....

3. Completa con l'aggettivo possessivo giusto, con o senza l'articolo

1. Hai visto .... occhiali? Non li trovo.
2. Signorina, può lasciarmi .... numero di telefono?
3. Puoi ripetere .... nome?
4. Avete parlato con .... amici?
5. Potete venire a casa .... quando volete.
6. Scusi, questo è .... posto?
7. Anna ha perso .... borsa.
8. I miei amici vengono con .... macchina.

4. Completa la lettera di Marina con i possessivi corretti e gli articoli

Gentile Signora Benzi,
ho ricevuto proprio oggi (1)................................. gentile invito e desidero esprimere (2)................................. gioia per il matrimonio di (3)................................. figlio Carlo con la cara Isabella. Purtroppo (4)................................. situazione familiare, con la salute di (5)................................. genitori così compromessa, non mi permette di partecipare alla cerimonia.
Sarò felice tuttavia di offrire a Carlo e a (6)................................. futura sposa un piccolo segno di (7)................................. affetto.
Invio (8)................................. più vivi auguri agli sposi e (9)................................. famiglie.

Con affetto,
Marina Pietrasanti

ISABELLA POZZI CARLO BENZI
ANNUNCIANO IL LORO MATRIMONIO
12 GIUGNO 2005
PARROCCHIA S.MARIA DELLE NEVI - ORE 11
MILANO - PIAZZA GRANDI 3
VIA FARINI 14
VIA COMBO 4

edizioni Edilingua • *Una grammatica italiana per tutti*

I POSSESSIVI CON LA FAMIGLIA

Gli aggettivi possessivi con i nomi della famiglia seguono una regola speciale.

- Con i **nomi al singolare**, usiamo il possessivo **senza articolo**.

ESEMPI

Vado al cinema con **mia sorella**. (**non** *si dice:* la mia sorella)
È arrivata con **suo marito**. (**non** *si dice:* il suo marito)
Tua cugina è infermiera? (**non** *si dice:* la tua cugina)

- Con i **nomi al plurale**, usiamo il possessivo **con l'articolo**.

ESEMPI

Vado al cinema con **le mie sorelle**. (**non** *si dice:* mie sorelle)
È arrivata con **i suoi genitori**. (**non** *si dice:* suoi genitori)
Le tue cugine sono invitate al matrimonio? (**non** *si dice:* tue cugine)

FRASI

A: Hai visto Fabrizio?
B: Sì, eccolo là con **sua moglie**.

A: Signora, come sta **Sua madre**?
B: Meglio, grazie.

A: Dove vai in vacanza quest'anno?
B: Passo un mese al mare con **i miei genitori**.

A: **Tuo fratello** ha trovato lavoro?
B: Sì, ha cominciato proprio ieri.

A: Salutami **le tue zie**!
B: Senz'altro.

! NOTA BENE

- Usiamo il possessivo "**il loro, la loro** ecc." **sempre** con l'articolo:

ESEMPI

Sono arrivati con **il loro zio**. (**non** *si dice:* con loro zio)
Hanno accompagnato all'aeroporto
i loro genitori e **la loro nonna**. (**non** *si dice:* loro genitori e loro nonna)

- Con i **diminutivi** dei nomi di famiglia usiamo **sempre** l'articolo:

ESEMPI

Questo è **il mio figliolo**. (MA: questo è mio figlio)
La mia sorellina si chiama Barbara. (MA: mia sorella)
La sua mamma lavora molto. (MA: sua madre)
Vieni in braccio **al tuo papà**! (MA: tuo padre)

- L'espressione **"i miei, i tuoi, i suoi** ecc." significa **i genitori**.

ESEMPI

Sono a casa **dei miei**.   (significa: di mio padre e di mia madre)
Angela ha litigato con **i suoi**.   (significa: con i suoi genitori)
Andate in vacanza con **i vostri**?   (significa: con i vostri genitori)

ESERCIZI

1. Metti un aggettivo possessivo davanti ai seguenti nomi di famiglia usando l'articolo, se necessario

1. .... madre
2. .... moglie
3. .... zie
4. .... nonni
5. .... cognato
6. .... sorella
7. .... cugini
8. .... fratelli
9. .... papà
10. .... nonna

2. Trasforma le frasi, come nell'esempio, con un aggettivo possessivo e l'articolo, se necessario

Esempio: *è il marito di Laura = è suo marito*

1. è lo zio di Luca = ...
2. sono i cugini di Fabrizio e Simone = ...
3. sono la moglie e la sorellina di Emilio = ...
4. è la cuginetta di Ornella = ...
5. sono il fratello e il nonno di Antonio = ...
6. è la nipotina di Marco = ...
7. è la madre di Patrizia e Sara = ...
8. è la cognata di Gino = ...
9. è il nipote della Signora Gerardi = ...
10. sono le zie di Paola = ...

3. Completa le frasi con i possessivi, preceduti dall'articolo se necessario

1. Che bella bambina, signora! È .... nipote?
2. Quest'anno passeremo il Natale con .... nonni.
3. Avvocato, Le presento .... moglie.
4. Paolo, quella ragazza è .... cugina? Me la presenti?
5. Ragazzi, ... genitori vi stanno chiamando.
6. Carlo è molto gentile, ma .... sorelle sono piuttosto antipatiche.
7. .... zii hanno una casa al mare e ogni tanto mi invitano.
8. Scusa, non posso uscire sabato, sono a cena da ....

POSSESSIVI CON LA FAMIGLIA

edizioni Edilingua • *Una grammatica italiana per tutti*

4. Completa la descrizione dell'albero genealogico con i possessivi e gli articoli necessari

Questa è la mia famiglia al completo. A destra c'è (1)_____ madre e vicino a lei (2)_____ sorella Anna. (3)_____ padre invece è alla mia sinistra, con (4)_____ fratellino Simone. La signora in beige è (5)_____ zia Rossana, il signore in blu è (6)_____ marito Giancarlo e accanto a loro ci sono (7)_____ figli Barbara e Franco. Barbara è sposata: (8)_____ marito è il ragazzo biondo con gli occhiali, mentre la ragazza con i capelli lunghi vicino a lui è (9)_____ sorella Veronica. Poi ci sono (10)_____ nonni, in seconda fila, perché a (11)_____ nonna non piace farsi fotografare, e per finire (12)_____ zii di Roma con (13)_____ figlia e (14)_____ nipotina Stefania.

LE ESPRESSIONI *CI VUOLE / CI METTO*

Ci vuole (verbo **volere** + ci)
Ci metto (verbo **mettere** + ci)

Ci vuole e **Ci metto** sono espressioni che **indicano durata di tempo**.

1 **Ci vuole** indica **quanto tempo è necessario in generale**. Usiamo **ci vogliono** quando l'espressione di tempo è al plurale.

ESEMPI

Ci vuole un'ora da casa mia all'ufficio. *(è necessaria un'ora di tempo)*
Ci vogliono 10 minuti ancora per l'arrivo del treno. *(devo aspettare ancora 10 minuti)*
Ci vuole molto tempo per finire questo lavoro. *(è necessario molto tempo in generale)*

2 **Ci metto** indica **il tempo necessario alla persona in particolare**. Per questo motivo deve essere coniugato in base alla persona.

METTERCI	
io	ci metto
tu	ci metti
lui/lei	ci mette
noi	ci mettiamo
voi	ci mettete
loro	ci mettono

ESEMPI

A: Quanto tempo **ci metti** da casa all'ufficio? *(indica il tempo **che io personalmente impiego**,*
B: Con il traffico **ci metto** 40 minuti. *non il tempo necessario in generale)*

A: Quanto **ci mettete** per andare a Venezia?
B: Di solito, **ci mettiamo** meno di tre ore.   (indica il tempo che noi impieghiamo)

FRASI

A: Quanto **ci vuole** per la stazione?
B: **Ci vogliono** ancora 20 minuti.

A: Signora, **ci mette** molto per arrivare fin qui?
B: Veramente no, in macchina faccio presto.

A: Ragazzi, ma quanto **ci mettete**? Siamo in ritardo!
B: Ecco, siamo pronti.

! NOTA BENE

○ Usiamo **Ci vuole** o **Ci metto** anche con un altro significato.

ESEMPI

A: Che buona questa pasta! Come la fai?
B: **Ci metto** aglio e basilico fresco.   *(significa: metto dentro la pasta)*

A: La casa di Anna è arredata molto bene.
B: Sì, lei **ci mette** molta passione.   *(significa: mette passione nell'arredare la casa)*

A: Non riesco a fare questo esercizio.
B: **Ci vuole** un po' di pratica.   *(significa: è necessaria un po' di pratica)*

A: Abbiamo tutto per la festa?
B: No, **ci vogliono** ancora piatti e bicchieri di carta.   *(significa: dobbiamo prendere piatti e bicchieri)*

○ Oltre al presente, le espressioni **Ci vuole** e **Ci metto** possono avere tutti i tempi del verbo.

ESEMPI

Ieri **ci è voluto** molto tempo per arrivare a casa.   (ci vuole *al passato prossimo - p.63*)
La pasta è buona, però **ci metterei** un po' di sale in più.   (ci metto *al condizionale - p.160*)
Quante ore **ci vorranno** da qui a Padova?   (ci vuole *al futuro - p.79*)
Quando trovavamo traffico la domenica sera, **ci mettevamo**
più di tre ore per tornare a casa dal mare.   (ci metto *all'imperfetto - p.105*)

● ESERCIZI ●

1. Completa le frasi con le forme verbali date

ci vuole, ci vogliono, ci mette, ci mettiamo, ci vuole, ci metto

1. A: Quanto .... ancora?
   B: Un po' di pazienza, ho quasi finito.
2. A: Avete ancora problemi di traffico?
   B: Sì, purtroppo, non .... mai meno di un'ora.
3. A: A che ora ci vediamo?
   B: Dunque, per arrivare in centro .... 20 minuti, diciamo alle 7.30.
4. A: Paolo dice che .... 10 minuti a prepararsi.
   B: Speriamo, siamo già in ritardo!

34

5. A: Quanto .... da qui a Venezia?
   B: Due ore, credo.
6. A: Allora, è tutto pronto?
   B: Quasi, ... ancora 10 minuti.

2. Abbina le frasi delle due colonne

1. Non mi piace la pasta che fanno qui.
2. Sei sicuro che facciamo in tempo?
3. Bastano due o tre?
4. Franco ha di nuovo perso le chiavi di casa!
5. Perché non lo fanno a mano?
6. Puoi fare la nostra stessa strada?

a) Eh, ci vuole pazienza.
b) Ci vuole troppo tempo.
c) Sì, ma ci metto di più.
d) Sì, non ci vogliono molte persone.
e) Sì, ci mettono sempre troppo sale.
f) Sì, è vicino, non ci mettiamo molto.

3. Volerci o Metterci? Completa con l'espressione verbale corretta

1. A: Va bene così?
   B: Secondo me, ... ancora un po' di cottura.
2. A: Oddio che fila!
   B: No, guarda, sono veloci, non .... molto.
3. A: Quanti biglietti ....?
   B: Mah, diciamo almeno tre.
4. A: Vorrei un vassoio di pasticcini da un chilo.
   B: Sì. Che cosa ....?
   A: Mah, facciamo un misto di tutto.
5. A: Perché non ci fermiamo a salutare Paolo, mentre torniamo a casa?
   B: Come vuoi, però ti avverto che .... almeno due ore in più.
6. A: Attenta a dove metti i piedi.
   B: Purtroppo non ho le scarpe giuste, qui .... gli scarponi da montagna.
7. A: Uffa, ma quanto ....? È un'ora che sei chiuso in bagno!
   B: Stai calma, ora esco.
8. A: Possiamo fare tutto oggi?
   B: Purtroppo, no, signora, ... anche la firma di Suo marito.

4. Riscrivi le frasi usando opportunamente *ci vuole/ci vogliono* o *metterci*

1. Per fare questo lavoro è necessaria una persona con molta esperienza.

2. Non dobbiamo impiegare molto tempo per arrivare a casa tua.

3. Sai che cosa occorre per fare la pizza?

4. Nel nostro ufficio fa troppo caldo, abbiamo bisogno di un condizionatore.

5. Di quanto tempo avete bisogno per la consegna?

6. In questa sala c'è bisogno di un bel tavolo.

7. Noi abbiamo bisogno di una settimana per fare il trasloco, loro dicono che gli occorrono solo due giorni.

8. Non è necessaria una grande intelligenza per capire che non dici la verità.

L'IMPERFETTO: VERBI REGOLARI

1 L'imperfetto è un tempo verbale che usiamo per parlare del passato. Usiamo l'imperfetto per azioni del passato senza un inizio e una fine, azioni cioè non definite e non concluse.
Per formare questo tempo si prende il verbo senza -**ARE**, -**ERE**, -**IRE** ...

parl**are** = parl
prend**ere** = prend
sent**ire** = sent

... e si aggiungono le desinenze dell'imperfetto.

	PARLARE	PRENDERE	SENTIRE
io	parl**avo**	prend**evo**	sent**ivo**
tu	parl**avi**	prend**evi**	sent**ivi**
lui/lei	parl**ava**	prend**eva**	sent**iva**
noi	parl**avamo**	prend**evamo**	sent**ivamo**
voi	parl**avate**	prend**evate**	sent**ivate**
loro	parl**avano**	prend**evano**	sent**ivano**

ESEMPI

(io - andare) andavo
(tu - mettere) mettevi
(lui - dormire) dormiva
(noi - pagare) pagavamo
(voi - chiedere) chiedevate

FRASI

Da bambino **giocavo** sempre in strada.
In estate **prendevamo** una barca in affitto.
Dormivi quando ti ho telefonato?
Andavano sempre a teatro il sabato sera, adesso non più.
Quando **uscivo** con Lisa **pagavo** sempre io!
Quando **abitava** a New York, Monica **spendeva** un sacco di soldi.

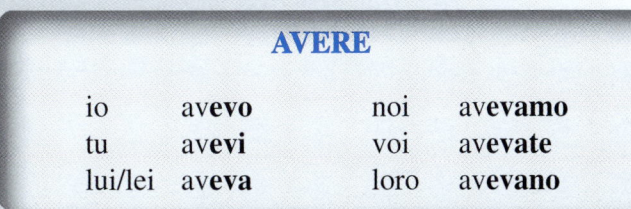

2 Il verbo AVERE, di solito irregolare, all'imperfetto è invece regolare.

AVERE			
io	av**evo**	noi	av**evamo**
tu	av**evi**	voi	av**evate**
lui/lei	av**eva**	loro	av**evano**

FRASI

Avevi anche tu un orsetto di peluche, da piccolo?
Da ragazza, Marina **aveva** paura di tutto.
Quando abitavo in campagna **avevo** un cane.

edizioni Edilingua • *Una grammatica italiana per tutti*

ESERCIZI

1. Coniuga all'imperfetto i seguenti verbi

1. Io - vivere
2. Lui - aspettare
3. Noi - sapere
4. Tu - sentire
5. Lei - arrivare
6. Voi - conoscere
7. Io - trovare
8. Noi - avere
9. Tu - mettere
10. Voi - finire
11. Lui - chiedere
12. Io - preferire
13. Noi - chiamare
14. Loro - iniziare
15. Lei - leggere
16. Io - partire

2. Completa le frasi con l'imperfetto dei verbi dati fra parentesi

1. In inverno io e i miei fratelli .... a sciare in montagna. (andare)
2. Dove .... quando eri piccolo? (vivere)
3. .... studiare il giapponese, per questo motivo sono andato in Giappone. (volere)
4. Marcello .... sempre. (leggere)
5. Gli studenti .... consegnare i compiti sempre puntualmente. (dovere)
6. Io non .... niente di questa storia. (sapere)
7. Il bambino non .... di piangere! (smettere)
8. Al ristorante .... sempre loro. (pagare)

3. Completa il testo con i seguenti verbi all'imperfetto

conoscere   passare   uscire   cercare   diventare
stare   parlare   andare   offrire   pensare
volere   sembrare   ricordare   avere   aspettare

La casa di Elena (1) .... proprio vicino alla piazza. Lei ogni giorno (2) .... a fare la spesa e io (3) .... questo momento con impazienza. Io (4) .... un piccolo chiosco di fiori ed Elena (5) .... puntuale a mezzogiorno. (6) .... parlare con lei ma non avevo mai il coraggio di fermarla. Tutti in paese (7) .... la sua storia terribile ma nessuno, mai, le (8) .... un sorriso o una parola buona. Tutti (9) .... la guerra e quel suo marito fascista, così arrogante e crudele. Nessuno (10) .... ricordare invece i figli perduti, nessuno (11) .... al suo dolore. Elena non (12) .... mai di Giuseppe e di Piero ma li (13) .... ancora. Gli anni (14) .... Elena (15) .... sempre più fragile e pallida, ma sempre bella come da ragazza. Un giorno è andata via, improvvisamente, e non è più tornata.

4. Completa le frasi con un verbo appropriato all'imperfetto

1. A: Marco, da piccolo dove ...*andavi*... in vacanza?
   B: Di solito .... l'estate dai nonni in Sardegna.
2. Direttore, ... chiederLe informazioni sul nuovo orario.
3. Mi dispiace per ieri, ma davvero non .... tempo.
4. A: Quando ero all'università .... molto.
   B: Io invece .... sempre a fare passeggiate nel parco con Lisa.
5. Non sono venuta alla festa perché non .... bene.
6. Chiara .... una bellissima macchina ma poi l'ha venduta.
7. Mio padre di solito .... il giornale e .... la pipa.
8. Durante le lezioni io .... alle vacanze.

L'IMPERFETTO: VERBI IRREGOLARI

L'imperfetto presenta pochi verbi irregolari:

Essere   ero, eri, era, eravamo, eravate, erano
Esserci   c'ero, c'eri, c'era, c'eravamo, c'eravate, c'erano
Fare   facevo, facevi, faceva, facevamo, facevate, facevano
Dire   dicevo, dicevi, diceva, dicevamo, dicevate, dicevano
Bere   bevevo, bevevi, beveva, bevevamo, bevevate, bevevano
Tradurre traducevo, traducevi, traduceva, traducevamo, traducevate, traducevano

ESEMPI

A: Carlo, quando stavi in Norvegia, **bevevi** un sacco di vodka!
B: Beh, **faceva** molto freddo...

I miei figli, da piccoli, **erano** molto vivaci.

Io **dicevo** sempre la verità, ma nessuno mi credeva.

All'università **traducevamo** i classici greci.

Cosa **facevate** a Londra, la sera?

Chi **c'era** con te?

! NOTA BENE

- Per aiutare a memorizzare la forma dell'imperfetto, e distinguerlo dagli altri tempi e modi verbali, può essere utile notare la presenza caratteristica nella coniugazione della lettera "**v**".

ESEMPI

mangia**v**o   beve**v**i   dice**v**a   face**v**amo   prende**v**ate   dormi**v**ano

Attenzione alla posizione dell'accento nella coniugazione. Ecco il modello che vale per le tre coniugazioni regolari e per i verbi irregolari:

io	mangi*a*vo	fac*e*vo	sent*i*vo
tu	mangi*a*vi	fac*e*vi	sent*i*vi
lui/lei	mangi*a*va	fac*e*va	sent*i*va
noi	mangiav*a*mo	facev*a*mo	sentiv*a*mo
voi	mangiav*a*te	facev*a*te	sentiv*a*te
loro	mangi*a*vano	fac*e*vano	sent*i*vano

● ESERCIZI ●

1. Completa la tabella

	ESSERE	FARE	DIRE
io	ero	....	....
tu	....	....	dicevi
lui/lei	....	faceva	....
noi	....	....	....
voi	eravate	....	dicevate
loro	....	facevano	....

edizioni Edilingua ● *Una grammatica italiana per tutti*

2. Coniuga all'imperfetto i seguenti verbi

1. Io - dire ....
2. Io - bere ....
3. Tu - fare ....
4. Voi - dire ....
5. Noi - essere ....
6. Lui - dire ....
7. Tu - bere ....
8. Tu - dire ....
9. Loro - tradurre ....
10. Loro - dire ....
11. Noi - dire ....
12. Loro - fare ....
13. Voi - bere ....
14. Lei - fare ....
15. Io - tradurre ....
16. Io - fare ....

3. Abbina le frasi come nell'esempio

1. Angela
2. Mio marito
3. Cosa
4. Voi
5. Tu
6. Io
7. Loro
8. Io
9. Giulio e suo fratello
10. Tu

a) beveva molto da giovane.
b) eravate davvero bravi, da bambini.
c) facevo molto sport all'università.
d) erano sempre presenti alle lezioni.
e) era una bambina molto tranquilla.
f) diceva il professore?
g) non ero assolutamente convinto.
h) facevi sempre tardi.
i) traducevi dal greco a scuola?
l) dicevano un sacco di bugie.

4. Completa le frasi con un verbo irregolare all'imperfetto

1. Dresda, prima della seconda guerra mondiale, ...*era*............ una città molto bella.
2. Io .... jogging nel parco mentre tu dormivi.
3. A: Ma dove ....?
   B: Noi .... alla fermata dell'autobus!
4. Valerio .... davvero troppo: vodka, whisky, qualsiasi cosa.
5. Pochi anni fa i cellulari non .... ancora così diffusi.
6. Mariella .... molto carina da piccola.
7. A: Cosa .... alle 6?
   B: .... un caffè insieme a Silvia.
8. Ricordo che a casa di mia nonna .... molti gatti.
9. Chi .... al matrimonio di Pascal?
10. Io .... molto arrabbiato ieri.

L'IMPERFETTO: VERBI MODALI

1 L'imperfetto dei verbi POTERE, DOVERE, VOLERE segue la **coniugazione regolare**:

	POTERE	DOVERE	VOLERE
io	pot**evo**	dov**evo**	vol**evo**
tu	pot**evi**	dov**evi**	vol**evi**
lui/lei	pot**eva**	dov**eva**	vol**eva**
noi	pot**evamo**	dov**evamo**	vol**evamo**
voi	pot**evate**	dov**evate**	vol**evate**
loro	pot**evano**	dov**evano**	vol**evano**

I verbi modali generalmente sono seguiti da un verbo infinito.

2 Come per altri tempi e modi verbali, anche nell'imperfetto i verbi **potere**, **dovere** e **volere** indicano rispettivamente:

- possibilità/permesso
- necessità/obbligo
- volontà/desiderio

ESEMPI

A: Carlo, aspettavo una tua telefonata per le dieci!
B: Mi dispiace, ma non **potevo**: ero dal direttore. *(non avevo questa possibilità)*

Una volta si **poteva** fumare nei cinema, oggi è proibito. *(era permesso)*

All'università **dovevo** sempre studiare anche la sera. *(era una necessità)*

Da bambini, io e mio fratello **dovevamo** sempre mangiare spinaci. *(era un obbligo)*

Sono rimasti in ufficio fino a mezzanotte perché **volevano** assolutamente finire il lavoro. *(era una loro volontà)*

Volevo tanto andare in Egitto e finalmente l'anno scorso ci sono andato! *(era un mio desiderio)*

FRASI

Quando Giulia abitava a Roma **potevamo** incontrarci ogni giorno.

Fino a pochi anni fa, per viaggiare in Europa si **doveva** cambiare continuamente la valuta.

Giuseppe **voleva** viaggiare in prima classe, altrimenti non viaggiava per niente.

A: Sei stato molto gentile a venire qui!
B: **Volevo** incontrarti e parlarti a quattr'occhi.

ESERCIZI

1. Leggi le frasi e indica la funzione del verbo (possibilità/permesso; necessità/obbligo; volontà/desiderio)

	possibilità	necessità	volontà	permesso	obbligo	desiderio
1. Volevo vedere New York, così ho risparmiato molto e ci sono andata.						
2. Sai che molti anni fa non si poteva scioperare?						
3. In montagna dovevamo tenere sempre acceso il camino, anche di notte: faceva così freddo!						
4. Gli immigrati italiani negli Stati Uniti dovevano stare in quarantena a Ellis Island.						
5. Stare in collegio non era male e poi la sera potevo rientrare a qualsiasi ora.						
6. Volevo pagare le tasse entro la scadenza.						

2. Coniuga all'imperfetto i seguenti verbi modali

1. Io - dovere ....
2. Tu - volere ....
3. Voi - volere ....
4. Loro - dovere ....
5. Tu - dovere ....
6. Noi - potere ....
7. Loro - volere ....
8. Lui - potere ....
9. Lei - volere ....
10. Voi - potere ....

3. Completa le frasi con *potere, dovere, volere* all'imperfetto

1. .... un caffè, signora?
2. Dalla mia camera .... vedere il lago e le montagne.
3. A: Cosa ....?
   B: .... chiederti un favore, è piuttosto urgente.
4. .... proprio parlare a Roberto in quel modo cattivo?
5. A scuola non si .... giocare in corridoio.
6. In Giappone, in casa .... stare sempre senza le scarpe.

4. Riscrivi le frasi all'imperfetto

1. Non si può entrare in pantaloni corti.
   ...Non si poteva entrare in pantaloni corti...
2. Voglio smettere di fumare.
   ....
3. Devo passare da Carla.
   ....
4. Non si può parcheggiare.
   ....
5. Lui vuole parlare con te.
   ....
6. Si può cambiare la valuta in banca.
   ....
7. Dobbiamo pagare le tasse.
   ....
8. Non posso arrivare prima.
   ....

L'IMPERFETTO CON *MENTRE*

La congiunzione **mentre** segnala un'**azione in svolgimento** ...

ESEMPI

mentre mangio (in questo momento, durante questa azione)

... e si usa nell'imperfetto in due casi:

- due azioni si svolgono contemporaneamente
  (*imperfetto + imperfetto*)
- un'azione in svolgimento che viene interrotta da un'altra
  (*imperfetto + passato prossimo*)

ESEMPI

I miei genitori **mentre** *mangiavano, guardavano* sempre la TV. (mangiavano e guardavano la Tv allo stesso tempo)

Ieri **mentre** *pioveva, c'era* anche il sole. (pioggia e sole allo stesso tempo)

Mentre *guidavo*, un albero *è caduto* improvvisamente in mezzo alla strada. (l'azione guidare viene interrotta da un'altra azione)

Mi *hai telefonato* proprio **mentre** *facevo* la doccia! (la doccia viene interrotta da una telefonata)

FRASI

Mentre tu *ti divertivi*, io *studiavo*!

Mentre il professore *parlava* io *pensavo* ad altro.

Sai, ieri **mentre** *facevo* la spesa mi *hanno rubato* il portafoglio.

Sai chi *ho visto* ieri, **mentre** *aspettavo* l'autobus? Antonio con una ragazza!

Mentre noi *guardavamo* la TV, improvvisamente *è andata via* la corrente elettrica.

! NOTA BENE

○ La posizione di **mentre** è sempre **prima del verbo**.
   La posizione dell'azione principale (al passato prossimo) generalmente può variare senza cambiare il significato della frase:

   Mentre cucinavo, Fabio è entrato.
        1   2

   Fabio è entrato **mentre** cucinavo.
       2   1

ESERCIZI

1. Abbina le frasi

1. Ho telefonato a Marco
2. Mentre correvo
3. Mentre nuotavo in mare
4. Mi hai vista
5. Mentre io navigavo in Internet
6. Mi sono rotto il braccio
7. Dormivate
8. Siamo arrivati proprio

a) sono caduto.
b) mentre litigavo con Stefano?
c) mentre dormiva.
d) tu spiavi quello che guardavo.
e) mentre noi pulivamo la casa.
f) mentre voi uscivate.
g) ho visto uno squalo.
h) mentre sciavo.

2. Completa le frasi con i verbi all'imperfetto o al passato prossimo

1. Mentre ...., io studiavo. (tu - giocare a calcio)
2. Un ladro è entrato in casa mentre .... (noi - dormire)
3. Mentre .... il giardino, ho visto un gatto. (io - pulire)
4. Renato .... proprio mentre noi cenavamo. (lui - arrivare)
5. Mentre ...., ascoltavamo la radio. (noi - guidare)
6. Mentre voi .... al bar, noi lavoravamo duramente! (essere)

3. Formula delle frasi con *mentre + imperfetto*, a partire dai verbi proposti

1. aspettare/vedere
   ...Mentre aspettavo l'autobus ho visto Marco...........................
2. mangiare/entrare

3. studiare/lavorare

4. cucinare/tagliarsi un dito

5. leggere/sentire

6. guardare/piangere

4. Leggi il testo e correggi i 5 errori presenti nell'uso dei tempi verbali

La violenza nello sport purtroppo è un fatto comune. Ieri, a Torino, mentre la Juventus ha giocato contro il Manchester United, un gruppo di tifosi è entrato in campo. I giocatori sono stati visibilmente preoccupati e l'arbitro ha fermato la partita. Mentre i giocatori sono usciti, questi teppisti, non chiamiamoli tifosi per favore, lanciavano contro di loro lattine di birra (piene), monete, e persino le sedie dello stadio. Ho pensato alla tragedia di anni fa, allo stadio Heysel, mentre ho guardato la polizia che combatteva (il verbo è appropriato!) contro questi teppisti. Un vecchio tifoso vicino a me, con la sciarpa e il cappello della Juve, guardava e piangeva. "Il calcio è finito", ha detto. Mentre sono uscito dallo stadio, pensavo a questa frase. No, il calcio non è finito, speriamo di no, ma certo la situazione è preoccupante.

L'IMPERFETTO PER LE ABITUDINI NEL PASSATO

Usiamo l'imperfetto per le azioni o le situazioni che **si ripetono** nel passato, spesso in unione con un *avverbio di frequenza*, *di tempo* o un'*espressione temporale* come:

sempre, spesso, mai, generalmente, di solito, ogni giorno ecc.

ESEMPI

A scuola Stefania **stava** sempre all'ultimo banco.	(era una sua abitudine)
In Irlanda l'estate scorsa **pioveva** sempre.	(era una situazione abituale)
Ogni giorno **andavo** al porto e **compravo** il pesce fresco.	(era una mia abitudine)
A: Senti, a Roma cosa **facevi** la sera?	(voglio sapere le tue abitudini)
B: Mah, generalmente **mangiavo** fuori e poi **camminavo** per la città.	(di solito queste erano le mie abitudini)

FRASI

Quando ero bambino, d'estate **andavamo** al mare dai nonni.
In Svezia **faceva** sempre freddo e **pioveva** quasi tutti i giorni.
Ti ricordi? In vacanza tu **litigavi** sempre con Renato!
All'università **leggevo** moltissimo, adesso invece ho troppo da fare.
A Londra non **mangiavo** mai al ristorante: era troppo caro.
Ai miei amici **scrivevo** sempre lettere, adesso invece scrivo solo e-mail.
A: Cosa **mangiavi** in Spagna?
B: Di solito **mangiavo** pesce e frutti di mare.

! NOTA BENE

○ La posizione degli avverbi di frequenza e delle espressioni temporali non è rigidamente fissa. Tuttavia si preferisce la posizione **dopo il verbo** per gli avverbi *sempre* e *mai*; la posizione **prima del verbo** per: *ogni giorno, di solito, ogni tanto, generalmente* ecc.

ESERCIZI

1. Completa le frasi con le espressioni date

non... mai; generalmente; spesso; ogni giorno; sempre; da bambino

1. .... andavo sempre in montagna dai nonni.
2. Da ragazzo, purtroppo a scuola .... studiavo ....
3. Prima di sposarmi uscivo .... la sera.
4. All'università prendevo .... ottimi voti agli esami.
5. Per tenermi in forma, ... andavo in ufficio a piedi.
6. A: Quando lavoravi in banca, a che ora iniziavi?
   B: Mah, ... alle 8, ma a volte anche prima.

2. Completa il testo con i seguenti verbi coniugati all'imperfetto

comprare   finire   passare   correre   avere   giocare
costruire   andare   giocare   mangiare   fare   andare

I bambini di oggi fanno parte di una "generazione tecnologica" e sono molto diversi dai bambini di ieri. Per esempio Gianni, un uomo di trentacinque anni, da bambino (1)............................ in strada con gli altri bambini: (2)............................ a nascondersi, (3)............................, (4)............................ barche di cartone e così via. Oggi i bambini stanno in casa davanti al computer o alla TV. Gianni (5)............................ pane con la marmellata e non queste merendine industriali di oggi. La scuola (6)............................ alle 12.30 e il pomeriggio i bambini (7)............................ i compiti e poi (8)............................ fuori a giocare. Oggi i bambini sembrano piccoli manager: lezioni di inglese, di musica, di nuoto. Gianni la sera (9)............................ a letto alle nove: il figlio di Gianni, 9 anni, va a dormire alle undici. La mamma di Gianni (10)............................ i vestiti per i figli al mercato oppure (11)............................ i vestiti dei figli grandi a quelli più piccoli. E i giocattoli? Una volta un bambino (12)............................ un numero limitato di giocattoli, oggi i genitori regalano tutto quello che i bambini vedono in TV. È meglio oggi? Era meglio prima? A voi la risposta.

3. Osserva l'agenda: ecco la tipica settimana di Giulia a Bruxelles. In base alle informazioni scrivi che cosa faceva o non faceva (usa l'imperfetto e gli avverbi, se necessario)

4 lunedì	5 martedì	6 mercoledì	7 giovedì	8 venerdì	9 sabato
pranzo con Jacques	riunione a Roma	pranzo con Jacques	riunione	pranzo con Jacques	corso di tedesco shopping palestra cinema
palestra	aeroporto	palestra	pranzo con Jacques	palestra	**10** domenica dormire! studiare tedesco. rivedere relazione per domani
aeroporto	palestra		palestra		

"Giulia, quando stava a Bruxelles..."

4. Rispondi alle domande usando i verbi all'imperfetto ed eventualmente avverbi ed espressioni temporali

1. Quando eri piccolo dove andavi in vacanza?
   ...*Andavo sempre al mare, in Sardegna*................................

2. E cosa facevi?
   ....

3. A scuola, chi erano i tuoi amici "per la pelle"?
   ....

4. Cosa facevi dopo la scuola, nel pomeriggio?
   ....

5. E la sera a casa?
   ....

6. Da bambino, che cosa non ti piaceva fare?
   ....

L'IMPERFETTO: ALTRI USI

Usiamo l'imperfetto anche:

- **per descrivere** un'azione o una situazione; un sentimento o una sensazione fisica; una persona, un oggetto, una città, un paesaggio ecc.

- **per un'azione non compiuta** ma in svolgimento o considerata "in quel momento".

- **per una richiesta resa meno forte**, attenuata: l'uso di un verbo passato "allontana" l'azione e quindi la rende meno forte.

ESEMPI

La neve **scendeva** lentamente e **copriva** le strade e gli alberi: la città **era** bellissima.	*(descrizione di azioni e descrizione della città)*
Ieri **ero** triste e **mi sentivo** anche la febbre.	*(descrizione di un sentimento e di una sensazione fisica)*
Maria **aveva** i capelli rossi, gli occhi **erano** verdi; **indossava** un vestito bianco e blu.	*(descrizione di una persona)*
C'era un'atmosfera molto tesa: non si **sentiva** un rumore, un respiro, niente.	*(descrizione di una situazione)*
Gli **parlavo** ma lui non mi **ascoltava.**	*(azione non compiuta, in svolgimento)*
A: Stamattina ti ho telefonato alle 11, che **facevi**? B: Beh, veramente **dormivo**!	*(azione non compiuta, considerata "in quel momento")*
Buongiorno, **volevo** un etto di prosciutto crudo, per favore.	*(richiesta attenuata, gentile)*
Direttore, permesso? Ecco, **avevo** un favore da chiederLe.	*(richiesta attenuata, meno forte)*

FRASI

Il mare **aveva** un colore blu intenso, la sabbia **era** bianca e fine.

All'orizzonte si **vedeva** la Tunisia.

Camminavo vicino a Giorgio e il nostro cane **correva** davanti a noi.

Mi dispiace, non ho sentito il telefono: **pulivo** il tappeto con l'aspirapolvere.

Scusa, **volevo** sapere se hai finito di usare Internet.

! NOTA BENE

- L'imperfetto ha anche una funzione molto comune nella lingua parlata: **sostituisce** forme verbali complesse. La lingua parlata infatti tende ad essere più semplice di quella scritta.

  L'imperfetto sostituisce:
  - il condizionale composto, nella costruzione chiamata "futuro nel passato" (*)
  - il condizionale composto con i verbi modali (potere, dovere, volere) (p.171, 172)

40

ESEMPI

A: Ma dov'è Alberto?
B: Non lo so, ha detto che **veniva**. (= che sarebbe venuto)
Marcello ha promesso che **faceva** lui il pieno di benzina. (=che avrebbe fatto)
Ha detto che mi **scriveva** una mail. (=che mi avrebbe scritto)
Pensavo che **chiamavano** i candidati in ordine alfabetico. (=che avrebbero chiamato)

Alla fine ieri sera il mal di stomaco mi è passato. Che rabbia: **potevo** andare alla festa! (=sarei potuto andare)
A: Cara, mi dispiace ma stasera non andiamo al concerto.
B: **Potevi** dirmelo prima! (=avresti potuto dirmelo)

A: Sono preoccupata, Carlo non ha ancora telefonato.
B: Non **doveva** uscire con questo brutto tempo! (=non sarebbe dovuto uscire)
Dovevi esserci alla festa! Marina aveva un vestito davvero ridicolo! (=avresti dovuto esserci)
Volevo studiare canto ma alla fine ho rinunciato. (=avrei voluto studiare)
Ti giuro, **volevo** scriverti ma avevo perso il tuo indirizzo e-mail. (=avrei voluto scriverti)

(*) vedere la scheda 67, **Il condizionale passato per esprimere il** *futuro nel passato* (p.174).

● ESERCIZI ●

1. Leggi le frasi e indica nel riquadro accanto la funzione dell'imperfetto corrispondente

	descrizione	azione in svolgimento	richiesta
1. A: Dov'eri alle 9? B: A casa, studiavo. Perché?			
2. Ero stanco e avevo fame.			
3. Hai un momento? Avevo bisogno di chiederti una cosa.			
4. Il museo era in acciaio e vetro e aveva un giardino interno.			
5. Michele stava dormendo.			
6. Allora, com'era la sposa?			

2. Completa le frasi con un verbo appropriato all'imperfetto

1. Caravaggio ....*era*.......... un grande pittore ma .... un carattere violento.
2. Quando sei arrivata .... un libro molto bello.
3. A: Scusa, ti ho disturbato? È molto tardi!
   B: Non ti preoccupare, non ....
4. Non .... bene e sono andata dal dottore.
5. Buongiorno, ... prenotare due posti per il concerto di sabato.
6. E Carlo?
   Mah, ... molto stanco.

116

Una grammatica italiana per tutti ● edizioni Edilingua

3. Scrivi le domande usando l'imperfetto

1. A: ....?
   B: Niente, riposavo.
2. A: ....?
   B: Bellissima!
3. A: ....?
   B: Per niente bene: aveva l'influenza.
4. A: ....?
   B: Alle 10? Beh, guardavo la tv.
5. A: ....?
   B: Era molto interessante.
6. A: ....?
   B: Veramente, se possibile, il tuo computer in prestito.

IL CONTRASTO FRA IMPERFETTO E PASSATO PROSSIMO

Quando in italiano parliamo al passato usiamo principalmente tre verbi(*):
il *passato prossimo*, l'**imperfetto** e il trapassato prossimo(**).

Generalmente l'uso del trapassato prossimo non presenta grosse difficoltà.

La scelta tra passato prossimo o imperfetto invece richiede attenzione: è necessario innanzitutto capire la differenza tra un'*azione completa*, cioè finita, con un inizio e una fine e un'**azione non completa**, che non ha un inizio e una fine precisi.

Graficamente si può esprimere il concetto in questo modo:

azione completa	azione non completa
ho mangiato	mangiavo

Usiamo:

PASSATO PROSSIMO	IMPERFETTO
• per le azioni *complete*, con un inizio e una fine	• per azioni **non complete**, senza un inizio e una fine
• per un'azione considerata nella sua *interezza*	• per un'azione considerata "**in quel momento**" e quindi non interamente
• per due o più azioni complete che avvengono *una dopo l'altra*	• per due o più azioni non complete che avvengono **contemporaneamente**
• per un'azione completa che *interrompe* un'altra azione secondaria non completa (e quindi all'imperfetto)	• per un'azione non completa **secondaria** che **viene interrotta** da un'altra azione completa (e quindi al passato prossimo)
• per azioni che avvengono *una sola volta*	• per azioni **abituali**, che si ripetono

(*) nell'italiano parlato standard il passato remoto viene sostituito dal passato prossimo.
(**) vedere la scheda 42, **Il trapassato prossimo** (p.121).

edizioni Edilingua • *Una grammatica italiana per tutti*

CONTRASTO FRA IMPERFETTO E PASSATO PROSSIMO

ESEMPI

Ieri **ho camminato**.	(ho fatto questa azione, è completa; la frase ha un senso in sé)
Ieri **camminavo**...	(l'azione non è completa; la frase è "sospesa")
Cosa **hai detto** a Piero?	(voglio sapere tutto quello che gli hai detto, nella sua interezza)
Ti ho vista con Piero: cosa gli **dicevi**?	(voglio sapere cosa gli dicevi "in quel momento")
Stanotte **ho visto** la TV fino alle 3.	(l'azione è completa ed è vista nella sua interezza)
Stanotte alle 2 **guardavo** la TV.	(l'azione è vista "in quel momento", alle 2; non si sa quando inizia o finisce l'azione)
L'anno scorso **sono andato** al Museo Egizio di Torino, **ho visto** molte cose interessanti e **ho comprato** il catalogo del museo.	(tre azioni complete; ho fatto queste cose, una dopo l'altra)
Al Museo Egizio il professore **parlava** e noi **ascoltavamo** con grande interesse.	(due azioni non complete che avvengono contemporaneamente)
Un fulmine **è entrato** in casa mentre io **leggevo** tranquillamente.	(l'azione principale al passato prossimo interrompe l'azione secondaria all'imperfetto)
Parlavo al telefono con Simona e la linea improvvisamente **è caduta**.	(un'azione all'imperfetto è lo sfondo per un'altra principale al passato prossimo)
Quando **ero** in Africa **sono andata** a vedere le cascate Victoria.	(sono andata una sola volta a vedere le cascate)
Quando **ero** in Africa **visitavo** (spesso) i parchi nazionali.	(era una mia abitudine)

FRASI

Ho abitato a Parigi tre anni.	Nel 1995 **abitavo** a Parigi.
Ieri *ho pulito* tutta la casa e poi *ho cucinato*.	Ieri mentre io **pulivo** la casa, Luca **cucinava**.
Ho comprato un vestito.	Da ragazza, **compravo** un sacco di vestiti.
Dalle 5 alle 7 *ho studiato*.	Ieri alle 6 **studiavo**.
Sai, stamattina Mario *ha telefonato*.	Sai, stamattina Mario ha telefonato proprio mentre **pensavo** a lui!
In Sicilia *abbiamo incontrato* la zia Paola e *abbiamo mangiato* la famosa "pasta alla Norma".	In Sicilia, da ragazzi, **incontravamo** sempre la zia Paola e **mangiavamo** spesso la famosa "pasta alla Norma".
Cos'*hai fatto* in Italia? *Ho fatto* un corso di italiano.	Cosa **facevi** in Italia? **Studiavo** italiano.

! NOTA BENE

- Nel contrasto tra passato prossimo e imperfetto è utile ricordare che spesso usiamo il passato prossimo in presenza di un periodo di tempo **concluso**, definito(*) ...

Una grammatica italiana per tutti • edizioni Edilingua

ESEMPI

Ho studiato **dalle 5 alle 7**.
Ha lavorato **due anni** per la Tecnoplast.
Questa settimana ho speso un sacco di soldi.
Ho aspettato **fino alle 10**.
Ho lavorato all'estero **per quattro anni**.

... e usiamo invece l'imperfetto per un periodo di tempo **non concluso**.

ESEMPI

Alle 10 aspettavo ancora.
Lavoravo **da due anni** alla Tecnoplast quando sono stato licenziato.

(*) eccetto quando parliamo di abitudini nel passato. *Esempio:* "Quando frequentavo l'università studiavo tutto il giorno".

○ **Ho saputo o sapevo?**

Usiamo l'**imperfetto** del verbo SAPERE quando sappiamo (o non sappiamo) **qualcosa da tempo**.
Usiamo il **passato prossimo** quando sappiamo **qualcosa perché una fonte esterna** ci ha informati (una persona oppure i giornali o la TV).

ESEMPI

A: **Sapevi** che Giuseppe ha perso il lavoro?
B: Sì, l'**ho saputo** tre mesi fa: me l'ha detto Carlo.
Nicoletta, non **sapevo** che adesso vivi a Roma!
Sai, **ho saputo** che Marisa ha lasciato il marito.
Hai saputo la novità?
Lo **sapevo** che prima o poi cambiavi lavoro!

● ESERCIZI ●

1. Leggi le frasi e indica, come nell'esempio, se l'azione è *completa* o *non completa*

	completa	non completa
1. Ho studiato giapponese.	X	
2. Ieri non stavo bene.		
3. Sono uscito presto.		
4. Ho cercato un lavoro.		
5. Ieri alle 10 studiavo.		
6. Sarah è arrivata.		
7. Mentre camminavo, ascoltavo un CD.		
8. Aspettavo l'autobus, ero molto nervoso.		
9. Ho aspettato fino alle 5.		
10. Eri a casa ieri?		
11. Ho dormito e poi ho fatto la doccia.		
12. Sono stato a casa tutto il giorno.		

edizioni Edilingua • *Una grammatica italiana per tutti*

2. Scegli la forma corretta del verbo

Quando (1)sono arrivato/arrivavo per la prima volta in Italia, non (2)ho parlato/parlavo bene l'italiano, anzi veramente non lo (3)ho parlato/parlavo per niente. Per prima cosa (4)ho cercato/cercavo un lavoro e (5)ho iniziato/iniziavo a studiare la lingua. (6)Ho trovato/trovavo subito un lavoro come cameriere in una pizzeria. La mattina (7)sono andato/andavo a lezione di italiano, il pomeriggio (8)ho fatto/facevo i compiti e la sera (9)ho lavorato/lavoravo. Un giorno (10)ho conosciuto/conoscevo Antonio, un ragazzo italiano molto simpatico. Antonio (11)ha lavorato/lavorava in un'agenzia di viaggi e mi (12)ha chiesto/chiedeva se mi (13)è interessato/interessava lavorare lì: infatti (14)hanno cercato/cercavano una persona di madrelingua spagnola. "Fantastico! Arrivo subito!" gli (15)ho detto/dicevo. In pizzeria (16)ho avuto/avevo molti amici ma il nuovo lavoro (17)è stato/era part-time e in più (18)ci sono stati/c'erano i biglietti per l'aereo quasi gratis. Così (19)ho deciso/decidevo: (20)sono andato/andavo a lavorare in agenzia.

3. Completa le frasi mettendo i verbi fra parentesi al passato prossimo o all'imperfetto

1. L'anno scorso .... (comprare) un computer molto caro e ancora non so usarlo correttamente.
2. Quando .... (vivere) a Berlino, che lavoro .... (fare)?
3. Scusami, ho spento il cellulare perché in quel momento .... (esserci) il direttore nel mio ufficio.
4. A: Martina, ... (sapere) una cosa incredibile! Renato .... (vincere) al Bingo una montagna di soldi!
   B: Non lo .... (sapere). Non è possibile, lui non gioca mai al Bingo.
   A: Ti giuro, è vero! .... (sapere) questa cosa da sua moglie.
5. .... (lavorare) per tutto il pomeriggio e poi .... (andare) a casa.
6. A mezzogiorno .... (stare) ancora a letto.
7. L'anno scorso .... (fare) un corso di tango.
8. Non ho accettato il lavoro perché in quel periodo .... (studiare).
9. Quando sono entrato, Marina .... (parlare) al telefono con Luca.
10. Stamattina .... (navigare) in Internet fino a mezzogiorno.
11. .... (studiare) all'università da due anni quando .... (dovere smettere) per problemi economici.
12. Scusa, ... (vedere) Giovanni?

4. Scrivi una storia usando gli elementi dati (verbi al passato prossimo e imperfetto)

1. Paul e Jane, Roma (arrivare)   ...L'anno scorso Paul e Jane sono arrivati a Roma e...
2. lavoro, casa (cercare)
3. Jane, lavoro (trovare)
4. Paul, casa (stare)
5. Jane, soldi (guadagnare)
6. Paul, depresso (essere)
7. Antonio (conoscere)
8. Jane, Antonio, parco (incontrarsi)
9. Paul! (diventare geloso)
10. Paul, Londra (tornare)
11. Jane, contenta (essere)
12. Antonio, noioso (essere)
13. Jane, triste (diventare)
14. Paul, Roma (tornare)
15. Paul e Jane, (sposarsi)
16. Paul, Jane e Clarissa. (nascere)

IL TRAPASSATO PROSSIMO

Il trapassato prossimo è formato da due parti:

l'imperfetto di ESSERE o AVERE e il **participio passato** del verbo.

	ANDARE		MANGIARE	
io	ero		avevo	
tu	eri		avevi	
lui/lei	era	+ andato/a/i/e	aveva	+ mangiato
noi	eravamo		avevamo	
voi	eravate		avevate	
loro	erano		avevano	

ESEMPI

(io - andare)   ero andato/a   (noi - studiare)   avevamo studiato
(tu - mangiare)   avevi mangiato   (voi - pagare)   avevate pagato
(lui/lei - partire)   era partito/a   (loro - tornare)   erano tornati/e

FRASI

Ieri ero molto stanco perché **avevo camminato** tutto il giorno.

Non è venuto alla festa, **aveva litigato** con la moglie.

Il concerto è stato annullato ieri ma io **avevo** già **comprato** il biglietto.

Non ho chiamato Chiara perché le **avevo parlato** la settimana scorsa.

L'anno scorso non sono andato in vacanza, **avevo speso** troppo per la macchina nuova.

ESERCIZI

1. Abbina le frasi delle due colonne

1. Gli ho telefonato alle 10
2. Quando sono arrivato
3. Abbiamo perso il treno
4. A mezzanotte ero molto sveglio
5. Era molto contento
6. Sono entrato al cinema alle 5
7. Quando Maria ti ha telefonato
8. Non ho potuto comprare niente

a) non c'era più nessuno!
b) perché era partito prima.
c) perché aveva vinto molti soldi.
d) ma lui era uscito alle 9.
e) perché avevo dormito di pomeriggio.
f) tu avevi già spento il cellulare.
g) perché avevo dimenticato i soldi.
h) ma il film era iniziato alle 4.30.

2. Coniuga al trapassato prossimo i seguenti verbi

1. Io - promettere ....
2. Tu - arrivare ....
3. Noi - dire ....
4. Lui - rimanere ....
5. Voi - fare ....
6. Tu - chiedere ....
7. Lei - pagare ....
8. Io - studiare ....
9. Loro - tornare ....
10. Noi - stare ....
11. Voi - vedere ....
12. Io - vestirsi ....

43

3. Inserisci nel testo i seguenti verbi. I verbi non sono in ordine

aveva pensato; era andato; avevo offerto; avevo deciso; avevo conosciuto; avevo fatto; aveva cancellato; aveva chiesto; era stato; aveva fatto; aveva accettato; c'era stato

Ho chiamato il signor Morka al cellulare. L' (1)............................... alcune settimane prima e mi (2)............................... un'ottima impressione. Un uomo tranquillo e anonimo. Ha risposto subito e mi ha detto che (3)............................... a lungo al nostro incontro. Allora gli ho chiesto se era disponibile per il lavoro che gli (4)............................... . Ha detto che (5)............................... tutti i suoi impegni. (6)............................... la somma che gli proponevo senza discutere. Tutto bene dunque. La data che (7)............................... per il lavoro era il 17 luglio. Il 17 sera l'ho incontrato per il pagamento. Era vestito in maniera perfetta: un impiegato qualsiasi, a parte la grossa valigia nera. Il lavoro (8)............................... benissimo, (9)............................... davvero bravo. Io ero molto contento: non (10)............................... nessun problema, non (11)............................... più soldi. Insomma, (12)............................... la scelta giusta. Alla fine ci siamo salutati e lui ha preso l'autobus notturno per tornare a casa. Caro signor Morka, il mio killer preferito.

4. Completa le frasi con il verbo al trapassato prossimo

1. Quando siamo arrivati al cinema, il film .... già .... (iniziare)
2. Ho incontrato un' amica che .... tanti anni fa. (conoscere)
3. Quando siete arrivati a casa, Maria .... (andare via)
4. Ho comprato il computer che .... a casa di Luca. (vedere)
5. Siamo arrivati in ritardo e il treno .... già .... (partire)
6. Ho risposto all'annuncio che .... sul giornale. (leggere)
7. Abbiamo visto in TV un film che .... già .... al cinema. (vedere)
8. Ho finalmente trovato le chiavi che .... (perdere)

DIFFERENZA TEMPORALE FRA L'IMPERFETTO E IL TRAPASSATO PROSSIMO

Nel passato, usiamo il trapassato prossimo per un'azione avvenuta **prima** di un'altra azione passata. Quindi:

```
                    imperfetto
      trapassato    passato pross.          OGGI
      |─────────────|──────────────────────|
```

ESEMPI

Carlo mi ha detto che **aveva deciso** di cambiare lavoro.   (**prima** *decide e poi mi dice*)
Dopo che **avevo parlato** con Luigi, ho telefonato a Giulia.   (**prima** *parlo con Luigi e dopo chiamo Giulia*)

ESEMPI

A: Perché non rispondevi al cellulare? **(prima** *dimentico il cellulare in ufficio e dopo non posso rispondere)*
B: Perché l'**avevo dimenticato** in ufficio.

Quando ero al primo anno di liceo mio
fratello **aveva** già **finito** l'università. **(prima** *lui finisce l'università e dopo io inizio il liceo)*

FRASI

Abbiamo chiesto un prestito perché **avevamo finito** i soldi.

Stavo male perché **avevo mangiato** troppo a pranzo.

Ha detto che **era tornato** alle 3.

A: Hai lasciato il lavoro?
B: Sì, mi sono licenziata. Il direttore mi **aveva promesso** un aumento e invece...

Era depressa perché **aveva saputo** il risultato dell'esame.

! NOTA BENE

○ Una frase che contiene il trapassato prossimo è considerata una frase "dipendente".
Il trapassato rappresenta qualcosa avvenuto **prima**.

Per esempio la frase "il film era già iniziato" dipende strettamente da una frase principale:

"*Sono arrivata al cinema*, ma il film era già iniziato".

Di solito usiamo il trapassato, proprio per questa sua natura dipendente, insieme a una frase principale.
È possibile però usarlo anche in maniera indipendente, da solo e senza una frase principale.

Per esempio:

1. A: Che bella casa, davvero!
   B: Non l'**avevi** ancora **vista**?
   A: No, non mi **avevi** mai **invitata**!

2. A: Marta, dov'è il gatto?
   B: Ma è lì, sul divano!
   A: Ah, non l'**avevo visto**.

3. A: Andiamo al museo?
   B: Ma oggi è lunedì, è chiuso!
   A: Ah, non ci **avevo pensato**.

In queste frasi l'azione principale c'è ma non è visibile, è sottintesa nella conversazione.

Per esempio, nel dialogo 1:
B non può domandare: "Non l'hai ancora vista?", sarebbe illogico (A: Certo che l'ho vista, sono qui!) e per lo stesso motivo A non può rispondere: "Non mi hai mai invitata" (A: Certo che mi hai invitata, sono qui!).

ESERCIZI

1. Completa le frasi con un trapassato prossimo o un imperfetto

regalare   dimenticare   ascoltare
stare   aspettare   sapere

1. Ieri .... male perché avevo bevuto troppo.
2. Non potevo telefonarti, ... il tuo numero di telefono!
3. Maria era molto nervosa perché .... la data dell'esame.
4. Non mi .... perché avevi già deciso cosa fare.
5. Avevamo un cane, Poldo, che papà ci .... per Natale.
6. Carla mi .... al bar, ma io ero già andato via.

2. A partire dalle indicazioni, scrivi delle frasi al passato, come nell'esempio, usando un tempo passato e il trapassato prossimo

1. ...Anna non ha potuto comprare la borsa perché aveva speso tutti i soldi...
   (prima Anna spende tutti i soldi, poi non può comprare la borsa)
2. ....
   (prima loro mangiano tutta la pizza, poi io arrivo)
3. ....
   (prima io cammino troppo, poi sto male)
4. ....
   (prima vedo il film, poi non vengo al cinema con voi)
5. ....
   (prima perdo il tuo numero, poi voglio telefonarti)
6. ....
   (prima loro vanno via, poi io arrivo)

3. Completa con le seguenti espressioni

Non l'avevo visto!   Te l'avevo promesso!
Non ci avevo pensato!   Io te l'avevo detto!

1. A: Perché hai invitato Marco? Sai che c'è anche la sua ex moglie!
   B: ....
2. A: Scusi, dov'è il bagno?
   B: È qui.
   A: Ah, certo. ....
3. A: Non dovevamo prenotare in questo albergo: è terribile!
   B: ....
4. A: Caro, grazie! Hai pulito il giardino!
   B: ....

I PRONOMI DIRETTI

1 I pronomi diretti sostituiscono un **oggetto**, che può essere maschile (M.), femminile (F.), singolare (S.) o plurale (PL.).

ESEMPI

A: Prendi **il caffè**?
B: Sì, **lo** prendo.   (lo = il caffè, M.S.)

A: Conosci **questa città**?
B: Sì, **la** conosco.   (la = la città, F.S.)

A: Porti **gli occhiali**?
B: Sì, **li** porto.   (li = gli occhiali, M.PL.)

A: Compri **queste scarpe**?
B: Sì, **le** compro.   (le = queste scarpe, F.PL.)

FRASI

Oggi a pranzo c'è **il pesce**, ma io non **lo** mangio.

Ci sono **troppe scatole** qui, **le** devo buttare via.

Franco ha **la macchina**, ma non **la** usa per andare al lavoro.

Se ci sono **i calamari**, **li** prendo volentieri.

2 I pronomi diretti sostituiscono anche **le persone**.

ESEMPI

Conosco **Paolo**	**lo** conosco	(lo = lui, Paolo)
Conosci **Anna**	**la** conosci	(la = lei, Anna)
Chiamiamo **Paolo e Anna**	**li** chiamiamo	(li = loro, Paolo e Anna)
Vediamo **Luisa e Angela**	**le** vediamo	(le = loro, Luisa e Angela)
Chiama **me**	**mi** chiama	(mi = io, me)
Chiamo **te**	**ti** chiamo	(ti = tu, te)
Vedete **noi**	**ci** vedete	(ci = noi)
Vediamo **voi**	**vi** vediamo	(vi = voi)

FRASI

Se vedo **Mario**, **lo** invito a cena.

Franco ha *una nuova ragazza*, ma io non **la** conosco.

Se **Paolo e Luisa** non sono al bar, **li** trovi a casa di Marco.

Anche se ho visto *le tue cugine* una volta sola, **le** ricordo molto bene.

Sono in riunione, **mi** puoi chiamare più tardi?

Paolo ha detto che **ti** chiama stasera.

Siete sempre occupati, non **vi** vediamo mai.

Abbiamo un grosso problema, **ci** dovete aiutare.

!NOTA BENE

○ **Posizione dei pronomi diretti**
  • La posizione dei pronomi diretti è generalmente **prima** del verbo.

edizioni Edilingua • *Una grammatica italiana per tutti*

125

ESEMPI

Franco ha una nuova ragazza, ma io non **la** conosco.   (**non** *si dice:* non conosco la)
Paolo ha detto che **ti** chiama stasera.   (**non** *si dice:* chiama ti)

• La posizione può cambiare se ci sono **due** verbi.

ESEMPI

1. Sono in riunione, **mi** puoi chiamare più tardi?
2. Sono in riunione, puoi chiamar**mi** più tardi?   (*il significato non cambia*)

1. Abbiamo un grosso problema, **ci** dovete aiutare.
2. Abbiamo un grosso problema, dovete aiutar**ci**.

○ **Il pronome diretto in generale**

Il pronome diretto per sostituire un fatto in generale è **lo**.

ESEMPI

A: Come si chiama la sorella di Mario?
B: Non **lo** so.   (*lo = come si chiama*)

A: Chi porta i bambini a scuola?
B: **Lo** faccio io.   (*lo = portare i bambini a scuola*)

● **ESERCIZI** ●

1. **Sottolinea i verbi, tra quelli dati, con cui puoi usare i pronomi diretti**

1. piacere   4. parlare   7. lasciare   10. assomigliare
2. sembrare   5. telefonare   8. vedere   11. conoscere
3. ringraziare   6. sentire   9. mancare   12. chiamare/richiamare

2. **Formula delle frasi con i verbi sottolineati nell'esercizio 1 e i pronomi diretti**

3. **Completa con il pronome diretto e il verbo fra parentesi**

1. A: Non c'è più latte.
   B: Va bene, ... io.   (prendere)
2. A: Avete giornali inglesi?
   B: Mi dispiace, non ....   (tenere)
3. A: C'è Paolo?
   B: Sì, ... nel secondo ufficio a destra.   (trovare)
4. A: Dove sono Maria e Anna?
   B: Non lo so, non .... da ieri sera.   (sentire)
5. A: .... domani?   (chiamare)
   B: Sì, ... senz'altro.
6. A: È grande Parma?
   B: Non lo so, non ....   (conoscere)
7. Marta, puoi parlare più forte? Non .... (sentire)
8. A: Come arriviamo all'aeroporto?
   B: Non c'è problema, ... noi con la macchina. (accompagnare)

Uffa! Sempre io lo devo prendere il latte!?

4. **Riscrivi le frasi sostituendo i nomi che si ripetono con i pronomi diretti**

1. Oggi non prendo la macchina, puoi prendere la macchina tu.

....

126   *Una grammatica italiana per tutti* • edizioni Edilingua

2. Vediamo regolarmente Marta e Laura, vediamo Marta e Laura ogni fine settimana.

3. Non portare quella valigia pesante, porto quella valigia io.

4. Sandro non deve bere il caffè, non deve bere il caffè perché ha la pressione alta.

5. Chi accompagna i bambini al cinema? Accompagni tu i bambini?

6. I miei amici non parlano l'inglese, però capiscono l'inglese un po'.

7. Io faccio la doccia la sera, tu fai la doccia la mattina.

8. Voi non mangiate le pesche? Allora mangio io le pesche.

I PRONOMI DIRETTI CON I TEMPI COMPOSTI

1 Secondo la regola generale, con *avere* nei tempi composti, il participio passato del verbo non cambia.

ESEMPI

Ho **visto** Paolo.
Abbiamo **incontrato** Maria.
Avrebbero **preferito** gli spaghetti.
Aveva **comprato** le scarpe.

2 Tuttavia, se ci sono **i pronomi diretti** LO, LA, LI, LE prima di un tempo composto del verbo, **il participio passato deve cambiare** secondo il maschile, il femminile, il singolare e il plurale.

ESEMPI

Ho visto **Paolo**.	→	lo	→	l'ho visto *(M.S.)*
Abbiamo incontrato **Maria**.	→	la	→	l'abbiamo incontrata *(F.S.)*
Avrebbero preferito **gli spaghetti**.	→	li	→	li avrebbero preferiti *(M.PL.)*
Aveva comprato **le scarpe**.	→	le	→	le aveva comprate *(F.PL.)*

3 **Lo** e **La** si scrivono sempre **L'**
Li e **Le** non si scrivono mai **L'**

ESEMPI

Mario **l'**ho visto ieri al bar. (*non si dice/scrive:* Lo ho visto)
Anna **l'**avevamo già conosciuta. (*non si dice/scrive:* La avevamo già conosciuta)
Le tue amiche **le** avremmo invitate. (*non si dice/scrive:* L'avremmo invitate)
I suoi genitori **li** abbiamo visti ieri. (*non si dice/scrive:* L'abbiamo visti)

FRASI

Non sono andata al supermercato perché *la spesa* **l'**avevo già fat**ta**.
I bambini **li** ha accompagna**ti** a scuola mio marito.
Quel film **l'**ho vist**o** sabato scorso.
Sergio e Paola si sono lasciati? Non **l'**avrei mai dett**o**!
Quella è Angela? Non **l'**avrei mai riconosciuta!
Dove sono le chiavi della macchina? Dove **le** hai mess**e**?

edizioni Edilingua • *Una grammatica italiana per tutti*

127

45

! NOTA BENE

- Il participio passato può cambiare se i pronomi diretti sono **mi, ti, ci, vi**.

ESEMPI

A: Anna, **ti** ho visto ieri con Marco vicino al centro commerciale.   (*si può anche dire:* ti ho vist**a**)
B: Ah, sì? Perché non **mi** hai chiamato?   (*si può anche dire:* mi hai chiamat**a**)
A: Perché ero in macchina e cercavo un parcheggio.

A: Chi è quel ragazzo che **ci** ha salutato?   (*si può anche dire:* ci ha salutat**i**)
B: È il fratello di Giorgio.
A: Ah, sì, adesso mi ricordo.

A: **Vi** hanno già servito, signore?   (*si può anche dire:* vi hanno servit**e**)
B: No, vorremmo ordinare.

- Il participio passato **non** cambia con **i pronomi indiretti**.

ESEMPI

Ho visto Maria e **le ho dato** il tuo regalo.   (*il participio rimane invariato,*
Ho visto Paolo e Giorgio e **gli ho detto** della festa.   *indipendentemente dalla persona*)

● ESERCIZI ●

1. Completa le seguenti frasi con il pronome diretto e la desinenza del participio passato

1. .... hai dett........ a Maria che domenica partiamo?
2. Queste scarpe .... ho pres........ con i saldi. Carine, no?
3. Ieri abbiamo visto Enrica per strada con un ragazzo, ma lei non .... ha salutat........
4. Se cerchi gli occhiali, ... ho mess........ sul comodino in camera tua.
5. I pantaloni blu, ... hai già lavat........?
6. Marco, la macchina .... ho parcheggiat........ vicino al tabaccaio.
7. Anna, non .... ho mai vist........ così arrabbiata! Che è successo?
8. Per me niente caffè, ... ho già pres........

2. Rispondi con un verbo al passato prossimo e i pronomi diretti (lo/la/li/le)

1. Hai fatto la spesa?
   ....
2. Non volete il caffè?
   ....
3. Dov'è la macchina?
   ....
4. Non trovo le chiavi di casa.
   ....
5. Che bei fiori!
   ....
6. Hai notizie dei Rossi?
   ....

*Queste rose le ho tagliate ...
ehm ... comprate per te, amore.*

PRONOMI DIRETTI CON I TEMPI COMPOSTI

128   *Una grammatica italiana per tutti* ● edizioni Edilingua

3. Sostituisci le parti sottolineate con i pronomi diretti e cambia il participio passato, se necessario

1. Ho visto <u>Marco</u> al ristorante, ma lui non ha salutato <u>me</u>.
2. Hai saputo che hanno licenziato <u>Paola</u>?
3. A: Hai chiamato <u>il taxi</u>?
   B: No, non ho ancora fatto <u>questa cosa</u>.
4. Ho dimenticato <u>le chiavi di casa</u>.
5. Quando siamo andati a Verona, i nostri amici hanno portato <u>noi</u> all'Arena.
6. Perché non avete invitato anche <u>le sorelle di Paolo</u>?
7. Quando ho visto <u>voi</u>, non avevo ancora saputo <u>la novità</u>.
8. Non ha mai potuto dimenticare <u>te</u>, anche se hai lasciato <u>lui</u> tanto tempo fa.

4. Formula le domande, come nell'esempio, usando i pronomi *lo/la/li/le* e il passato prossimo

1. ...*Come l'hai fatta? (la frittata)*............? Ah, con uova, farina, zucchine, sale e pepe.
2. ....? Vicino al Duomo.
3. ....? Sì, per fortuna, era dentro un cassetto.
4. ....? Paolo.
5. ....? Perché non mi piace.
6. ....? Due anni fa.
7. ....? Erano sotto il letto.
8. ....? Perché hanno un altro impegno per sabato.
9. ....? In Marocco.
10. ....? Non ancora.

CI e NE

CI è un pronome che indica **un luogo**. Sostituisce normalmente "qui, lì".

ESEMPI

Vado **a Roma** domani.	**Ci** vado domani.	
Non stiamo mai **a casa** il sabato.	Non **ci** stiamo mai il sabato.	CI { a Roma / a casa / in vacanza / in questa città
Con chi sei andato **in vacanza**?	Con chi **ci** sei andato?	
Vivono bene **in questa città**.	**Ci** vivono bene.	

FRASI

A: Sei già andata **in banca**?
B: No, **ci** vado adesso.

A: Vi piace **il cinema**?
B: Veramente non **ci** andiamo mai.

Il mio appartamento è un po' vecchio, ma **ci** sto bene.

Anche se non sono di **Milano**, **ci** vivo da più di vent'anni.

2

NE è un pronome che indica **una parte** di una quantità, oppure **nessuna** quantità.
Sostituisce normalmente "DI qualcosa".

ESEMPI

Prendo **quattro cioccolatini**.   **Ne** prendo **quattro**.
Assaggia **un po' di vino**.   **Ne** assaggia **un po'**.
Mancano **due documenti**.   **Ne** mancano **due**.
Non voglio **il vino**.   **Non ne** voglio.

NE { DI cioccolatini / DI vino / DI documenti / DI vino

FRASI

A: Ci sono tutti **gli studenti**?
B: No, **ne** mancano sei.

A: Prendiamo anche **la birra**?
B: Prendila tu, io non **ne** voglio.

A: Vorrei del **pane integrale**.
B: Questo va bene?
A: **Ne** vorrei uno più piccolo.

A: Quanti **anni** ha Angela?
B: **Ne** fa venti il mese prossimo.

3

Quando usiamo **NE** con un participio passato, bisogna fare la concordanza di genere e numero.

ESEMPI

A: Hai molte valigie?   (**non** si dice: ne ho portato, perché una valigia
B: No, **ne** ho **portata** solo **una**.   è femminile singolare)

A: Quanti anni ha Angela?   (**non** si dice: ne ha fatto, perché anni è
B: **Ne** ha **fatti** undici la settimana scorsa.   maschile plurale)

A: Quante caramelle hai mangiato?   (**non** si dice: ne ho mangiato, perché caramelle
B: **Ne** ho **mangiate** solo due.   è femminile plurale)

ESERCIZI

1. Riscrivi le frasi usando *ci* o *ne* al posto delle espressioni sottolineate

1. Quando andrò a trovare la zia, porterò un po' <u>di questa torta</u>.
2. Non so perché vado <u>alla loro festa</u>, visto che non mi sono simpatici.
3. A: Quante pizze hai comprato?
   B: Ho comprato <u>quattro pizze</u>.
4. Vorrei solo mezza porzione <u>di pastasciutta</u>.
5. Non sono mai andato <u>in crociera</u>.
6. È un buon ristorante, ho fatto <u>lì</u> il ricevimento di matrimonio.
7. Non è facile vivere insieme <u>nella stessa casa</u>.
8. Non so quanti anni ha, ma certo non ha più di quaranta <u>anni</u>.

2. Completa con *ci* o *ne*

1. Che cosa .... fai in ufficio a quest'ora?
2. Quante .... hai viste?
3. A: Conosci Vienna?
   B: No, non .... sono mai stata.
4. A: Alla fine .... sei andata?
   B: Sì, ma non .... tornerò più, è stato terribile.
5. A: Dov'è finita la torta?
   B: Ah, io non .... ho mangiata neanche una fetta.
6. Questo posto mi piace, ... restiamo ancora un po'?
7. Sto facendo il tè, ... vuoi un po'?
8. A: Signora, ha bagaglio a mano?
   B: No, non .... ho.

Devo cercare un altro lavoro...

3. Trasforma le frasi al passato. Attenzione al pronome *ne*

1. Quest'uva è proprio buona, ne prendo ancora.
2. Cerco un parcheggio da un'ora, ma non ne vedo nessuno.
3. C'è il caffè anche per Gianni, ma lui non ne vuole.
4. Non abbiamo abbastanza vino per la cena, ne compro un'altra bottiglia.
5. Mi serve una borsa nera, ne prendo una di mia sorella.
6. Di dolci, per due settimane non ne mangio: sono a dieta.
7. Di bugie, per la prima volta non ne dice.
8. Che begli appartamenti! Ne compra uno anche mia suocera.

4. Rispondi alle seguenti domande con una frase contenente *ci* o *ne*

1. A: Vai anche tu in vacanza con loro?
   B: ....
2. A: Quanti anni hai?
   B: ....
3. A: Ti piace questo posto?
   B: ....
4. A: Quante persone avete invitato?
   B: ....
5. A: Ti piace il teatro?
   B: ....
6. A: Avete portato molte valigie?
   B: ....
7. A: Vuoi del vino rosso?
   B: ....
8. A: Siete mai stati a Praga?
   B: ....

Ti ricordo che il viaggio dura 3 giorni, non 30!

I VERBI RIFLESSIVI AL PRESENTE INDICATIVO

1 In italiano i verbi riflessivi finiscono in

-ARSI   -ERSI   -IRSI

ESEMPI

(-ARSI)   alz**arsi**, lav**arsi**, pettin**arsi**

(-ERSI)   mett**ersi**, ved**ersi**

(-IRSI)   vest**irsi**, sent**irsi**

2 Per formare il presente dei verbi riflessivi, bisogna togliere ARSI, ERSI, IRSI dal verbo ...

Alz**arsi** = alz
Mett**ersi** = mett
Vest**irsi** = vest

... e aggiungere i **pronomi riflessivi** e le **desinenze** del presente.

	ALZARSI	METTERSI	VESTIRSI
io	**mi** alz**o**	**mi** mett**o**	**mi** vest**o**
tu	**ti** alz**i**	**ti** mett**i**	**ti** vest**i**
lui/lei	**si** alz**a**	**si** mett**e**	**si** vest**e**
noi	**ci** alz**iamo**	**ci** mett**iamo**	**ci** vest**iamo**
voi	**vi** alz**ate**	**vi** mett**ete**	**vi** vest**ite**
loro	**si** alz**ano**	**si** mett**ono**	**si** vest**ono**

ESEMPI

(io - lavarsi)   mi lavo
(tu - chiamarsi)   ti chiami
(voi - sentirsi)   vi sentite
(noi - vedersi)   ci vediamo
(loro - incontrarsi) si incontrano
(lei - ricordarsi)   si ricorda

FRASI

A: A che ora **ti alzi**, la mattina?
B: Alle sette meno un quarto.

A: La bambina **si veste** già da sola?
B: No, la aiuto io.

A: Marco **si dimentica** sempre di spegnere la luce quando esce.
B: È vero!

A: Come **si chiama** tua sorella?
B: Lidia.

A: Vogliamo **sederci** qui?
B: Va bene.

Una grammatica italiana per tutti • edizioni Edilingua

A: Se non **mi sbaglio**, qui c'è un parcheggio.
B: Sì, eccolo!

A: Ti dispiace accompagnarmi alla stazione? Ho paura di **perdermi**.
B: Figurati, non c'è problema.

A: Come **ti senti** oggi?
B: Molto meglio, non ho più la febbre.

! **NOTA BENE**

- In italiano sono riflessivi molti verbi che riguardano la **routine quotidiana**: questi verbi indicano una cosa fatta **a se stessi**, oppure si parla del **proprio corpo**.

  ESEMPI

  Mi alzo alle 7 e 30.   (l'azione è su me stesso)
  Ci pettiniamo.   (pettiniamo i nostri capelli)
  Si veste.   (veste se stesso)
  Ti metti le scarpe.   (metti le tue scarpe)
  Si trucca sempre.   (trucca la sua faccia)
  Mi faccio la barba(*).   (faccio la mia barba)

(*) in questo caso usiamo la forma riflessiva del verbo fare, **farsi** (p.140).

ESERCIZI

1. Completa le seguenti frasi con le forme verbali date

mi metto, ti fai, vi svegliate, mi pettino, ti alzi, si veste

1. A: A che ora ....?
   B: Di solito molto presto, prima delle 6.30.
2. Se domani .... in tempo, possiamo fare una gita in montagna.
3. A: Quella ragazza è molto elegante.
   B: È vero, ... sempre molto bene.
4. A: .... la doccia adesso?
   B: No, vai pure prima tu in bagno.
5. A: Allora, non sei ancora pronta? Perdiamo il treno!
   B: Stai calmo, ... e arrivo.
6. Non .... sempre la cravatta.

Questi treni. sempre in orario!

2. Metti in ordine i seguenti verbi e scrivi una breve storia

1. alzarsi
2. lavarsi i denti
3. farsi la barba/truccarsi
4. svegliarsi
5. farsi la doccia
6. mettersi le scarpe
7. pettinarsi
8. vestirsi

VERBI RIFLESSIVI AL PRESENTE INDICATIVO

edizioni Edilingua • *Una grammatica italiana per tutti*

133

47

3. Completa i brevi dialoghi con il verbo riflessivo fra parentesi

1. A: Sono un po' stanca, ti dispiace se ....? (sedersi)
   B: Figurati!
2. A: Che cos'ha Marco?
   B: Niente di grave, ... un po' debole. (sentirsi)
3. A: Ma questa non è la strada per la casa di Angelo!
   B: È vero, non so perché ma .... sempre. (sbagliarsi)
4. A: Quando .... a Roma? (trasferirsi)
   B: Il mese prossimo.
5. A: Che cosa .... al matrimonio di tua sorella? (mettersi)
   B: Non ho ancora deciso.
6. A: Quanto .... in Italia? (fermarsi)
   B: Non lo sappiamo ancora.

Roma. Piazza di Spagna e Trinità dei Monti

4. Trova la domanda (usa un verbo riflessivo)

1. .... la mattina?
   Alle 7.30
2. .... i tuoi figli?
   Giacomo e Marina.
3. ....?
   Qui, vicino alla zia Giovanna.
4. ....?
   Molto stanco e ho anche mal di testa.
5. .... per la festa?
   Non lo so, forse il vestito nero.
6. .... a Firenze?
   Bene, la città è molto bella.

Firenze. Il Ponte Vecchio

I VERBI RIFLESSIVI AL PRESENTE INDICATIVO: ESPRIMERE LE EMOZIONI

In italiano molti **verbi delle emozioni** sono riflessivi e spesso esistono *aggettivi simili*.

ESEMPI

Verbi riflessivi	Aggettivi
arrabbiarsi	arrabbiato
preoccuparsi	preoccupato
annoiarsi	annoiato
divertirsi	divertito
deprimersi	depresso
innervosirsi	nervoso
rilassarsi	rilassato
spaventarsi	spaventato
sentirsi triste/felice	triste/felice
lamentarsi	lamentoso

Una grammatica italiana per tutti • edizioni Edilingua

2
I verbi seguono la coniugazione normale dei verbi riflessivi.

ESEMPI

(io - arrabbiarsi)   **mi** arrabb**io**
(tu - sentirsi felice)   **ti** sent**i** felice
(loro - preoccuparsi)   **si** preoccup**ano**
(voi - lamentarsi)   **vi** lament**ate**
(noi - rilassarsi)   **ci** rilass**iamo**

FRASI

Mi spavento quando vedo i cani.

Mia madre **si preoccupa** se non telefono.

Vi innervosite quando dovete aspettare troppo.

Non **ti diverti** molto al cinema.

Si annoiano alle riunioni.

Non riesco a **rilassarmi** durante il week-end.

Ci sentiamo un po' tristi perché dobbiamo partire.

I miei amici sono tutti in vacanza, ed io **mi sento** un po' giù.

Sono clienti molto difficili, **si lamentano** di tutto.

! NOTA BENE

○ Gli aggettivi e i verbi riflessivi si usano in situazioni diverse quando si esprimono le emozioni.

ESEMPI

Aggettivi

Sono *arrabbiato* perché ho perso il treno.
Sono *nervoso* per l'esame.
Sono *preoccupato* per te.

(l'aggettivo esprime la conseguenza di un fatto o uno stato che dura da un po' di tempo)

Verbi riflessivi

Mi arrabbio quando perdo il treno.
Mi innervosisco quando non trovo le chiavi.
Mi preoccupo se non mi telefoni.

(il verbo indica il momento in cui la persona diventa arrabbiata, nervosa ecc.)

● ESERCIZI ●

1. Completa le frasi con le forme verbali date

mi arrabbio, si deprime, vi divertite, ti spaventi, si preoccupa,
mi sento, ti innervosisci, si annoiano, ci rilassiamo

1. A: Stai bene?
   B: Mah, non so, ... un po' giù.
2. Devo telefonare a casa che ritardo, altrimenti mia madre ....
3. A: Allora, come va la vacanza, ...?
   B: Ah, il posto è magnifico, ... e mangiamo un sacco!
4. A: Ciao, entra.
   B: Hai chiuso il cane in balcone?
   A: Ma dai, non dirmi che ....! È buonissimo.

48

VERBI RIFLESSIVI AL PRESENTE INDICATIVO

135

edizioni Edilingua ● *Una grammatica italiana per tutti*

5. .... sempre quando sono bloccato nel traffico.
6. Il ragazzo è molto sensibile e alle prime difficoltà .... facilmente.
7. Alcuni studenti .... a morte a lezione.
8. A: Sei sempre il solito! Quante volte ti devo dire di pulirti le scarpe prima di entrare?
   B: Ma è possibile che .... sempre per queste sciocchezze?

2. Completa il testo con i seguenti verbi

preoccuparsi, lamentarsi, sentirsi, annoiarsi, arrabbiarsi, innervosirsi

Io e i miei genitori in generale riusciamo ad andare d'accordo; non (1).................., però devo dire che qualche volta mi sembrano esagerati. Per esempio, se esco la sera, o passo il week-end fuori città e non lascio il numero di telefono di un amico o dell'albergo, (2).................. terribilmente: io gli dico che possono chiamare sul cellulare, ma loro insistono che (3).................. per me e che è solo normale prudenza sapere dove vado e con chi sono. Poi, (4).................. se non torno per pranzo: io cerco di spiegare che con le lezioni all'università non è pratico mangiare sempre a casa, loro fingono di accettare la cosa ma poi continuano a rimproverarmi. Infine, mi costringono a telefonare alla nonna due volte al giorno per sentire come sta: io (5).................. a ripetere sempre le stesse cose e gli dico che non capisco perché devo chiamare tanto spesso, ma loro insistono che la nonna è vecchia e che una telefonata non costa niente. I miei amici non hanno questo tipo di problemi, quindi con loro (6).................. stupido a parlare di queste cose.

*Ciao, nonna!
Cosa mi racconti?*

3. Scegli l'aggettivo (preceduto dal verbo *essere*) o il verbo riflessivo per completare le frasi

1. A: Perché vuoi lasciare la festa così presto?
   B: Perché non .... (divertito/divertirsi)
2. A: Che cos'ha Giovanni?
   B: .... perché ha perso le chiavi della macchina. (arrabbiato/arrabbiarsi)
3. A: Come sta tua madre?
   B: Meglio, però .... (depresso/deprimersi)
4. A: Vi piace stare qui?
   B: Mah, veramente .... (annoiato/annoiarsi)
5. A: Marco non è ancora tornato....
   B: Lo so, anch'io .... (preoccupato/preoccuparsi)
6. A: Devo chiudere fuori il cane?
   B: Sì, lo sai che Anna .... (spaventato/spaventarsi)
7. A: Perché .... ?
   B: Perché ho litigato con Giorgio. (nervoso/innervosirsi)

4. Come ti senti? Usa i verbi riflessivi che esprimono emozioni per commentare queste situazioni

1. Sei rimasto chiuso fuori di casa.
2. Ti hanno rubato il portafoglio.
3. Hai perso il treno.
4. Ti hanno regalato un dobermann.
5. Devi andare dal dentista.
6. Ricevi telefonate misteriose.
7. Ti hanno consegnato il pacco sbagliato.
8. Sei in ritardo e non trovi le chiavi della macchina.

I VERBI RIFLESSIVI AL PASSATO PROSSIMO

1 Formiamo **il passato prossimo dei verbi riflessivi** nel modo seguente:

pronome riflessivo + ausiliare **ESSERE** + *participio passato* del verbo
  MI   SONO   SVEGLIATO

La coniugazione è la seguente:

	SVEGLIARSI	SEDERSI	VESTIRSI
io	mi sono svegliat**o/a**	mi sono sedut**o/a**	mi sono vestit**o/a**
tu	ti sei 〃	ti sei 〃	ti sei 〃
lui/lei	si è 〃	si è 〃	si è 〃
noi	ci siamo svegliat**i/e**	ci siamo sedut**i/e**	ci siamo vestit**i/e**
voi	vi siete 〃	vi siete 〃	vi siete 〃
loro	si sono 〃	si sono 〃	si sono 〃

Come vediamo, seguendo la regola generale, con l'ausiliare *essere* <u>è necessario concordare il participio passato</u> con il soggetto in genere e numero (M., F., S., PL.).

2 Per la formazione del participio passato si segue la regola generale, e cioè:

Verbi in   -ARE   =   -ATO
           -ERE   =   -UTO
           -IRE   =   -ITO

• I participi passati irregolari vanno memorizzati.

ESEMPI

(*mettersi*)   mi sono **messo/a**
(*muoversi*)   mi sono **mosso/a**
(*farsi*)   mi sono **fatto/a**
(*rompersi*)   si è **rotto/a**

FRASI

<u>Anna</u> **si è vestita** tutta di rosso.

Per la fretta, **mi sono messo** le calze di due colori diversi.

Appena **ci siamo seduti** in sala, è iniziato il film.

<u>I nostri amici</u> **si sono dimenticati** di lasciarci il numero di cellulare.

<u>Laura</u> è andata a sciare e **si è rotta** la gamba.

Stamattina avevamo fretta e non **ci siamo fatti** neanche un caffè.

! NOTA BENE

○ Se usiamo un <u>verbo riflessivo</u> al passato prossimo insieme con un **verbo modale**, ci sono due possibilità (*):

MODELLO 1

pronome riflessivo + ausiliare **ESSERE** + *participio* del v. modale + *infinito* del v. riflessivo
  MI   SONO   **DOVUTO/A**   SVEGLIARE
                                             POTUTO/A
                                             VOLUTO/A

edizioni Edilingua • *Una grammatica italiana per tutti*

137

MODELLO 2

ausiliare ***AVERE*** + *participio* del ***v. modale*** + *infinito* del ***v. riflessivo con il pronome***
HO   DOVUTO   SVEGLIARMI
                  VOLUTO
                  POTUTO

(*) La stessa regola è valida per l'uso dei verbi riflessivi con i modali negli altri tempi composti: trapassato prossimo, condizionale passato ecc.

Il significato non cambia.

- Nel caso del modello 2, NON si deve fare l'accordo del participio passato in genere e numero.
- In entrambi i modelli, è necessario cambiare il pronome riflessivo in base al soggetto.

FRASI

Ho dovuto fermarmi in ufficio fino a tardi perché c'era molto lavoro.

Paola non **si è potuta laureare** a giugno e ha dovuto aspettare fino a dicembre.

Abbiamo voluto sposarci in una chiesetta in montagna.

Come **vi siete potuti sbagliare** così?! Era un lavoro facile!

ESERCIZI

1. Coniuga al passato prossimo i seguenti verbi riflessivi

1. Noi - muoversi ....
2. Tu - sbagliarsi ....
3. Lui - vestirsi ....
4. Loro - mettersi ....
5. Io - ricordarsi ....
6. Lei - sistemarsi ....
7. Voi - fermarsi ....
8. Loro - addormentarsi ....
9. Lui - farsi ....
10. Tu - rompersi ....

2. Completa con il passato prossimo del verbo riflessivo fra parentesi

1. Stamattina .... molto in fretta perché ero in ritardo. (vestirsi)
2. A: A che ora .... ? (alzarsi)
   B: Alle 5, perché il nostro aereo partiva alle 7:30.
3. Noi .... l'impermeabile e siamo usciti. (mettersi)
4. Quando .... tu e Paolo? (sposarsi)
5. Oggi Enrico non .... la barba. (farsi)
6. Siamo arrivate in ritardo perché .... (perdersi)
7. La bambina ha visto un grosso dobermann e .... (spaventarsi)
8. .... ieri alla festa, ragazzi? (divertirsi)
9. Come .... a Firenze i tuoi genitori? (trovarsi)
10. Quanto tempo .... in quell'albergo? (fermarsi)

3. Completa le frasi con i seguenti verbi riflessivi al passato prossimo

sbagliarsi   annoiarsi   svegliarsi   addormentarsi   farsi
rilassarsi   sistemarsi   divertirsi   rompersi   lavarsi

1. A: Signorina, è in ritardo di mezz'ora!
   B: Mi scusi. .... tardi perché la sveglia non ha suonato.
2. A: .... alla festa di Marco?
   B: Mah, così così. Io e Anna .... un po' perché non conoscevamo nessuno.
3. È stata una bellissima vacanza, ... veramente!
4. A: Cosa ti è successo?
   B: .... il braccio cadendo dal motorino.
5. Marco, torna subito qui, non .... i denti!
6. A: Ma questa non è la strada per Pavia!
   B: Hai ragione! .... completamente!
7. A: Com'è finito il film di ieri alla televisione?
   B: Non lo so, a un certo punto ....
8. A: Che bella casa! Tu e Giorgio .... proprio bene!
   B: Grazie, siamo stati fortunati a trovare questo appartamento.
9. A: Lo sai che Mario ha avuto un incidente?
   B: Mamma mia! .... molto male?
   A: Per fortuna no.

4. Trasforma le seguenti frasi al passato prossimo, come nell'esempio (2 possibilità)

1. Devo svegliarmi presto domani.
   ...*Ho dovuto svegliarmi-Mi sono dovuto/a svegliare presto ieri.*...
2. Può fermarsi fino a giovedì.
   ....
3. Volete riposarvi sabato e domenica.
   ....
4. Devono sbrigarsi.
   ....
5. Devi farti la doccia prima di andare a dormire.
   ....
6. Vogliono fidanzarsi ufficialmente in giugno.
   ....
7. Oggi possiamo riposarci tutto il giorno.
   ....
8. Deve sedersi qui vicino alla zia.
   ....

Allora, ti sei fatto la doccia?

I VERBI RIFLESSIVI ALL'IMPERFETTO

1 Formiamo **l'imperfetto dei verbi riflessivi** nel modo seguente:

pronome riflessivo + verbo *senza* -ARSI/ -ERSI / -IRSI + *desinenze* dell'imperfetto
MI SVEGLI**AVO**

La coniugazione è la seguente:

	SVEGLIARSI	SEDERSI	VESTIRSI
io	mi svegliavo	mi sedevo	mi vestivo
tu	ti svegliavi	ti sedevi	ti vestivi
lui/lei	si svegliava	si sedeva	si vestiva
noi	ci svegliavamo	ci sedevamo	ci vestivamo
voi	vi svegliavate	vi sedevate	vi vestivate
loro	si svegliavano	si sedevano	si vestivano

2 La forma riflessiva di *fare*, FARSI, è irregolare:

io	mi facevo
tu	ti facevi
lui/lei	si faceva
noi	ci facevamo
voi	vi facevate
loro	si facevano

FRASI

Al mare **ci divertivamo** sempre molto.

A scuola la mia migliore amica **si chiamava** Teresa.

I bambini volevano restare alzati insieme con gli adulti, ma alla fine **si addormentavano** sul divano.

Quando lavoravo in banca, **mi occupavo** di finanziamenti.

Ci sentivamo a disagio perché non conoscevamo nessuno.

Vi ricordavate sempre di farci gli auguri a Natale.

! NOTA BENE

○ Se usiamo un **verbo riflessivo all'imperfetto** insieme con un **verbo modale**, ci sono due possibilità (*):

MODELLO 1

pronome riflessivo + *v. modale all'imperfetto* + *infinito* del *v. riflessivo*
MI DOVEVO SVEGLIARE
    POTEVO
    VOLEVO

140

Una grammatica italiana per tutti • edizioni Edilingua

MODELLO 2

    v. modale all'imperfetto + infinito del v. riflessivo con il pronome
        DOVEVO   **SVEGLIARMI**
        POTEVO
        VOLEVO

(*) La stessa regola è valida per l'uso dei verbi riflessivi con i modali negli altri tempi semplici: presente, futuro, condizionale presente ecc.

Il significato non cambia.

- In entrambi i modelli, **è necessario cambiare il pronome riflessivo** in base al soggetto.

FRASI

Mia madre **doveva occuparsi** della casa e di quattro bambini.
Non **potevo dimenticarmi** del suo viso e della sua voce.
Non **si voleva fermare** da noi per più di una settimana.
Ci dovevamo alzare presto perché cominciavamo a lavorare alle sette e mezzo.
Prima di uscire, **dovevano ricordarsi** di spegnere tutte le luci.

NOTA: Per le differenze nell'uso del passato prossimo e dell'imperfetto, vedere la scheda 41, **Il contrasto fra imperfetto e passato prossimo** (p.117).

ESERCIZI

1. Coniuga all'imperfetto i verbi riflessivi dati

1. Noi – preoccuparsi ....
2. Lui – chiamarsi ....
3. Loro – riposarsi ....
4. Voi – farsi ....
5. Tu – annoiarsi ....
6. Lei – sentirsi ....
7. Io – allontanarsi ....
8. Noi – lamentarsi ....
9. Voi – occuparsi ....
10. Tu – sbagliarsi ....

2. Completa le frasi con i seguenti verbi all'imperfetto

    occuparsi (2volte)   vestirsi   allontanarsi   ricordarsi
    lamentarsi   annoiarsi   preoccuparsi   divertirsi (2volte)

1. Quando lavoravamo a Londra, ... di traduzioni.
2. Quando ero studente, ... molto.
3. Ho portato il bambino dal dottore perché .... di un forte mal di testa.
4. Mio padre in montagna .... sempre.
5. I bambini a Carnevale .... in maschera e .... a fare scherzi a tutti.
6. A: Hai parlato con il direttore?
   B: Sì, ma ha detto che non .... di aver autorizzato le ferie.
7. A: Sei stato in banca?
   B: Sì, ma hanno detto che la persona che .... della pratica non lavora più per loro.
8. Al mare mia madre .... quando noi bambini .... troppo.

edizioni Edilingua • *Una grammatica italiana per tutti*

VERBI RIFLESSIVI ALL'IMPERFETTO

3. Completa il testo con i verbi all'imperfetto

pettinarsi, divertirsi, dovere annoiarsi, dovere trasferirsi, chiamarsi, ricordarsi, sbagliarsi, sentirsi (2 volte)

A scuola la mia migliore amica (1).................................. Anna. Era una ragazza piccola di statura, portava gli occhiali e (2).................................. sempre con una coda di cavallo. Io e lei andavamo molto d'accordo: (3).................................. un sacco a parlare di tante cose, a fare lunghe passeggiate, a guardare le vetrine dei negozi... Io avevo anche degli altri amici, ma Anna (4).................................. a disagio con loro, diventava timida e smetteva di parlare. I miei amici pensavano che (5).................................. a morte con lei, e io allora rispondevo che (6).................................., perché Anna era una persona molto diversa quando stavamo insieme. Un giorno Anna mi ha detto che (7).................................. in un'altra città per il lavoro di suo padre: tutte e due (8).................................. tristi per la separazione, ma volevamo mantenere i contatti. Poi, con il passare degli anni, abbiamo smesso di scriverci e non ho più saputo nulla di lei finché l'anno scorso, per puro caso, non ci siamo incontrate durante una vacanza in Spagna: anche lei (9).................................. di me ed è stato bello parlare dei vecchi tempi.

Ciao, Anna...

4. Trasforma le seguenti frasi all'imperfetto, come nell'esempio (2 possibilità)

1. Posso occuparmi di tutto io.
   ...*Potevo occuparmi/Mi potevo occupare*...
2. Non deve preoccuparsi di quello che faccio.
   ....
3. Non dovete disturbarvi per noi.
   ....
4. Vuole fermarsi qualche giorno.
   ....
5. Vogliamo trasferirci a Roma entro l'anno.
   ....
6. Se volete arrivare in tempo, dovete muovervi.
   ....
7. Non può lamentarsi di tutto.
   ....
8. Devi rivolgerti al capostazione.
   ....

IL *SI* IMPERSONALE

Il pronome **SI** con il verbo alla 3ª persona singolare dà alla frase un senso generale. **SI** sostituisce il soggetto: *tutti, le persone, noi in generale*.

ESEMPI

In questo ristorante **si mangia** bene.   (si mangia = tutti mangiano)

In Italia generalmente **si va** in vacanza in agosto.   (si va = le persone vanno)

Non si può fumare qui.   (non si può = noi in generale non possiamo)

2
Se il verbo è riflessivo, **SI** diventa **CI**.

ESEMPI

La domenica **ci si alza** più tardi. (*non si dice:* si si alza)

Alla fine della giornata **ci si riposa** volentieri davanti alla TV. (*non si dice:* si si riposa)

FRASI

A: Che **si fa** stasera?
B: Non so, **si va** al cinema?

A: Ancora in ritardo! **Non si può** andare avanti così!
B: Scusa, c'era molto traffico.

A: **Si deve** pagare per visitare la cattedrale?
B: Sì, ma solo un euro.

A: Che bel bagno!
B: Ah, sì, dopo una bella nuotata **ci si sente** proprio bene!

! NOTA BENE

○ Gli aggettivi, dopo un verbo con il **si impersonale** sono al **plurale**.

ESEMPI

Dopo una corsa di 10 Km, **si è stanchi**. (*non si dice:* si è stanco/stanca)

Quando **si è giovani**, non si pensa a molte cose. (*non si dice:* si è giovane)

Quando **si diventa vecchi**, è tutto più difficile. (*non si dice:* si diventa vecchio)

FRASI

A: Allora, nonna, come ti senti?
B: Figlia mia, quando **si è vecchi** si sta sempre male!

A: Sai? Luigi finalmente ha trovato lavoro, ma si lamenta perché deve fare un'ora di treno tutti i giorni.
B: Insomma, non **si è mai contenti**!

A: Allora, possiamo andare?
B: No, i bambini devono vestirsi e io non ho ancora messo tutto nelle valigie.
A: Insomma, non **si è mai pronti** in questa casa!

● ESERCIZI ●

1. Coniuga il verbo fra parentesi con il SI impersonale

1. A che ora .... a casa tua? (alzarsi)
2. .... molto in questo ristorante? (spendere)
3. Quando fa caldo, ... di bere molto. (consigliare)
4. Che cosa .... adesso? (fare)
5. Se .... troppo, non .... guidare. (bere/potere)
6. Quando ...., ... (studiare/concentrarsi)

edizioni Edilingua ● *Una grammatica italiana per tutti*

2. Riscrivi le seguenti frasi con il SI impersonale

1. In questo ristorante non mangiamo bene e paghiamo troppo.
2. Quando uno viaggia per piacere, è contento.
3. Se esageriamo con il bere, poi ci sentiamo male.
4. Quando uno si sente stanco, deve riposarsi.
5. Quando uno sbaglia, deve scusarsi.
6. Quando abbiamo fretta, corriamo.

3. Completa con una frase contenente un SI impersonale

1. A Natale ...*si sta insieme con la famiglia*...
2. In vacanza
3. Il sabato e la domenica
4. In famiglia
5. Con gli amici
6. In macchina
7. In questo ristorante
8. Se piove,

Ma questo Babbo Natale, viene o no?

4. Trasforma il brano usando il SI impersonale

Vita Moderna

Al giorno d'oggi, tutti vanno sempre di fretta! La mattina, le persone corrono al lavoro, in macchina o sugli autobus, che sono sempre pieni. Non mangiamo più a pranzo come una volta: non andiamo al ristorante, ma prendiamo un panino in piedi al bar: qualche volta, saltiamo addirittura il pranzo. Lavoriamo fino alle sei, qualche volta fino alle sette, e dopo, abbiamo pochissimo tempo per fare la spesa, o andare a prendere i bambini o sistemare la casa. Leggiamo poco, guardiamo soprattutto la televisione. ... Nessuno si ferma a pensare: ecco la vita moderna!

I PRONOMI INDIRETTI

1 I pronomi indiretti si devono usare quando il verbo è seguito da **a** (*).

ESEMPI

Adesso telefono **a** Maria.   (**non** si può dire: telefono Maria)
Questo disco piace **a** mio fratello.   (**non** si può dire: questo disco piace mio fratello)
Parlo **ai** miei amici.   (**non** si può dire: parlo i miei amici)

(*) di norma **a**, ma è possibile anche **per** o **con**.

2 I pronomi indiretti sostituiscono l'oggetto dopo **a**.

ESEMPI

Adesso telefono **a** Maria.   **le** telefono   (*le = a Maria, a lei*)
Questo disco piace **a mio fratello**. **gli** piace   (*gli = a mio fratello, a lui*)
Parlo **ai miei amici**.   **gli** parlo   (*gli = ai miei amici, a loro*)

FRASI

Quando vedo Anna, **le** dico che hai telefonato.
È il compleanno di Paolo, che cosa **gli** regalo?
Laura e Francesco mi hanno invitato a cena e **gli** porto una bottiglia di vino.
Margherita e Simona si lamentano perché non **gli** telefoni mai.

! NOTA BENE

○ **I pronomi indiretti per la 1ª e la 2ª persona**
Quando i pronomi indiretti sostituiscono la prima e la seconda persona singolare e plurale, **non si possono distinguere** dai pronomi diretti.

ESEMPI

pronomi diretti

Mario chiama **me**.	**Mi** chiama
Patrizia vede **te**.	**Ti** vede
Angelo incontra **noi**.	**Ci** incontra
Sara aiuta **voi**.	**Vi** aiuta

(le forme dei pronomi sono uguali)

pronomi indiretti

Mario telefona **a me**.	**Mi** telefona
Patrizia parla **a te**.	**Ti** parla
Angelo scrive **a noi**.	**Ci** scrive
La bambina assomiglia **a voi**.	**Vi** assomiglia

○ **La posizione dei pronomi indiretti**

• La posizione dei pronomi indiretti è generalmente **prima** del verbo.

ESEMPI

Quando vedo Lorenzo, **gli** dico che hai chiamato.
Mi porti il libro oggi?
Le spiego la lezione.
Ti dico che non è vero.
Di che cosa **vi** ha parlato?

• La posizione può cambiare se ci sono **due verbi**.

ESEMPI

Le puoi dire che ho chiamato?
Puoi dir**le** che ho chiamato?

Non **mi** vuole parlare.
Non vuole parlar**mi**.   *(il significato non cambia)*

Gli devi dare il libro.
Devi dar**gli** il libro.

PRONOMI INDIRETTI

52

145

edizioni Edilingua • *Una grammatica italiana per tutti*

ESERCIZI

1. Sottolinea i verbi, fra quelli dati, con cui puoi usare i pronomi indiretti

1. piacere
2. sembrare
3. ringraziare
4. parlare
5. telefonare
6. sentire
7. lasciare
8. vedere
9. mancare
10. assomigliare
11. conoscere
12. chiamare/richiamare

2. Formula delle frasi con i verbi sottolineati nell'esercizio 1 e i pronomi indiretti

3. Riscrivi le frasi sostituendo i nomi che si ripetono con i pronomi indiretti

1. Adesso telefono a Maria, telefono a Maria perché voglio parlare con Maria di te.
   ....
2. Può scrivere al direttore, può scrivere al direttore se ha un reclamo da fare.
   ....
3. A Paolo non piace la musica classica, non piace a Paolo assolutamente.
   ....
4. Se Luisa e Giorgio non ci sono, potete lasciare a Luisa e Giorgio un messaggio.
   ....
5. Adesso spiego la situazione a Dino, spiego tutto a Dino.
   ....
6. Diamo carne e riso da mangiare al cane, ma non diamo al cane la pasta.
   ....
7. Devo comprare il latte a mia madre perché manca a mia madre.
   ....
8. A Silvia questa città sembra bella, però a Silvia pare anche troppo cara.
   ....

4. Completa con il pronome diretto o indiretto e aggiungi il verbo, se necessario

1. Hai scritto a Giorgio? Sì, ...
2. Hai messo la macchina in garage? No, ... più tardi.
3. Quando vedo Laura, ... dico che hai chiamato.
4. Maria e Lorenza non .... vedo mai, però .... sento spesso al telefono.
5. Conosci Mario e Paolo? No, non ....
6. Hai parlato con i tuoi genitori? No, ... dopo.
7. Mamma, dove sono i miei occhiali? Non ....
8. Paola, non dare il cioccolato al cane, ... fa male.

Per favore, non gli dare niente ... è a dieta!

USO DEI PRONOMI DIRETTI E INDIRETTI AL TELEFONO

Nelle conversazioni e nei messaggi al telefono, sia formali che informali, usiamo spesso i pronomi.

ESEMPI

(conversazione informale)
A: Sono Rita, c'è Pietro?
B: Mi dispiace, è uscito.
A: **Gli** puoi dire che ho chiamato?
B: Certo.

(**gli** = a Pietro)

(conversazione formale)
A: AD Service, sono Barbara.
B: Buongiorno, sono Marini. Vorrei parlare con il Dottor Ferri.
A: In questo momento è in riunione. Posso far**La** richiamare?
B: Sì, **Le** lascio il mio cellulare: 329-732567.
A: Grazie, arrivederci.

(**La** = Lei, Signor Marini)
(**Le** = a Lei, Barbara)

- La scelta dei pronomi diretti o indiretti dipende dal verbo.

ESEMPI

(diretti)
Chiamare/richiamare
Sentire
Ringraziare
Trovare

(indiretti)
Dire a
Telefonare a
Parlare a
Lasciare a

FRASI

Ha telefonato Paola e ha detto che **ti** richiama stasera.

Va bene, signorina, quando torna il dottore **gli** dirò che ha chiamato.

Avvocato, Sua moglie ha detto di richiamar**la** urgentemente.

A: Parla più forte, non **ti** sento!
B: Adesso **mi** senti?

La ringrazio, dottore.

A: La signora non c'è, **le** vuole lasciare un messaggio?
B: No, devo parlar**le** personalmente. Quando posso trovar**la**?

! NOTA BENE

- Alcuni verbi possono avere tutti e due i pronomi.

ESEMPI

Passare
Lasciare

(uso con pronomi diretti)

C'è il Dottor Bianchi al telefono, **lo** *passo* sull'altra linea.

Scusa, **ti** *lascio* un momento in attesa.

Se non rispondo io, **lo** *lasci* detto alla mia collega.

(uso con pronomi indiretti)

Ciao, Anna, **ti** *passo* Silvia.

Buongiorno, dottor Marchi, **Le** *passo* il responsabile.

La signora è fuori ufficio. **Le** *vuole lasciare* un messaggio?

Mi *lascia* un recapito telefonico?

ESERCIZI

1. Inserisci i pronomi dati nelle frasi

lo, la, ti, le, mi, gli, mi

1. Quando torna Alessandro, ... dico che hai chiamato.
2. L'avvocato è in riunione, Signora, posso far............... richiamare?
3. Pronto, mamma, ... senti?
4. A: Mi dispiace, il dottore non c'è.
   B: Quando .... trovo?
5. Scusa, ... chiamano sull'altra linea, ... richiamo fra cinque minuti.
6. .... passo l'ufficio, Signora, arrivederLa.

2. Metti il pronome corretto (diretto o indiretto)

1. A: Vorrei parlare con il Sig. Rossi.
   B: Non c'è. .... vuole lasciare un messaggio?
2. A: Vorrei parlare con il direttore.
   B: Sì, ... passo l'interno.
3. A: Sa se è confermata la riunione con i dirigenti?
   B: Non lo so, ... chiamo dopo le 16.
4. A: Mi dispiace, la signora non c'è.
   B: .... può dire che ho chiamato?
   A: Certo.
   B: .... ringrazio.
5. A: Parlo con l'ufficio acquisti?
   B: No, ha sbagliato interno. Aspetti, ... do quello giusto.
6. A: Dottore, c'è l'Ing. Bianchi al telefono.
   B: Ho un'altra persona in linea, ... può dire che .... richiamo fra mezz'ora?

3. Completa con i pronomi i seguenti messaggi telefonici

1. Ha telefonato Paolo e dice se .... puoi richiamare appena torni.
2. Ha telefonato la Signora Rossi: .... devi portare le chiavi della cantina.
3. Hanno chiamato i tuoi genitori: .... devi andare a prendere alla Malpensa domani.
4. Ha chiamato Anna e dice di richiamar...............
5. Ha chiamato la banca e dice che non .... hai firmato un documento urgente.

4. Leggi i messaggi telefonici dell'esercizio 3 e scrivi i dialoghi originari, come nell'esempio

-A: Pronto, sono Paolo, c'è Monica?
-B: No, è uscita.
-A: Puoi dirle di richiamarmi quando torna?

I PRONOMI NELLA FORMA DI CORTESIA

1 La forma di cortesia è *Lei*. È **uguale** per uomini e per donne.

ESEMPI

Lei prende un caffè, **Signora Bianchi**? (parlo con una donna)
Lei prende un caffè, **Signor Rossi**? (parlo con un uomo)

2 Quando bisogna usare i pronomi per il *Lei* di cortesia, usiamo la forma della 3ª persona singolare femminile per tutti i casi (pronomi diretti e indiretti).

ESEMPI

Signora Bianchi, La saluto. (La = Lei, Signora Bianchi)
Signor Rossi, La saluto. (La = Lei, Signor Rossi)

Signora Bianchi, Le dispiace chiudere la porta? (Le = a Lei, Signora Bianchi)
Signor Rossi, Le dispiace chiudere la porta? (Le = a Lei, Signor Rossi)

FRASI

Avvocato, **La** ringrazio per la sua cortesia.
Signora, **Le** telefono domani.
Scusi, **Signore**, **Le** posso fare una domanda?
Arrive**derLa**, **Ingegnere**, mi saluti Sua moglie!
Signorina, **Le** posso offrire qualcosa?

! NOTA BENE

○ Nelle lettere o comunicazioni scritte formali scriviamo i pronomi di cortesia con la **lettera maiuscola**.

ESEMPI

Gentile Signora Rossi, vorrei ringraziar**La** per il gradito invito. (*invece di*: ringraziarla)
Egregio Avvocato Negri, **Le** confermo la riunione del 27 maggio. (*invece di*: le confermo)
Nell'attesa di una cortese risposta, **Le** porgiamo cordiali saluti. (*invece di*: le porgiamo)

● ESERCIZI ●

1. La o Le? Completa le seguenti frasi

1. A: Va bene, Signora Rossi, ... chiamerò al più presto.
   B: .... ringrazio tanto, avvocato.
2. A: Che cosa posso offrir............?
   B: Niente, grazie, ho già preso un caffè.
3. .... dispiace se .... faccio accomodare un momento? Il dottore arriva subito.
4. A: .... serve la fattura?
   B: Sì, grazie.
5. A: .... saluto.
   B: Arriveder............

6. A: .... confermo la mia disponibilità per giovedì alle 17.30.
   B: Perfetto. .... aspetto.

2. Trasforma dal *tu* al *Lei*

1. La settimana prossima ti dirò qualcosa di più.
2. Se non ti trovo a casa, ti lascio un messaggio in segreteria.
3. Va bene, ti mando subito il fax.
4. In attesa di risentirti, ti mando tanti cari saluti.
5. Se aspetti un momento, ti do la ricevuta.
6. Che cosa posso offrirti?
7. Ti prego di rispondermi al più presto.
8. Non ti chiedo di darmi una risposta subito.

3. Completa la lettera con i pronomi corretti

Gentile Signora,
facendo seguito al nostro colloquio telefonico, (1)............... confermiamo la nostra disponibilità riguardo a 5 camere doppie e 2 singole con bagno per il periodo dal 2/1 al 10/1 compresi.
(2)............... ricordiamo che il prezzo concordato non comprende la prima colazione: in caso di variazioni, (3)............... preghiamo di comunicarlo tempestivamente al n. di fax 02-9875431.
(4)............... comunichiamo inoltre che la prenotazione verrà confermata al ricevimento della caparra, corrispondente al 20% del pagamento totale.
Restiamo a Sua disposizione per ulteriori informazioni e con l'occasione (5)............... porgiamo cordiali saluti.

4. Usa i verbi e gli altri elementi dati per comporre una lettera

Puoi usare come esempio la lettera dell'esercizio 3.

Invitare / congresso
Comunicare / modalità di iscrizione
Confermare / partecipazione
Salutare

L'IMPERATIVO PER *TU* E *VOI*

Il modo imperativo per **tu** e **voi** ha la seguente coniugazione:

	Tu	Voi
(-ARE)	-A	-ATE
(-ERE)	-I	-ETE
(-IRE)	-I	-ITE

ESEMPI

(tu - parlare)   PARLA!
(voi - scusare) SCUSATE!
(tu - prendere) PRENDI!
(voi - vendere) VENDETE!
(tu - partire)   PARTI!
(voi - dormire) DORMITE!

2

L'imperativo ha anche una **forma negativa**:

Tu	Voi
NON PARLARE!	NON scusate!
NON PRENDERE!	NON vendete!
NON PARTIRE!	NON dormite!

ESEMPI

(tu - studiare, non giocare)   Studia di più, **non giocare** sempre al computer!
(voi - finire, non perdere)   Finite il lavoro, **non perdete** tempo!
(tu - non finire)   **Non finire** tutti i cioccolatini!
(voi - non lasciare)   **Non lasciate** la bambina da sola!

! NOTA BENE

- Ci sono **verbi irregolari** all'imperativo (**).

	TU	VOI
(finire)	finisci(*)	finite(*)
(venire)	vieni(*)	venite(*)
(uscire)	esci(*)	uscite(*)
(dare)	da'/dai	date(*)
(andare)	va'/vai	andate(*)
(fare)	fa'/fai	fate(*)
(dire)	di'	dite(*)
(stare)	sta'/stai	state(*)

(*) L'imperativo della maggior parte dei verbi irregolari è **identico alle forme del presente indicativo per *Tu* e *Voi***.
(**) Per i verbi riflessivi vedere la scheda 59, *I pronomi con l'imperativo Tu e Voi* (p. 158).

- Sono diversi i verbi **essere** e **avere**:

	TU	VOI
(essere)	**sii**	**siate**
(avere)	**abbi**	**abbiate**

Questi verbi comunque si usano poco.

- La forma negativa è come quella dei verbi regolari.

ESEMPI

(tu - dare, non essere)   **Dai** un cioccolatino anche a Anna, **non essere** egoista!
(voi - non uscire, fare)   **Non uscite** subito, **fate** i compiti prima!
(tu - non fare)   Paola, **non fare** tutto quel rumore!
(voi - non avere, dire)   **Non abbiate** paura, **dite** la verità!
(tu - andare)   **Vai** fuori!
(voi - stare)   **State** calmi!

edizioni Edilingua • *Una grammatica italiana per tutti*

ESERCIZI

1. Inserisci nelle frasi le seguenti forme dell'imperativo

Vieni, Non dire, Ricordate, Abbi, Stai, Andate, Finisci

1. .... attento, il cane morde.
2. .... pure ragazzi, per oggi abbiamo finito.
3. .... quando vuoi a pranzo da noi.
4. .... di mangiare con calma, abbiamo tempo.
5. .... che l'esame è fra 15 giorni.
6. .... pazienza con lui, è una testa dura ma è un bravo ragazzo.
7. .... bugie, lo sai che non lo sopporto.

Sta' calmo, hai già mangiato, sii buono!

2. Coniuga i verbi fra parentesi all'imperativo (*Tu o Voi*)

1. Paola, ... di guardare la televisione e .... i compiti! (smettere/fare)
2. Ragazzi, ... presto, altrimenti perdiamo il treno. (fare)
3. Lino, ... tutto questo tempo: .... il lavoro. (perdere/finire)
4. Se non vi dispiace, ... la porta. (chiudere)
5. Signori, ... lo scontrino. (dimenticare)
6. .... sapete dov'è Via Giusti? (scusare)
7. Ciao, Sara, ... e .... lì il tuo cappotto. (entrare/mettere)
8. Ti prego, ... così di lui: è un bravo ragazzo. (parlare)

3. Completa le seguenti frasi con un verbo all'imperativo

1. A: Pronto, sono Anna, c'è Giorgio ?
   B: .... un attimo, vado a chiamarlo.
2. ...., mi sai dire dov'è Via Dante?
3. A: ...., Paola, hai visto i miei occhiali?
   B: ...., sono qui.
4. A: Ti disturbo?
   B: No, assolutamente, ...!
5. Per favore, bambini, ... in cucina, ho appena lavato il pavimento.
6. Se volete passare l'esame, ...!
7. A: Ti posso parlare un momento?
   B: Certo, ...!
8. .... alla festa, vi divertirete!

4. Sostituisci le parti sottolineate con l'imperativo (*Tu o Voi*)

1. Vi dico di non uscire senza giacca perché fa freddo.
2. Ti prego di fare silenzio, non riesco a sentire cosa dicono.
3. Devi parlare con lui di questo problema.
4. Dovete fare attenzione ai gradini.
5. Devi chiudere sempre il portone di casa.
6. Ti chiedo di portare fuori il cane.
7. Ti dico di non disturbare quando stiamo lavorando.
8. Vi chiedo di venire con me.

L'IMPERATIVO NELLA PUBBLICITÀ/AVVISI PUBBLICI

1 Usiamo l'imperativo nella **pubblicità** per:
- convincere
- invitare

ESEMPI

Entra in una concessionaria e **prova** la nuova Sprinty! *(pubblicità di una macchina)*

Prenotate le vostre vacanze con noi! *(pubblicità di un'agenzia di viaggi)*

Fai della tua passione una professione! *(pubblicità di una scuola professionale)*

Nella pubblicità usiamo il *Tu* quando il messaggio è più personale e il *Voi* quando il messaggio è di tipo generale.

ESEMPI

Prova la nuova Alfa! *(il messaggio suggerisce: è la macchina giusta per te)*
Prenotate le vostre vacanze con noi! *(il messaggio suggerisce: tutti possono viaggiare con noi)*

2 Usiamo l'imperativo negli **avvisi pubblici** per:
- chiedere di fare qualcosa
- avvertire

ESEMPI

Allacciate le cinture di sicurezza. *(avviso in aereo: chiede di fare subito questa cosa)*
Lasciate libero il passaggio. *(avviso sulla porta di un garage: chiede di non parcheggiare la macchina)*

Per informazioni, **chiamate** il nostro
Numero Verde 800 251 387. *(avviso per i clienti di un prodotto o un servizio)*

Come si vede negli *Esempi*, negli avvisi pubblici si usa spesso il *Voi* perché si tratta di una cosa generale, valida per tutti.

!NOTA BENE

○ Usiamo **l'imperativo** nella pubblicità/avvisi pubblici al posto di ***dovere/potere*** per comunicare in modo forte e diretto.

ESEMPI

comunicazione normale	comunicazione forte e diretta
Non **potete calpestare** le aiuole.	Non **calpestate** le aiuole!
Dovete chiudere sempre il portone.	**Chiudete** sempre il portone!
Perché non telefoni al nostro servizio clienti?	**Telefona** al nostro servizio clienti!

edizioni Edilingua • *Una grammatica italiana per tutti*

ESERCIZI

1. Completa il testo con i seguenti verbi alla seconda persona plurale *(Voi)* dell'imperativo

acquistare, comprare, scegliere, chiedere, confrontare, risparmiare, perdere, iniziare, telefonare

Dal 3 aprile al 3 maggio (1)................................ un elettrodomestico nuovo da *MediaCenter* e (2)................................ fino al 50%! (3)................................ di avere meno spese di energia. (4)................................ i nostri prezzi: sono imbattibili! Cosa state aspettando? (5)................................ il finanziamento in 6 o 12 rate mensili; (6)................................ subito e (7)................................ a pagare da settembre, senza interessi! Per informazioni (8)................................ al nostro numero verde 800 222 222. (9)................................ questa occasione irripetibile!

2. Trasforma il testo dell'esercizio 1 mettendo l'imperativo alla seconda persona singolare *(tu)*

3. Riscrivi i seguenti avvisi pubblici e pubblicità usando l'imperativo

1. Per avere capelli sani e splendenti, dovete usare il nostro shampoo alle erbe.
2. Se volete risparmiare, dovete fare la spesa tutti i giorni nel nostro supermercato.
3. Hai bisogno di un aiuto? Perché non telefoni al *Telefono d'Oro*?
4. Se volete avere altre informazioni, potete scrivere alla nostra casella di posta elettronica.
5. Prima di salire sul treno, non dovete dimenticare di obliterare il biglietto.
6. Perché non provi il nostro sistema rivoluzionario per dimagrire?

4. Scrivi delle brevi pubblicità con gli elementi dati e l'imperativo

1. estate / perdere chili facilmente / la nostra dieta *sprint*
2. studi universitari / scegliere / il nostro programma *Ateneo*
3. non volere le solite vacanze / i nostri viaggi avventura
4. investire / non sapere come / i nostri consulenti specializzati
5. divertirsi / un locale nuovo / la discoteca *Millennium*
6. Amare / cucina genuina e tradizionale / la *Locanda Antica*

L'IMPERATIVO PER ESORTAZIONI/CONSIGLI

1 Usiamo l'imperativo nelle **esortazioni**.

ESEMPI

Vieni alla festa anche tu! (significa: voglio vederti alla festa)
Non ti preoccupare! (significa: non c'è problema)
Avanti, ragazzi, **lavorate!** (significa: adesso è il momento di lavorare)

2 Usiamo l'imperativo anche per i **consigli**.

ESEMPI

A: Mi fa male la testa da una settimana.
B: **Vai** dal medico! (significa: ti consiglio di andare dal medico)

Una grammatica italiana per tutti • edizioni Edilingua

A: Conosci un buon ristorante?
B: **Andate** alla *Cantinetta*!   *(significa: vi consiglio questo ristorante)*

A: Non dormo bene di notte
B: **Non prendere** il caffè dopo cena!   *(significa: ti consiglio di non prendere il caffè)*

! NOTA BENE

○ Al contrario delle domande, l'imperativo per le esortazioni e i consigli esprime un **pensiero forte e diretto**.

ESEMPI

A: Mi fa male la testa da una settimana.
B: 1. *Perché non vai* dal medico?   *(la domanda suggerisce una possibile alternativa)*
    2. **Vai** dal medico!   *(non si può aspettare, devi andare dal medico)*

Ragazzi, *potete lavorare*?   *(non è una richiesta urgente)*
Avanti, ragazzi, **lavorate**!   *(non c'è tempo da perdere)*

A: Che cosa posso regalare a Paolo?
B: 1. Che ne dici di un CD?   *(secondo me è una possibilità)*
    2. **Compra** un CD!   *(secondo me è il regalo perfetto!)*

● ESERCIZI ●

1. Completa le seguenti frasi con un verbo all'imperativo

1. Se ti senti stanco, ... subito a letto!
2. Se non avete tempo oggi, ... il lavoro domani!
3. Hai sete? .... una limonata!
4. Perché state sempre a guardare la televisione? .... !
5. Se vuoi un buon risultato all'esame, ... !
6. Perché sei sempre così depresso? .... positivo!
7. Se questo albergo vi piace, ... ancora!
8. Se avete paura dell'aereo, ... il treno!

2. Rispondi con un imperativo per esprimere un'esortazione o un consiglio

1. Il mio appartamento è troppo freddo.
....

2. I miei vicini di casa fanno troppo rumore e non riesco a dormire.
....

3. Non sappiamo cosa fare questo fine settimana.
....

4. Ho perso il portafogli con i documenti e le carte di credito.
....

5. Ho dei forti dolori alla schiena da due mesi.
....

6. Vorremmo investire un po' di soldi.
....

edizioni Edilingua ● *Una grammatica italiana per tutti*

3. Usa il verbo all'imperativo per esprimere un'esortazione o un consiglio nelle seguenti situazioni

1. La tua amica Anna è troppo grassa. ...Fai una dieta!...
2. Paolo e Sandro si annoiano. ....
3. Luisa dice che è stanca e per questo non vuole uscire con te. ....
4. Silvia non dorme bene di notte. ....
5. Antonio e Giovanni lavorano troppo. ....
6. Mauro non trova lavoro. ....
7. Luca dice molte bugie. ....
8. Angelo e Marco non hanno abbastanza soldi per andare in vacanza. ....

4. Leggi il testo e scrivi delle frasi, con il verbo all'imperativo, per esortare o consigliare

Cara Letizia,
ho deciso di scrivere alla tua rubrica perché ho un piccolo problema. Io e la mia famiglia (ho due figli ancora piccoli) siamo stati invitati a un matrimonio importante, che purtroppo sarà fuori città. La spesa totale per noi (vestiti, regalo, viaggio) è più di quello che possiamo permetterci, ma d'altra parte, se non partecipiamo, rischiamo di offendere chi ci ha invitato. Che fare? So che il mio non è un problema importante, ma spero che mi darai lo stesso un consiglio.

....
....
....
....

L'IMPERATIVO PER DARE ISTRUZIONI

L'imperativo per **dare istruzioni** spiega che cosa si *deve fare*. Usiamo l'imperativo per dare istruzioni al **Tu** e al **Voi**.

ESEMPI

A: Scusa, per andare in centro?
B: **Vai** dritto e al primo semaforo **gira** a destra. *(l'imperativo dice quale strada si deve fare)*

Anna, prima di chiudere l'ufficio **spegni** tutte le luci. *(l'imperativo dice che cosa deve fare Anna)*

In caso di incendio, **non usate** gli ascensori. *(l'imperativo spiega cosa si deve fare se c'è un incendio)*

! NOTA BENE

- L'imperativo usato per dare istruzioni **ha un significato diverso** rispetto alle domande o alle frasi con il verbo *potere*.

ESEMPI

Paolo, prima di uscire *puoi chiudere le finestre?* *(chiedo un favore a Paolo)*
Paolo, prima di uscire **chiudi le finestre**, altrimenti sbattono. *(dico a Paolo che cosa deve fare)*

Per questa ricetta, *potete usare* il burro o la margarina. *(ci sono due possibilità)*
Per questa ricetta **usate** il burro. *(c'è solo una possibilità)*

Se telefonano per me, *potete dire* che non ci sono? (preferisco non rispondere al telefono)
Se telefonano per me, **dite** che non ci sono. (non voglio assolutamente rispondere al telefono)

● ESERCIZI ●

1. Completa le istruzioni mettendo i seguenti verbi all'imperativo

lasciare, non lasciare, prendere, fare, togliere, premere

1. Prima di toccare i fili, ... la corrente elettrica.
2. Per accendere il televisore, ... il tasto in basso a destra.
3. Prima di salire sul treno, ... scendere i passeggeri in arrivo.
4. Per l'aeroporto, ... l'uscita a destra.
5. .... attenzione alla distanza fra treno e banchina.
6. .... incustoditi i bagagli.

2. Completa le seguenti indicazioni stradali con i verbi opportuni all'imperativo

Per arrivare a casa mia, ... la prima strada a destra e .... dritto fino al secondo semaforo, quindi .... a sinistra. .... fino all'incrocio, quindi .... la seconda strada a destra. .... per circa 100 metri e quando arrivate vicino alla Banca, ... la macchina.

3. Trasforma le frasi in istruzioni usando l'imperativo

1. Per fare il risotto, devi usare il brodo caldo.
2. Per aprire il portone devi premere il bottone in basso.
3. Se non trovi nessuno in casa, devi lasciare un messaggio in segreteria.
4. Per avere la carta di credito dovete fare la richiesta alla vostra banca.
5. Se volete parlare al cellulare mentre guidate, dovete usare l'auricolare.
6. Se telefona qualcuno mentre non ci sono, devi prendere nota del nome.

4. Scrivi le risposte con i verbi all'imperativo

1. Come si arriva a casa tua da qui?

2. Come si fa il tè?

3. Mario e Barbara sono in ritardo. Che cosa dobbiamo fare?

4. Che cosa devo fare per il mal di testa?

5. Da dove si esce?

6. Che cosa dobbiamo fare quando arriviamo in aeroporto?

Mamma mia, che dolore!

IMPERATIVO PER DARE ISTRUZIONI

I PRONOMI CON L'IMPERATIVO *TU E VOI*

1 Usiamo i pronomi diretti e indiretti anche con l'imperativo per Tu e Voi.

ESEMPI

Presta a me questo libro!	*a me = MI*
Telefonate a Giorgio!	*a Giorgio = GLI*
Accompagna a scuola la bambina!	*la bambina = LA*
Prendete il caffè anche voi!	*il caffè = LO*

Mettiamo il pronome dopo il verbo all'imperativo.

ESEMPI

Presta**mi** questo libro!
Telefonate**gli**!
Accompagna**la** a scuola!
Prendete**lo** anche voi!

2 L'imperativo con i pronomi può essere negativo.

ESEMPI

Non dimenticare la borsa!	*la borsa = LA*
Non disturbate il nonno!	*il nonno = LO*
Non parlare così a tua sorella!	*a tua sorella = LE*
Non comprate troppi dolci ai vostri bambini!	*ai vostri bambini = GLI*

Quando l'imperativo è negativo, i pronomi hanno 2 posizioni.

ESEMPI

Non **la** dimenticare / Non dimenticar**la**!
Non **lo** disturbate / Non disturbate**lo**!   *il significato non cambia*
Non **le** parlare così / Non parlar**le** così!
Non **gli** comprate troppi dolci / Non comprate**gli** troppi dolci!

FRASI

Per favore, quando vedi Giacomo **digli** che lo sto cercando.
Non disturbarmi quando lavoro!
Se non volete l'insalata, **non la mangiate**!
Non crearci altri problemi!
Guardami e **dimmi** la verità!
Tua madre è stanca, **lasciala** dormire!

! NOTA BENE

- Seguiamo le stesse regole anche per i verbi riflessivi.

ESEMPI

	TU	VOI
(divertirsi)	Divertiti	Divertitevi
(preoccuparsi)	Non preoccuparti	Non preoccupatevi
	Non ti preoccupare	Non vi preoccupate

(il significato non cambia)

FRASI

Quando vai a fare la spesa, **non ti dimenticare** di prendere le uova.
Non preoccupatevi, ragazzi, se avete studiato passerete l'esame.
Divertitevi alla festa!
Non lamentatevi sempre del vostro lavoro!

Con alcuni verbi irregolari all'imperativo Tu, i pronomi **mi**, **ti** e **ci** raddoppiano la consonante iniziale.

(dire)	Di**mm**i la verità!	(**non** si dice/scrive: dimi)
(darsi)	Da**tt**i da fare, non stare sempre seduta!	(**non** si dice/scrive: dati)
(fare)	Fa**cc**i sapere qualcosa!	(**non** si dice/scrive: faci)
(stare)	Sta**mm**i bene e scrivi!	(**non** si dice/scrive: stami)
(andare)	Va**mm**i a comprare il giornale!	(**non** si dice/scrive: vami)

ESERCIZI

1. Sostituisci le parti sottolineate con l'imperativo del verbo e il pronome corretto

1. Questo televisore è in offerta, <u>vi consiglio di comprare il televisore</u>!
2. Questo libro è di Lina, <u>devi restituire a Lina il libro</u>!
3. La torta è fatta in casa, <u>dovete assaggiare la torta</u>!
4. Avete lasciato tutti i giocattoli nel salotto, <u>dovete portare i giocattoli</u> in camera vostra!
5. Anche se sei arrabbiato con loro, <u>devi invitare loro</u>!
6. Anna e Franco ti hanno chiamato già due volte, <u>devi telefonare a Anna e Franco</u>!

2. Completa con il verbo fra parentesi all'imperativo e i pronomi corretti

1. La bambina ha già bevuto troppo, ... più acqua. (dare)
2. Paola, ... una penna, per favore. (portare)
3. È un poco di buono, Luisa, ... (fidarsi)
4. Se vostro figlio va male a scuola, ... di più. (seguire)
5. Se non vi piace questa camera, ... (cambiare)
6. Ragazzi, il cane deve uscire, ... fuori, per favore (portare)
7. .... alla festa, Anna! (divertirsi)
8. .... pure qui vicino a me. (sedersi)

Portatemi fuoooori!

3. Completa le seguenti frasi con un verbo all'imperativo e i pronomi corretti

1. Per favore, ... un bicchiere d'acqua.
2. Devo scrivere una lettera importante, ...
3. Quei vasi sono molto preziosi, ... con prudenza.
4. Giulia non si sente bene, ... riposare.
5. Se vi dà fastidio la porta aperta, ... pure.
6. È l'ultimo posto disponibile, ...
7. Arriveremo in tempo alla stazione, ...
8. .... più tardi, per favore, adesso sono impegnato.

edizioni Edilingua • *Una grammatica italiana per tutti*

4. Rispondi con un verbo all'imperativo e i pronomi

1. Devo andare a una cena importante e non so come vestirmi...
   ....
2. Dovremmo finire questo lavoro, ma siamo stanche ed è ora di cena...
   ....
3. Il dottore dice che la bambina ha bisogno di fare un po' di sport...
   ....
4. Il cane non mangia da ieri sera e sono preoccupata...
   ....
5. Vogliamo partire per le vacanze, ma non sappiamo a chi lasciare il gatto...
   ....
6. La nonna soffre molto per il caldo...
   ....

Non portarlo dal veterinario, è solo innamorato!

IL CONDIZIONALE PRESENTE

Il condizionale è un modo speciale del verbo. Per formare il condizionale presente prendiamo il verbo senza -**ARE**, -**ERE**, -**IRE** ...

parl**are**	=	parl
mett**ere**	=	mett
dorm**ire**	=	dorm

... e aggiungiamo le **desinenze** del **modo condizionale**.

	PARLARE	METTERE	DORMIRE
io	parl**erei**	mett**erei**	dorm**irei**
tu	parl**eresti**	mett**eresti**	dorm**iresti**
lui/lei	parl**erebbe**	mett**erebbe**	dorm**irebbe**
noi	parl**eremmo**	mett**eremmo**	dorm**iremmo**
voi	parl**ereste**	mett**ereste**	dorm**ireste**
loro	parl**erebbero**	mett**erebbero**	dorm**irebbero**

ESEMPI

(io - arrivare)	arriverei
(tu - finire)	finiresti
(lui - preferire)	preferirebbe
(noi - viaggiare)	viaggeremmo
(voi - alzarsi)	vi alzereste
(loro - giocare)	giocherebbero

FRASI

Prenderei il pesce oggi, se c'è.
Continueremmo il lavoro domani, se non è urgente.
Preferireste uscire subito, ma dovete finire il lavoro.
Dormirebbero tutto il giorno, ma devono andare a lavorare.
Che ne **diresti** di uscire stasera?
Mi alzerei tardi tutte le mattine, ma non posso.

2 I verbi in -ARE e -ERE hanno la stessa coniugazione al condizionale.

ESEMPI

(io - parlare)	parl**erei**
(io - prendere)	prend**erei**
(tu - studiare)	studi**eresti**
(tu - correre)	corr**eresti**

3 Anche al modo condizionale ci sono verbi **irregolari**.

ESEMPI

Andare	andrei, andresti, andrebbe, andremmo, andreste, andrebbero
Avere	avrei, avresti, avrebbe, avremmo, avreste, avrebbero
Dovere	dovrei, dovresti, dovrebbe, dovremmo, dovreste, dovrebbero
Essere	sarei, saresti, sarebbe, saremmo, sareste, sarebbero
Sapere	saprei, sapresti, saprebbe, sapremmo, sapreste, saprebbero
Venire	verrei, verresti, verrebbe, verremmo, verreste, verrebbero
Volere	vorrei, vorresti, vorrebbe, vorremmo, vorreste, vorrebbero

FRASI

Saresti libera sabato sera, Anna?
Signora, **saprebbe** dirmi dov'è la posta centrale?
Verremmo volentieri alla festa, ma dobbiamo partire.
Ragazzi, **dovreste** studiare di più.
Anna e Paola **andrebbero** in vacanza, ma non hanno soldi.
A: **Avresti** un minuto?
B: Certo, dimmi!

! NOTA BENE

○ I verbi in *-ciare/ -giare* perdono la "**i**" nella coniugazione del condizionale.
  I verbi in *-care/ -gare* si scrivono con la "**h**".

ESEMPI

(tu - cominciare)	comin**ceresti**
(io - mangiare)	man**gerei**
(io - giocare)	gio**cherei**
(noi - pagare)	pa**gheremmo**

CONDIZIONALE PRESENTE

edizioni Edilingua • *Una grammatica italiana per tutti*

ESERCIZI

1. Coniuga al condizionale presente i seguenti verbi

1. Io - cominciare ....
2. Loro - sapere ....
3. Voi - volere ....
4. Io - essere ....
5. Noi - partire ....
6. Lui - dovere ....
7. Voi - uscire ....
8. Lei - potere ....
9. Noi - alzarsi ....
10. Voi - giocare ....
11. Tu - venire ....
12. Noi - preferire ....
13. Lei - andare ....
14. Loro - avere ....
15. Tu - finire ....
16. Io - volere ....
17. Tu - arrabbiarsi ....
18. Loro - essere ....
19. Lui - capire ....
20. Io - dimenticare ....

2. Completa con il condizionale presente dei verbi dati

1. A: Scusi, signora, ... dirmi dov'è Via Roma?
   B: .... essere la prima a destra. (sapere/dovere)
2. A: Anna, ... al supermercato, per favore? (andare)
   B: Va bene.
3. A: Che cosa prendi?
   B: .... volentieri del pesce, se ce l'hanno. (mangiare)
4. A: Scusa, Angelo, ... un passaggio a Clara? (dare)
   B: Certo, non c'è problema.
5. A: Dica, signora.
   B: .... due etti di prosciutto crudo. (volere)
6. Noi .... Paolo, ma non ci vuole dire qual è il problema. (aiutare)
7. I miei genitori .... una casa in campagna, ma non troppo isolata. (comprare)
8. A: Voi .... dei soldi a Giacomo?
   B: No di certo! Non li .... (prestare/restituire)

Farebbe bene a chiedere più avanti.

3. Completa con una frase con un verbo al condizionale presente

1. Oggi ...., ma non ho tempo.
2. Tu ...., ma non hai soldi.
3. Paola e Marco ...., ma hanno due bambini.
4. Anna ...., ma non lo sa.
5. I miei genitori ...., ma sono troppo vecchi.
6. Luigi ...., ma è troppo timido.
7. Noi ...., ma non possiamo lasciare l'ufficio.
8. Voi ...., ma avete già un impegno.

4. Scrivi la domanda con un verbo al condizionale presente

1. A: ....?
   B: Mi dispiace, oggi non posso.
2. A: ....?
   B: Certo, sono le 17:20.
3. A: ....?
   B: Mi dispiace, sono senza macchina.
4. A: ....?
   B: Certo, dimmi pure.
5. A: ....?
   B: Purtroppo non possiamo.
6. A: ....?
   B: No di certo!

IL CONDIZIONALE PASSATO

Il modo condizionale ha anche il passato. Il **condizionale passato** (o **composto**) usa il condizionale presente di **essere** o **avere** ...

AVERE	ESSERE
avrei	sarei
avresti	saresti
avrebbe	sarebbe
avremmo	saremmo
avreste	sareste
avrebbero	sarebbero

... con il **participio passato** dei verbi.

ESEMPI

(io - andare)	sarei andato/a
(tu - mangiare)	avresti mangiato
(lui - partire)	sarebbe partito
(lei - partire)	sarebbe partita
(noi - alzarsi)	ci saremmo alzati/e
(voi - dimenticare)	avreste dimenticato
(loro - mettere)	avrebbero messo

FRASI

Avrei preso il pesce, ma era finito.
Saresti partita per Roma, ma non hai trovato posto.
Avrebbe telefonato a Paola, ma ha perso il numero.
Saremmo venuti in pizzeria, ma abbiamo dovuto lavorare fino a tardi.
Avreste dovuto invitare anche Anna.
Hanno detto che **avrebbero fatto** una riunione.

ESERCIZI

1. Coniuga al condizionale passato i seguenti verbi

1. Tu - partire
2. Noi - andare
3. Voi - avere
4. Lei - fare
5. Loro - volere
6. Io - pensare
7. Voi - finire
8. Io - sapere
9. Tu - alzarsi
10. Lei - scendere
11. Lui - essere
12. Io - vedere
13. Lui - aprire
14. Io - dovere
15. Loro - vivere
16. Noi - preferire
17. Noi - essere
18. Voi - andare
19. Loro - mettersi
20. Voi - riuscire

edizioni Edilingua • *Una grammatica italiana per tutti*

2. Completa con il condizionale passato dei verbi dati

1. A: Abbiamo sentito la tua mancanza alla cena, ieri sera!
   B: Mi dispiace, ... volentieri, ma mia moglie non si è sentita bene. (venire)
2. A: Ma non dovevi ritirare la macchina dal meccanico?
   B: Infatti .... nel pomeriggio, ma mi ha telefonato per dirmi che non è ancora pronta. (andare)
3. A: Antonio non ha superato l'esame! Ma come è possibile?
   B: .... senza problemi, ma negli ultimi tempi ha smesso di studiare. (passare)
4. A: Come mai siete ancora in ufficio?
   B: .... mezz'ora fa, ma il capo ci ha trattenuto. (uscire)
5. A: Patrizia e Giorgio si separano! L'........................... mai? (dire)
   B: Beh, è un po' che non vanno più d'accordo.
6. A: Ma non dovevate partire per il mare?
   B: L'..........................., ma la nonna è stata ricoverata all'ospedale. (fare)
7. A: Ma perché ti sei svegliato così presto?
   B: .... volentieri, ma devo prendere il treno alle 8.00. (dormire)
8. A: Viene anche Laura domani sera?
   B: .... invitarla, ma dice che non vuole uscire. (volere)

Lo so che sarebbe dovuta essere pronta ieri, però ...

3. Completa con una frase con un verbo al condizionale passato

1. Ieri ...., ma non c'è stato tempo.
2. Loro ...., ma non avevano il numero di telefono.
3. ...., ma tu eri già uscita.
4. Voi ...., ma il medico ha detto che non era necessario.
5. Silvia .... con Giorgio, ma lui non ha voluto.
6. Giacomo .... a Paola, ma lei era arrabbiata.
7. ...., ma ci hanno detto che non c'era posto.
8. ...., ma dovevo andare al lavoro.

4. Scrivi la risposta usando il condizionale passato

1. A: Ma perché non mi hai chiamato?
   B: ....
2. A: Come mai non siete usciti?
   B: ....
3. A: Perché non ti ha detto niente?
   B: ....
4. A: Ma non dovevano venire oggi?
   B: ....
5. A: Perché non sei andato dal dentista?
   B: ....
6. A: Come mai non hanno comprato la casa?
   B: ....

IL CONDIZIONALE PRESENTE PER ESPRIMERE LA CORTESIA

1 Usiamo il condizionale presente per essere **più gentili**.

ESEMPI

Potrei fare una telefonata?	*(chiedo un favore)*
Signora, mi **darebbe** un attimo il suo giornale?	*(richiesta gentile)*
Scusa, **ti dispiacerebbe** non fumare qui?	*(chiedo gentilmente di non fumare)*
A: Ci vediamo domani sera? B: Veramente **avrei** già un impegno.	*(faccio capire gentilmente che non voglio uscire)*

2 Usiamo il condizionale di **volere** (1ª persona) al posto del presente in tutte le richieste nei negozi, uffici, banche ecc.

ESEMPI

Vorrei un chilo di pere.	*(richiesta in un negozio)*
Vorrei parlare con il Signor Rossi.	*(richiesta al telefono)*
Vorrei prenotare un tavolo per sei.	*(richiesta in un ristorante)*

FRASI

Scusa, Anna, **potrei** usare un attimo il tuo cellulare?
Le **dispiacerebbe** chiudere il finestrino, per favore?
Ragazzi, non **potremmo** chiudere qui la discussione?
Mi dispiace, ma per domenica **avremmo** già un impegno.
Simona, **saresti** così gentile da andare a prendere due caffè al bar?

! NOTA BENE

- Il condizionale presente nelle domande **aumenta** il grado di cortesia.

ESEMPI

Presente	Condizionale
Posso parlare con il Signor Rossi?	**Potrei** parlare con il Signor Rossi?
Vieni al cinema con me?	**Verresti** al cinema con me?
Ti **dispiace** chiudere la porta?	Ti **dispiacerebbe** chiudere la porta?
(con il presente la domanda è gentile, ma di routine)	*(con il condizionale si vuole essere **particolarmente** gentili)*

ESERCIZI

1. Completa le frasi con le forme date del condizionale presente

saresti, avresti, potresti, potrebbe, avrebbe, potreste, avreste, dispiacerebbe

1. Nino, ... darmi un passaggio?
2. Scusi, ... dare un'occhiata alla mia valigia? Torno subito.
3. Scusate, non .... 10 euro da prestarmi?
4. Vado ad avvertire l'avvocato che è arrivata; intanto, Le .... attendere qui?
5. Ma non .... fare un po' di silenzio? Il nonno sta dormendo.
6. .... tempo stasera? Devo parlarti urgentemente.
7. Non .... 40 centesimi, signora? Così Le do 5 euro di resto.
8. La scuola organizza una cena. .... libera giovedì sera?

2. Riscrivi le frasi usando il condizionale presente per essere più gentile

1. Scusi, mi dà il suo giornale un attimo?
2. Signora, qui non può fumare.
3. Andate a prendere la nonna alla stazione?
4. Mi dispiace, ho un impegno per sabato.
5. Possono portare la macchina fino al garage?
6. Per favore, chiudi la porta?
7. Cameriere, può portare un'altra bottiglia di bianco e anche una forchetta?
8. Io dico che è un errore.

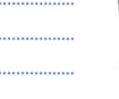

Signora, Le dispiacerebbe non fumare qui?

3. Completa le seguenti frasi con un condizionale di cortesia

1. Fa un po' freddo qui, ...?
2. Purtroppo non sono libera domani sera, ...?
3. Ho la macchina dal meccanico, ...?
4. Dobbiamo discutere ancora una faccenda importante, ...?
5. Il bambino non sta bene, ...?
6. La giacca che ho preso ieri non va bene, ...?

4. Scrivi una frase con il condizionale di cortesia, per queste situazioni

1. Non hai niente da leggere in treno, ma hai notato che il tuo vicino ha un giornale.

2. Hai perso la strada.

3. In un negozio, una commessa molto gentile sta cercando di convincerti a comprare una cosa che non ti piace.

4. Vuoi fissare un appuntamento il prima possibile con un medico che normalmente è molto impegnato.

5. Devi partire immediatamente, ma l'impiegata dell'agenzia viaggi dice che non ci sono posti in aereo.

Una grammatica italiana per tutti • edizioni Edilingua

IL CONDIZIONALE PRESENTE PER I DESIDERI

1 Usiamo il condizionale presente per esprimere **desideri**.

ESEMPI

Andrei volentieri a casa. *(voglio andare a casa ma non è possibile)*
Anna **comprerebbe** quel vestito. *(vuole comprare il vestito, ma non può)*
Resteremmo tutto il giorno sulla spiaggia. *(vogliamo restare sulla spiaggia, ma dobbiamo andare via)*

2 Il condizionale presente esprime desideri che **possono** essere ancora realizzati.

ESEMPI

Anna **comprerebbe** quel vestito. *(adesso non può comprarlo, ma forse in futuro avrà abbastanza soldi)*
Andrei volentieri al cinema stasera. *(non so se sarà possibile, ma forse sì)*
Luca **vorrebbe** uscire con Angela. *(non è sicuro, ma forse Angela accetterà)*

FRASI

Che caldo! **Andrei** volentieri al mare.
Quanto **vorremmo** avere una casa con giardino!
Ti **aiuterei**, credimi, ma non posso.
Sarebbe bello fare sempre quello che si vuole, ma non è possibile.
Che cosa **vorresti** per il tuo compleanno?

ESERCIZI

1. Completa con un verbo al condizionale presente

1. .... al mare, ma devo lavorare anche sabato.
2. .... con noi, ma non potete lasciare la bambina da sola.
3. Luigi la .... a cena, ma è troppo timido.
4. Angelo .... il lavoro, ma deve pagare le spese della casa.
5. Vi ...., ma non sappiamo come fare.
6. .... quel viaggio, ma non hanno abbastanza soldi.
7. .... quel posto, però non vuole lasciare la sua città.
8. .... da sola al concerto, ma sua madre non è d'accordo.

2. Abbina le frasi delle due colonne secondo il senso

1. Fa molto caldo:
2. È un lavoro noioso:
3. Ha troppo lavoro:
4. Non si sente bene:
5. Ho fame:
6. Il viaggio è molto lungo:
7. Siamo stanchi:
8. Questo spettacolo non mi piace:

a) lo cambieremmo volentieri.
b) andrei via volentieri.
c) mi fermerei qui per un po'.
d) ci riposeremmo volentieri.
e) berremmo qualcosa di fresco.
f) vorrebbe un aiuto.
g) prenderei qualcosa al bar.
h) andrebbe subito a casa.

64

3. Formula delle frasi al condizionale usando gli elementi dati, come nell'esempio

Esempio: passeggiata/fare/piovere   -Farei una passeggiata ma sta piovendo.

1. vacanza/andare/ferie
2. amici/uscire/studiare
3. treno delle 17/prendere/restare in ufficio
4. concerto/andare/biglietti
5. cioccolatino/mangiare/dieta
6. casa/cambiare/difficile trovare
7. cane/volere/allergia
8. macchina/comprare/soldi

4. Completa le frasi, esprimendo un desiderio, con un verbo al condizionale presente

1. Ho fame,
2. Ho sonno,
3. Sono arrabbiata con Paolo,
4. Il bambino è stanco,
5. La nostra macchina è vecchia,
6. Non mi piace il mio lavoro,
7. Quel ragazzo mi piace molto,
8. Questa casa è troppo piccola,

IL CONDIZIONALE PRESENTE PER LA POSSIBILITÀ

Usiamo il condizionale presente del verbo **potere** per esprimere la **possibilità**.

ESEMPI

Paolo **potrebbe** finire questo lavoro.   (Paolo è una *delle persone che possono fare il lavoro, forse va bene anche Giorgio*)

Questa sera **potremmo** andare al ristorante.   (il ristorante è una *delle alternative, forse anche il bar o il cinema*)

Dove **potrei** andare in vacanza?   (*chiedo qualche suggerimento: forse al mare o all'estero, ecc.*)

! NOTA BENE

○ Il verbo **potere** al condizionale **non esprime un fatto definitivo** come al presente.

ESEMPI

Presente	Condizionale
Posso finire il lavoro domani.	**Potrei** finire il lavoro domani.
Anna non **può** tornare a casa così tardi.	Anna non **potrebbe** tornare a casa così tardi.
Potete lasciare i bagagli qui.	**Potreste** lasciare i bagagli qui.
(il presente indica una situazione definitiva e sicura)	*(il condizionale indica una situazione possibile e incerta)*

Una grammatica italiana per tutti • edizioni Edilingua

ESERCIZI

1. Completa le frasi con il condizionale presente di *potere* seguito da un verbo opportuno

1. Signorina, visto che sta uscendo, ... questa lettera.
2. Mentre aspettiamo gli altri, ... dove andare a mangiare.
3. Sei sempre in ritardo, ... un po' prima la mattina!
4. Mi dispiace, non ci sono posti per il 21, forse .... per la settimana dopo.
5. In ufficio dicono che Marco .... il nuovo responsabile di sede.
6. È vero che è molto brava, però .... un pochino più gentile!

2. Trasforma le frasi con il verbo al condizionale presente per esprimere la possibilità

1. Quest'anno andiamo in vacanza al mare, forse in Croazia.
2. Secondo me, è una buona idea dare questo lavoro a Giorgio.
3. Possiamo lasciare la macchina qui, credo.
4. Se non hanno niente da fare, forse possono venire con noi.
5. Domani piove, dicono.
6. Forse riuscite ancora a prendere il treno.

3. Che cosa potrebbe fare Tom? Leggi il testo e trova soluzioni usando il condizionale presente

IL SOGNO DI TOM

Tom abita fuori Londra. Per andare al lavoro ci mette un'ora tutte le mattine, perché non ha la macchina. Lavora sempre fino alle sette di sera e torna a casa non prima delle 8.30, perché c'è sempre traffico. È sempre stanco quando torna a casa e quasi non parla con sua moglie.
Non esce mai durante la settimana. Il sabato e la domenica di mattina dorme e di sera va al pub senza di lei. La moglie di Tom si sente sempre depressa; mangia troppo e comincia ad ingrassare e invecchiare. Qualche volta Tom pensa che dovrebbe fare qualcosa per la sua vita. Forse una macchina potrebbe aiutarlo...

4. Inserisci un verbo al condizionale presente

I PENSIERI DI TOM

1. Con la macchina io e mia moglie .... andare al supermercato una volta alla settimana per comprare tutto quello che ci serve.
2. Con la macchina .... al lavoro prima e .... a casa meno stanco.
3. Con la macchina .... passare il week-end fuori città.
4. Con la macchina .... andare a trovare i nostri amici che abitano in Scozia.
5. Con la macchina .... meglio.
6. Con la macchina la vita .... più facile.
7. Per comprare la macchina .... chiedere un prestito.
8. Mia moglie non .... d'accordo.
9. Prima di comprare la macchina .... convincere mia moglie.
10. Forse .... comprare la macchina senza dire niente a mia moglie.
11. Mia moglie mi ....

IL CONDIZIONALE PRESENTE PER I CONSIGLI

1 Usiamo il condizionale presente del verbo **dovere** per dare **consigli**.

ESEMPI

Anna, **dovresti** smettere di fumare.	(dico ad Anna che è meglio smettere di fumare)
Penso che **dovremmo** andare a casa.	(è tardi, quindi consiglio di andare a casa)
Secondo me, **dovreste** parlare con il vostro capo.	(vi consiglio di parlare con il capo)

2 Per dare consigli usiamo anche *un'espressione* con il condizionale:

ESEMPI

A: Non so che fare con Marina.
B: *Al posto tuo*, le **telefonerei**.
(l'espressione "al posto tuo" significa: nella tua situazione il mio consiglio è di telefonare)

A: Abbiamo perso le chiavi di casa.
B: *Al posto vostro*, **farei** subito la denuncia ai carabinieri.
(vi consiglio di fare subito la denuncia)

A: Paolo è depresso perché la sua ragazza l'ha lasciato.
B: *Al posto suo*, **uscirei** con gli amici.
(consiglio a Paolo di uscire)

! NOTA BENE

○ Il condizionale per i consigli è **meno forte** dell'imperativo.

Imperativo
A: Non so cosa fare sabato.
B: **Vai** al mare!

Condizionale
A: Non so cosa fare sabato.
B: **Al posto tuo, andrei** al mare.

A: Non mi piace il mio lavoro.
B: *Cambialo*!

A: Non mi piace il mio lavoro.
B: Forse **dovresti** cambiarlo.

A: Facciamo un lavoro molto sedentario.
B: *Fate* più sport!

A: Facciamo un lavoro molto sedentario.
B: **Dovreste** fare più sport.

(l'imperativo esprime un consiglio forte: non si discute)

(il condizionale esprime un consiglio aperto: si può discutere)

ESERCIZI

1. Completa con il condizionale presente del verbo *dovere* seguito da un verbo opportuno

1. La bambina sta peggio, ... uno specialista.
2. Questi pantaloni sono troppo vecchi, ...
3. Non puoi fare tutto da sola, ...
4. L'appuntamento è fra mezz'ora, ...
5. I vecchi signori Rossi vivono da soli in una casa enorme, ...
6. Il nonno sta dormendo, i bambini ....

2. Abbina le frasi

1. Questo pesce non mi sembra fresco:
2. Quel negozio è carissimo:
3. Giada è molto simpatica:
4. Simone non è mai puntuale:
5. In centro non si trova parcheggio:
6. Fa troppo caldo:

a) al posto suo, la inviterei.
b) al posto suo, verrei a piedi.
c) al posto vostro, uscirei dopo le 17.
d) al posto tuo, non lo prenderei.
e) al posto tuo, non comprerei niente.
f) al posto tuo, aspetterei al bar.

3. Trasforma le frasi in consigli. Usa il condizionale presente

1. Se non vai d'accordo con il tuo capo, parlagli!
2. Il vestito non ti sta bene, cambialo!
3. Sei stressato, vai in vacanza!
4. È invidioso di te, non ascoltarlo!
5. Per il vostro anniversario fate un bel viaggio!
6. Quel ristorante è ottimo, provatelo!

4. Che cosa faresti in questa situazione? Rispondi con delle frasi al condizionale presente

1. I tuoi vicini di casa fanno troppo rumore e non ti fanno dormire.
2. Ricevi telefonate anonime.
3. Un'amica è disperata perché suo marito la tradisce.
4. Hai perso il portafoglio con molto denaro e documenti.
5. Hai trovato il portafoglio di un'altra persona in una cabina telefonica.
6. Ti hanno consegnato una lampada che non hai mai ordinato.
7. Una persona che non hai mai visto ti scambia per un suo conoscente.
8. La lavanderia ti ha rovinato un maglione di cachemire.

IL CONDIZIONALE PASSATO PER ESPRIMERE I RIMPIANTI

Usiamo il condizionale passato:
- per esprimere **rimpianti** = le occasioni mancate
- per commentare azioni che non possiamo più cambiare

Generalmente usiamo il **condizionale passato** del verbo *dovere* + infinito, ma possiamo usare anche tutti gli altri verbi al condizionale passato.

66 CONDIZIONALE PASSATO PER ESPRIMERE I RIMPIANTI

ESEMPI

Non **avresti dovuto** parlare di questa faccenda con Marta. *(purtroppo hai parlato con Marta e adesso non si può fare niente)*

Avrei voluto imparare a suonare il pianoforte. *(non ho imparato a suonare e adesso non è più possibile)*

Vi avremmo invitato a cena sabato, ma eravate impegnati. *(non è più possibile invitarvi a cena)*

FRASI

A: Ho cercato di avvertirti, ma non ti ho mai trovato a casa.
B: **Avresti dovuto lasciare** un messaggio in segreteria.

A: Ma perché hai raccontato tutto? Era un segreto!
B: Non lo sapevo. **Avresti potuto avvertirmi**!

A: C'è Mario?
B: È partito per le vacanze ieri.
A: Di già? Peccato! **L'avrei invitato** volentieri a casa mia domani.

! NOTA BENE

○ Rispetto al condizionale presente, i desideri del condizionale passato **non** sono più realizzabili.

ESEMPI

Condizionale presente

Partirei con voi, ma devo chiedere le ferie.

Comprerei quella borsa, ma mi sembra cara.

Chiederemmo un passaggio a Marco, ma forse non ha la macchina stasera.

(con il condizionale presente il desiderio ha ancora la possibilità di essere realizzato)

Condizionale passato

Sarei partito con voi, ma il mio capo non mi ha dato le ferie.

Avrei comprato quella borsa, ma l'avevano già venduta.

Avremmo chiesto un passaggio a Marco, ma aveva la macchina dal meccanico.

(con il condizionale passato il desiderio di sicuro non può più essere realizzato)

● ESERCIZI ●

1. Riscrivi le frasi con il verbo al condizionale passato per esprimere rimpianti

1. Purtroppo non ho mai imparato bene l'inglese.
2. Purtroppo mia nonna non ha accettato quell'ottima offerta per la sua casa.
3. Angelo non ha mai capito che i nostri consigli erano buoni.
4. Carla non si è mai impegnata sul lavoro e adesso l'ha perso.
5. Suo padre ha perso tutto il patrimonio in speculazioni sbagliate.
6. Non mi sono informato prima, e adesso non faccio più in tempo a iscrivermi al corso.

2. Completa con una frase contenente un condizionale passato per esprimere rimpianto

1. A: Hai visto? Carla si è offesa perché ha saputo che hai parlato male del suo ragazzo.
   B: Oh, no! *Avrei dovuto stare zitta!*
2. A: Hai sentito? La casa che volevi comprare è stata venduta.
   B: Oh, no! ......
3. A: Mi dispiace, signora, è arrivata troppo tardi. Abbiamo venduto l'ultimo biglietto poco fa.
   B: Oh, no! ......
4. A: Mi dispiace, non ci sono più posti in aereo per sabato.
   B: Oh, no! ......
5. A: Siamo rimasti senza benzina e non vedo distributori in giro.
   B: Oh, no! ......
6. A: Il capo ha detto che non darà più permessi fino alla fine del mese.
   B: Oh, no! ......

3. Completa con il verbo dato, al condizionale presente o passato, in base al contesto

1. A: Allora, ci vediamo domani sera dai Rossi?
   B: ...... volentieri, ma non sappiamo ancora se abbiamo la baby-sitter. (venire)
2. A: Giulia non ha superato l'esame.
   B: Che peccato! ...... concentrarsi di più. (dovere)
3. A: Sai? Simona e Paolo si sposano!
   B: Così giovani?! ...... meglio a finire l'università. (fare)
4. A: Te l'avevo detto che era chiuso!
   B: Eh, già, ... meglio ad ascoltarti. (fare)
5. A: Sono andata da un dentista che non conoscevo e mi ha fatto un pessimo lavoro.
   B: ...... chiedere a Mauro, lui lavora in ospedale. (potere)
6. A: Posso prendere la macchina stasera?
   B: Io te la ......, ma sai che papà non vuole. (dare)

4. Che cosa non avrebbe dovuto fare la protagonista del brano? (Usa frasi al condizionale passato per commentare gli errori descritti nella storia)

ERRORI FATALI

Nella mia vita ho fatto tante cose che non avrei mai dovuto fare. Per esempio, ho comprato una macchina di seconda mano per pochi soldi. Dopo tre mesi, si è rotta completamente, e ho speso più del doppio del valore della macchina per ripararla.
Un'altra volta, ho deciso di fare una vacanza di tre settimane in Spagna con Angela. Il primo giorno ci hanno perso le valigie all'aeroporto, poi lei ha lasciato la borsa con i documenti e i soldi in un ristorante e per finire abbiamo sbagliato autobus e ci siamo ritrovate in un paesino a cinquanta chilometri dal nostro albergo. Angela ha avuto una crisi isterica e la vacanza è finita lì, dopo solo tre giorni.
Per finire, ho presentato la mia amica Marina, che desiderava assolutamente sposarsi, al mio collega Giampaolo, che tutti hanno sempre giudicato un bravo ragazzo. A un mese dal matrimonio, lui è scappato senza lasciarle neanche un biglietto.

edizioni Edilingua • *Una grammatica italiana per tutti*

IL CONDIZIONALE PASSATO PER ESPRIMERE IL *FUTURO NEL PASSATO*

Usiamo il condizionale passato per parlare di un fatto che doveva succedere nel passato <u>dopo</u> un altro fatto: il **futuro nel passato**.

ESEMPI

Marco ieri mi ha detto che ti **avrebbe chiamato**. *(Marco ha parlato con me e <u>dopo</u> doveva telefonarti)*

Anna ha promesso che **sarebbe venuta** a cena sabato. *(Anna ha fatto questa promessa <u>prima</u> di sabato)*

Abbiamo immaginato che loro **avrebbero preso** la macchina. *(hanno preso la macchina <u>dopo</u> il momento in cui l'abbiamo pensato)*

- Il condizionale passato per esprimere il futuro nel passato **non** indica necessariamente il risultato dell'azione.

ESEMPI

Marco ieri mi ha detto che ti **avrebbe chiamato**. *(io so quello che Marco ha detto, ma non so se ha veramente telefonato)*

Anna ha promesso che **sarebbe venuta** a cena sabato. *(non è chiaro se Anna è venuta a cena o no)*

Abbiamo immaginato che loro **avrebbero preso** la macchina. *(forse hanno veramente preso la macchina o forse no)*

FRASI

A: Ha già chiamato Gianna?
B: Credo di no, aveva detto che non **avrebbe potuto** telefonare prima delle 19.

A: Come mai non c'è ancora nessuno?
B: Non lo so, mi avevano assicurato che **sarebbero stati** puntuali.

A: Chi doveva spedire il pacco?
B: Paolo ha detto che l'**avrebbe fatto** lui.

! NOTA BENE

○ L'uso del condizionale passato come **futuro nel passato** è specifico e non deve confondersi con gli altri usi del condizionale passato

ESEMPI

Condizionale passato

Ieri ti **avrei telefonato**, ma non ho avuto tempo.

Secondo te, che altro **avrei potuto** dire?

Non **sarebbe dovuto uscire** con quel brutto tempo.

(il condizionale significa che non si possono più realizzare le azioni descritte dal verbo)

Futuro nel passato

Ha detto che mi **avrebbe telefonato**, ma poi non l'ha fatto.

Speravo che **avresti detto** che non eri d'accordo.

Ho capito che **sarebbe uscito** anche con quel brutto tempo.

(il condizionale significa che le azioni descritte dal verbo erano programmate nel futuro)

ESERCIZI

1. Completa i brevi dialoghi coniugando al condizionale passato i verbi fra parentesi

1. A: Dov'è Mario?
   B: Non so, credevo che .... con Sandra. (venire)
2. A: Hai telefonato a Paola per invitarla alla festa?
   B: No, Marco mi ha assicurato che .... lui. (telefonare)
3. A: Ancora nessuna notizia di Angela? Strano.
   B: Già, aveva promesso che .... subito. (chiamare)
4. A: È questa l'ora di arrivare?! Mi avevi assicurato che .... puntuale! (essere)
   B: Scusami. Ho trovato traffico.
5. A: Allora, possiamo andare?
   B: Un momento, aspettiamo Marco e Silvana. Ci hanno detto che .... (arrivare) un po' in ritardo.

2. Completa le frasi a piacere e forma il *futuro nel passato* quando è possibile

1. Mi aveva promesso che ....
2. Nessuno immaginava che ....
3. Sono sicura che ....
4. Dicevano tutti che ....
5. Prevediamo che ....
6. Tutti hanno pensato che ....

3. Leggi il testo e scrivi le previsioni di Anna

Esempio: *Anna ha pensato che in una ditta giovane avrebbe avuto più possibilità di carriera.*

IL LAVORO IDEALE

Dopo l'università, Anna si è messa a cercare lavoro. Aveva le idee molto chiare: voleva un lavoro stimolante, in una ditta giovane, dinamica e in crescita, con prospettive di carriera e la possibilità di ricontrattare lo stipendio. Per sei mesi ha fatto parecchi colloqui ed alla fine ha ricevuto due offerte: poteva scegliere fra una grossa società molto affermata, che la voleva come assistente del direttore del marketing, e una società in espansione che le offriva la responsabilità di un nuovo progetto. Cosa scegliere? Certo, all'inizio nessuna delle due società offriva molti soldi, per cui Anna doveva cercare di capire dove avrebbe avuto maggiori prospettive...

4. In quali di queste frasi si usa il condizionale passato come *futuro nel passato*?

1. A: Perché hai detto quelle cose a Simone?
   B: Ma scusa, come potevo immaginare che si sarebbe offeso per così poco?!
2. A: Perché non mi hai più chiamato?
   B: L'avrei fatto, credimi, ma ho avuto un periodo di lavoro troppo stressante.
3. A: Alberto non c'è?
   B: Ma come no, è seduto laggiù e sta parlando con Anna.
   A: Quello lì?! Ti giuro che non l'avrei mai riconosciuto!
4. A: Si è fatto tardi, devo andare.
   B: Come devi andare?! Mi avevi assicurato che saresti rimasto tutta la sera!
   A: Scusami, ma non potevo sapere che i clienti giapponesi avrebbero anticipato la visita.
   B: Sei sempre il solito, avrei dovuto immaginarlo!
5. A: Che piacere vedervi!
   B: Anche per noi! Non saremmo mancati per nessuna ragione al matrimonio di Paolo.

APPENDICE
TAVOLE SINOTTICHE

TAVOLA 1

ARTICOLO DETERMINATIVO

	SINGOLARE	PLURALE
MASCHILE	IL	I
	L' (vocale)	
	LO (s + consonante, z, y, ps ...)	GLI
FEMMINILE	LA	LE
	L' (vocale)	

ARTICOLO INDETERMINATIVO

	SINGOLARE	PLURALE
MASCHILE	UN	DEI
	UNO (s + consonante, z, y, ps ...)	DEGLI
FEMMINILE	UNA	DELLE
	UN' (vocale)	

GENERE E NUMERO DEI SOSTANTIVI

	SINGOLARE	PLURALE
MASCHILE	- o	- i
FEMMINILE	- a	- e

ESEMPI: il gatto - i gatti　　il libro - i libri　　lo zio - gli zii
　　　　 la gatta - le gatte　 la scuola - le scuole　la zia - le zie

Sostantivi in - e

	SINGOLARE	PLURALE
MASCHILE/FEMMINILE	- e	- i

ESEMPI: il cane - i cani　　il temporale - i temporali　　lo scaffale - gli scaffali
　　　　 la chiave - le chiavi　la decisione - le decisioni　l'attenzione - le attenzioni

TAVOLA 2

CONIUGAZIONE DEI VERBI AUSILIARI

	Presente indicativo	Passato Prossimo	Futuro Semplice	Imperfetto Indicativo
essere	sono	sono ⎫	sarò	ero
	sei	sei ⎬ stato/a	sarai	eri
	è	è ⎭	sarà	era
	siamo	siamo ⎫	saremo	eravamo
	siete	siete ⎬ stati/e	sarete	eravate
	sono	sono ⎭	saranno	erano
avere	ho	ho ⎫	avrò	avevo
	hai	hai ⎪	avrai	avevi
	ha	ha ⎬ avuto	avrà	aveva
	abbiamo	abbiamo ⎪	avremo	avevamo
	avete	avete ⎪	avrete	avevate
	hanno	hanno ⎭	avranno	avevano

	Imperativo	Condizionale presente	Condizionale passato
essere	(tu) sii	sarei	sarei ⎫
	(voi) siate	saresti	saresti ⎬ stato/a
		sarebbe	sarebbe ⎭
		saremmo	saremmo ⎫
		sareste	sareste ⎬ stati/e
		sarebbero	sarebbero ⎭
avere	(tu) abbi	avrei	avrei ⎫
	(voi) abbiate	avresti	avresti ⎪
		avrebbe	avrebbe ⎬ avuto
		avremmo	avremmo ⎪
		avreste	avreste ⎪
		avrebbero	avrebbero ⎭

edizioni Edilingua • *Una grammatica italiana per tutti*

TAVOLA 3

CONIUGAZIONE DEI VERBI REGOLARI

	Presente indicativo	Passato prossimo	Futuro semplice	Imperfetto Indicativo
parl**are**	parlo parli parla parliamo parlate parlano	ho hai ha abbiamo } parlato avete hanno	parlerò parlerai parlerà parleremo parlerete parleranno	parlavo parlavi parlava parlavamo parlavate parlavano
prend**ere**	prendo prendi prende prendiamo prendete prendono	ho hai ha abbiamo } preso avete hanno	prenderò prenderai prenderà prenderemo prenderete prenderanno	prendevo prendevi prendeva prendevamo prendevate prendevano
sent**ire**	sento senti sente sentiamo sentite sentono	ho hai ha abbiamo } sentito avete hanno	sentirò sentirai sentirà sentiremo sentirete sentiranno	sentivo sentivi sentiva sentivamo sentivate sentivano
cap**ire**	capisco capisci capisce capiamo capite capiscono	ho hai ha abbiamo } capito avete hanno	capirò capirai capirà capiremo capirete capiranno	capivo capivi capiva capivamo capivate capivano

	Imperativo	Condizionale presente	Condizionale passato
parl**are**	(tu) parla (voi) parlate	parlerei parleresti parlerebbe parleremmo parlereste parlerebbero	avrei avresti avrebbe avremmo } parlato avreste avrebbero
prend**ere**	(tu) prendi (voi) prendete	prenderei prenderesti prenderebbe prenderemmo prendereste prenderebbero	avrei avresti avrebbe avremmo } preso avreste avrebbero
sent**ire**	(tu) senti (voi) sentite	sentirei sentiresti sentirebbe sentiremmo sentireste sentirebbero	avrei avresti avrebbe avremmo } sentito avreste avrebbero
cap**ire**	(tu) capisci (voi) capite	capirei capiresti capirebbe capiremmo capireste capirebbero	avrei avresti avrebbe avremmo } capito avreste avrebbero

Una grammatica italiana per tutti • edizioni Edilingua

TAVOLA 4

CONIUGAZIONE DI ALCUNI VERBI IRREGOLARI COMUNI

	Presente indicativo	Passato prossimo		Futuro semplice	Imperfetto indicativo
andare	vado	sono	} andato/a	andrò	andavo
	vai	sei		andrai	andavi
	va	è		andrà	andava
	andiamo	siamo	} andati/e	andremo	andavamo
	andate	siete		andrete	andavate
	vanno	sono		andranno	andavano
dare	do	ho	} dato	darò	davo
	dai	hai		darai	davi
	dà	ha		darà	dava
	diamo	abbiamo		daremo	davamo
	date	avete		darete	davate
	danno	hanno		daranno	davano
dire	dico	ho	} detto	dirò	dicevo
	dici	hai		dirai	dicevi
	dice	ha		dirà	diceva
	diciamo	abbiamo		diremo	dicevamo
	dite	avete		direte	dicevate
	dicono	hanno		diranno	dicevano

	Imperativo	Condizionale presente	Condizionale passato	
andare	(tu) va'/vai	andrei	sarei	} andato/a
	(voi) andate	andresti	saresti	
		andrebbe	sarebbe	
		andremmo	saremmo	} andati/e
		andreste	sareste	
		andrebbero	sarebbero	
dare	(tu) da'/dai	darei	avrei	} dato
	(voi) date	daresti	avresti	
		darebbe	avrebbe	
		daremmo	avremmo	
		dareste	avreste	
		darebbero	avrebbero	
dire	(tu) di'	direi	avrei	} detto
	(voi) dite	diresti	avresti	
		direbbe	avrebbe	
		diremmo	avremmo	
		direste	avreste	
		direbbero	avrebbero	

edizioni Edilingua • *Una grammatica italiana per tutti*

	Presente Indicativo	Passato Prossimo	Futuro semplice	Imperfetto Indicativo
dovere	devo devi deve dobbiamo dovete devono	ho hai ha abbiamo avete hanno } dovuto	dovrò dovrai dovrà dovremo dovrete dovranno	dovevo dovevi doveva dovevamo dovevate dovevano
fare	faccio fai fa facciamo fate fanno	ho hai ha abbiamo avete hanno } fatto	farò farai farà faremo farete faranno	facevo facevi faceva facevamo facevate facevano
potere	posso puoi può possiamo potete possono	ho hai ha abbiamo avete hanno } potuto	potrò potrai potrà potremo potrete potranno	potevo potevi poteva potevamo potevate potevano
rimanere	rimango rimani rimane rimaniamo rimanete rimangono	sono sei è } rimasto/a siamo siete } rimasti/e sono	rimarrò rimarrai rimarrà rimarremo rimarrete rimarranno	rimanevo rimanevi rimaneva rimanevamo rimanevate rimanevano

	Imperativo	Condizionale presente	Condizionale passato
dovere	=	dovrei dovresti dovrebbe dovremmo dovreste dovrebbero	avrei avresti avrebbe avremmo avreste avrebbero } dovuto
fare	(tu)　fa'/ fai (voi)　fate	farei faresti farebbe faremmo fareste farebbero	avrei avresti avrebbe avremmo avreste avrebbero } fatto
potere	=	potrei potresti potrebbe potremmo potreste potrebbero	avrei avresti avrebbe avremmo avreste avrebbero } potuto
rimanere	(tu)　rimani (voi)　rimanete	rimarrei rimarresti rimarrebbe rimarremmo rimarreste rimarrebbero	sarei saresti sarebbe } rimasto/a saremmo sareste } rimasti/e sarebbero

Una grammatica italiana per tutti ● edizioni Edilingua

	Presente indicativo	Passato prossimo	Futuro semplice	Imperfetto indicativo
salire	salgo sali sale saliamo salite salgono	sono sei } salito/a è siamo siete } saliti/e sono	salirò salirai salirà saliremo salirete saliranno	salivo salivi saliva salivamo salivate salivano
sapere	so sai sa sappiamo sapete sanno	ho hai ha } saputo abbiamo avete hanno	saprò saprai saprà sapremo saprete sapranno	sapevo sapevi sapeva sapevamo sapevate sapevano
stare	sto stai sta stiamo state stanno	sono sei } stato/a è siamo siete } stati/e sono	starò starai starà staremo starete staranno	stavo stavi stava stavamo stavate stavano
uscire	esco esci esce usciamo uscite escono	sono sei } uscito/a è siamo siete } usciti/e sono	uscirò uscirai uscirà usciremo uscirete usciranno	uscivo uscivi usciva uscivamo uscivate uscivano

	Imperativo	Condizionale presente	Condizionale passato
salire	(tu) sali (voi) salite	salirei saliresti salirebbe saliremmo salireste salirebbero	sarei saresti } salito/a sarebbe saremmo sareste } saliti/e sarebbero
sapere	(tu) sappi (voi) sappiate	saprei sapresti saprebbe sapremmo sapreste saprebbero	avrei avresti avrebbe } saputo avremmo avreste avrebbero
stare	(tu) sta'/stai (voi) state	starei staresti starebbe staremmo stareste starebbero	sarei saresti } stato/a sarebbe saremmo sareste } stati/e sarebbero
uscire	(tu) esci (voi) uscite	uscirei usciresti uscirebbe usciremmo uscireste uscirebbero	sarei saresti } uscito/a sarebbe saremmo sareste } usciti/e sarebbero

edizioni Edilingua • *Una grammatica italiana per tutti*

	Presente indicativo	Passato prossimo	Futuro semplice	Imperfetto indicativo
venire	vengo vieni viene veniamo venite vengono	sono ⎫ sei ⎬ venuto/a è ⎭ siamo ⎫ siete ⎬ venuti/e sono ⎭	verrò verrai verrà verremo verrete verranno	venivo venivi veniva venivamo venivate venivano
volere	voglio vuoi vuole vogliamo volete vogliono	ho hai ha ⎬ voluto abbiamo avete hanno	vorrò vorrai vorrà vorremo vorrete vorranno	volevo volevi voleva volevamo volevate volevano

	Imperativo	Condizionale presente	Condizionale passato
venire	(tu) vieni (voi) venite	verrei verresti verrebbe verremmo verreste verrebbero	sarei ⎫ saresti ⎬ venuto/a sarebbe ⎭ saremmo ⎫ sareste ⎬ venuti/e sarebbero ⎭
volere	=	vorrei vorresti vorrebbe vorremmo vorreste vorrebbero	avrei avresti avrebbe ⎬ voluto avremmo avreste avrebbero

Una grammatica italiana per tutti ● edizioni Edilingua

TAVOLA 5

ESEMPI DI VERBI IRREGOLARI AL PARTICIPIO PASSATO

INFINITO	PARTICIPIO IRREGOLARE	AUSILIARE
accendere	acceso	AVERE
aprire	aperto	AVERE
bere	bevuto	AVERE
chiedere	chiesto	AVERE
chiudere	chiuso	AVERE
correggere	corretto	AVERE
correre	corso	AVERE/ESSERE
decidere	deciso	AVERE
dipingere	dipinto	AVERE
dire	detto	AVERE
discutere	discusso	AVERE
dividere	diviso	AVERE
essere	stato	ESSERE
fare	fatto	AVERE
leggere	letto	AVERE
mettere	messo	AVERE
morire	morto	ESSERE
offrire	offerto	AVERE
perdere	perso	AVERE
permettere	permesso	AVERE
piangere	pianto	AVERE
prendere	preso	AVERE
promettere	promesso	AVERE
proporre	proposto	AVERE
ridere	riso	AVERE
ridurre	ridotto	AVERE
rimanere	rimasto	ESSERE
risolvere	risolto	AVERE
rispondere	risposto	AVERE
rompere	rotto	AVERE
scegliere	scelto	AVERE
scendere	sceso	ESSERE
scrivere	scritto	AVERE
smettere	smesso	AVERE
soffrire	sofferto	AVERE
spegnere	spento	AVERE
spendere	speso	AVERE
succedere	successo	ESSERE
tradurre	tradotto	AVERE
vedere	visto	AVERE
venire	venuto	ESSERE
vincere	vinto	AVERE
vivere	vissuto	AVERE/ESSERE

edizioni Edilingua • *Una grammatica italiana per tutti*

TAVOLA 6

CONIUGAZIONE DEI VERBI RIFLESSIVI

	Presente indicativo	Passato prossimo	Futuro semplice	Imperfetto indicativo
alzarsi	mi alzo ti alzi si alza ci alziamo vi alzate si alzano	mi sono ⎫ ti sei ⎬ alzato/a si è ⎭ ci siamo ⎫ vi siete ⎬ alzati/e si sono ⎭	mi alzerò ti alzerai si alzerà ci alzeremo vi alzerete si alzeranno	mi alzavo ti alzavi si alzava ci alzavamo vi alzavate si alzavano
sedersi	mi siedo ti siedi si siede ci sediamo vi sedete si siedono	mi sono ⎫ ti sei ⎬ seduto/a si è ⎭ ci siamo ⎫ vi siete ⎬ seduti/e si sono ⎭	mi sederò/siederò ti sederai/siederai si sederà/siederà ci sederemo/siederemo vi sederete/siederete si sederanno/siederanno	mi sedevo ti sedevi si sedeva ci sedevamo vi sedevate si sedevano
vestirsi	mi vesto ti vesti si veste ci vestiamo vi vestite si vestono	mi sono ⎫ ti sei ⎬ vestito/a si è ⎭ ci siamo ⎫ vi siete ⎬ vestiti/e si sono ⎭	mi vestirò ti vestirai si vestirà ci vestiremo vi vestirete si vestiranno	mi vestivo ti vestivi si vestiva ci vestivamo vi vestivate si vestivano

	Imperativo	Condizionale presente	Condizionale passato
alzarsi	(tu) alzati (voi) alzatevi	mi alzerei ti alzeresti si alzerebbe ci alzeremmo vi alzereste si alzerebbero	mi sarei ⎫ ti saresti ⎬ alzato/a si sarebbe ⎭ ci saremmo ⎫ vi sareste ⎬ alzati/e si sarebbero ⎭
sedersi	(tu) siediti (voi) sedetevi	mi sederei/siederei ti sederesti/siederesti si sederebbe/siederebbe ci sederemmo/siederemmo vi sedereste/siedereste si sederebbero/siederebbero	mi sarei ⎫ ti saresti ⎬ seduto/a si sarebbe ⎭ ci saremmo ⎫ vi sareste ⎬ seduti/e si sarebbero ⎭
vestirsi	(tu) vestiti (voi) vestitevi	mi vestirei ti vestiresti si vestirebbe ci vestiremmo vi vestireste si vestirebbero	mi sarei ⎫ ti saresti ⎬ vestito/a si sarebbe ⎭ ci saremmo ⎫ vi sareste ⎬ vestiti/e si sarebbero ⎭

Una grammatica italiana per tutti • edizioni Edilingua

TAVOLA 7

PRONOMI DIRETTI E INDIRETTI

	Pronomi diretti		Pronomi indiretti	
(io)	(me)	mi	(a me)	mi
(tu)	(te)	ti	(a te)	ti
(lui)		lo	(a lui)	gli
(lei)		la	(a lei)	le
(Lei)		La	(a Lei)	Le
(noi)		ci	(a noi)	ci
(voi)		vi	(a voi)	vi
(loro) M.		li	(a loro) M.	gli
(loro) F.		le	(a loro) F.	gli

TAVOLA 8

GENERE E NUMERO DEGLI AGGETTIVI

	SINGOLARE	PLURALE
MASCHILE	- o	- i
FEMMINILE	- a	- e

ESEMPIO: caldo - caldi
caldа - calde

Aggettivi in - e

	SINGOLARE	PLURALE
MASCHILE/ FEMMINILE	- e	- i

ESEMPIO: grande - grandi

AGGETTIVI POSSESSIVI

(possessore)	M.S.	F.S.	M.PL.	F.PL.
io	il mio	la mia	i miei	le mie
tu	il tuo	la tua	i tuoi	le tue
lui /lei/ Lei	il suo	la sua	i suoi	le sue
noi	il nostro	la nostra	i nostri	le nostre
voi	il vostro	la vostra	i vostri	le vostre
loro	il loro	la loro	i loro	le loro

edizioni Edilingua • *Una grammatica italiana per tutti*

TAVOLA 9

AGGETTIVI DIMOSTRATIVI

QUESTO

	SINGOLARE	PLURALE
MASCHILE	questo quest' *(vocale)*	questi
FEMMINILE	questa quest' *(vocale)*	queste

QUELLO

	SINGOLARE	PLURALE
MASCHILE	quel quell' *(vocale)* quello *(s + consonante, z, ps, gn, x, y)*	quei quegli
FEMMINILE	quella quell' *(vocale)*	quelle

CHIAVI

1. L'ARTICOLO DETERMINATIVO E INDETERMINATIVO

Es. 1
1. lo 2. lo 3. lo 4. la 5. l' 6. l' 7. la 8. lo 9. l' 10. la 11. il 12. l'

1. gli zii 2. gli scioperi 3. gli psicologi 4. le borse 5. le isole 6. gli appartamenti 7. le penne 8. gli studenti 9. gli indirizzi 10. le zie 11. i professori 12. le agende

Es. 2
1. la 2. il 3. l' 4. la 5. i 6. gli 7. la 8. la 9. la 10. l' 11. il 12. il 13. il 14. gli 15. gli 16. l' 17. gli 18. gli 19. il 20. il

Es. 3
Gli italiani amano...; L'interesse per...; i formaggi piccanti...; le lezioni di...; l'esperto di...; il sito

Es. 4
1. uno 2. una 3. un' 4. un 5. uno 6. una 7. uno 8. un' 9. uno 10. un 11. uno 12. una

1. *degli specchi* 2. delle ragazze 3. delle aranciate 4. dei cani 5. degli sbagli 6. delle lezioni 7. degli psicologi 8. delle edicole 9. degli zii 10. degli aerei 11. degli yogurt 12. delle biciclette

Es. 5
1. un, una 2. un, uno 3. una 4. un, un' 5. uno 6. un, una, uno 7. un, un', uno

Es. 6
1. *Gli* -V 2. Una -V 3. Lo -V 4. L' -V 5. La -F 6. Gli -F 7. Lo -F 8. Le -V

Es. 7
1. *In aula ci sono delle ragazze italiane* 2. A Londra conosco dei ristoranti interessanti 3. Ci sono dei bambini che giocano 4. degli amici 5. ci sono degli spettacoli bellissimi 6. delle lezioni di italiano 7. Chi sono? Sono degli studenti spagnoli 8. Su Internet ci sono delle notizie molto interessanti

Es. 8
1. il 2. un 3. il 4. la 5. una 6. un 7. una 8. Il 9. Un, Il 10. la

2. NOMI: GENERE E NUMERO

Es. 1
1. birra, vino 2. amico 3. stazione, chiesa 4. scarpe, divano 5. vacanze, lavoro 6. fiume

Es. 2
1. padre, madre 2. biglietti, passaporto, valigia, aereo 3. esercizi, lezione, aiuto 4. chiavi 5. gatto, cane 6. odore, finestra

Es. 3
M.S.: ristorante, fiume, lavoro, formaggio, mare
F.S.: canzone, università, colazione, classe, città, televisione, valigia
M.PL.: aerei, giornali, esercizi, libri, biglietti, attori, cani
F.PL.: strade, ragazze, stazioni, scarpe, abitudini, chiavi, lezioni, vacanze

Es. 4
1. Le ragazze bionde sono americane 2. I formaggi italiani sono buoni 3. Le attrici di questo film sono famose 4. Le stazioni sono moderne e belle 5. Le lezioni di italiano sono finite 6. I giornali sono sul tavolo 7. I temporali sono pericolosi 8. Dove sono le chiavi della macchina?

Es. 5
1. un, australiano, famoso 2. l', antichissima 3. il 4. la, le, tutte, belle 5. un, un, un 6. una, americana, famosa 7. un', lunghissima, noiosa 8. la 9. gli, il 10. la

3. NOMI IRREGOLARI

Es. 1
1. un 2. il 3. il 4. il 5. il 6. un 7. la 8. un

Es. 2
1. M. 2. F. 3. F. 4. M. 5. M./F. 6. M. 7. F. 8. F. 9. M. 10. F. 11. M. 12. M. 13. M. 14. M. 15. M./F. 16. F. 17. F. 18. M./F.

Es. 3
1. le colleghe 2. le arance 3. le uova 4. le dita 5. gli uomini 6. gli zii 7. le banche 8. i medici 9. le valigie/valige 10. i figli 11. i teologi 12. le amiche

Es. 4
1. alberghi 2. farmacie 4. uova 6. orologi 7. le dita 8. spiagge

4. GLI AUSILIARI *ESSERE* E *AVERE*

Es. 1
1. hai 2. è 3. siamo 4. hanno 5. sono 6. siete 7. ha 8. sei

Es. 2
1. sei, ho 2. hanno, è, è 3. ho 4. è, hai, ha 5. sei, ho 6. ho

Es. 3
1. ha 2. è 3. è 4. ha 5. ha 6. sono 7. è 8. hanno

Es. 4
1. ho voglia 2. sono in ritardo 3. non sono d'accordo 4. hai bisogno 5. sono d'accordo/hai ragione 6. ha torto 7. sono in anticipo 8. hai da fare

5. *È* oppure *C'è*

Es. 1
1. è 2. c'è 3. sono 4. ci sono 5. è 6. c'è 7. sono 8. ci sono

Es. 2
1 e 2 g 3 h 4 f 5 c 6 b 7 d 8 a

Es. 3
1. sono, c'è, sono 2. sono 3. c'è, è 4. c'è, sono 5. sei, c'è 6. c'è, ci sono 7. è, è, c'è, c'è 8. è, c'è

Es. 4
La nostra vita è frenetica; sono troppo affollati; c'è sempre qualcosa da fare; è impossibile continuare così; ci sono tanti vantaggi

6. *Ho* oppure *ce l'ho*

Es. 1
1. ce le ho 2. hai 3. ce li hanno 4. avete, ce l'abbiamo 5. ho 6. ce li ha

Es. 2 *(risposte suggerite)*
1. Hai il passaporto? 2. ho la macchina 3. Avete i biglietti? 4. Il regalo, ce l'ha lui? 5. ho un appuntamento 6. Chi ha le chiavi?

Es. 3
1. ce l'ho 2. ce l'ha 3. avete, ce l'abbiamo/ce l'ho 4. ce li ha, ho 5. avete/hai/abbiamo 6. ha 7. abbiamo 8. hanno, ce l'hanno

Es. 4
1. ...non ho tempo 4. ...No, non ce l'ho 6. ha una riunione... 7. Hanno l'ascensore rotto...

7. PRESENTE INDICATIVO: VERBI REGOLARI

Es. 1
1. parte 2. telefonate 3. sciano 4. suoni, suono 5. leggete, leggiamo 6. finiscono

Es. 2
1. studiano 2. mangiate, mangiamo 3. guardano 4. fuma, fumo 5. capisci 6. dorme

Es. 3
1 e 2 l 3 a 4 i 5 d 6 h 7 b 8 c 9 f 10 g

Es. 4 *(risposte suggerite)*
1. Fa l'elettricista 2. Non parla le lingue, ma capisce un po' l'inglese 3. Lavora molto 4. Per ora è contento del suo lavoro 5. Aspetta di mettere da parte un po' di soldi per tornare a studiare

Es. 5 *(risposte suggerite)*
1. Che cosa prendi? 2. Abito in Via Dante 14 3. Quando partite? 4. Leggiamo libri o riviste 5. Perché non prendi il tiramisù? 6. Sono Marta 7. Chi aspettate? 8. Torna stasera alle 8:30

8. PRESENTE INDICATIVO: VERBI IRREGOLARI

Es. 1
1. andiamo 2. vengono 3. so 4. vieni 5. sanno 6. saliamo 7. vado 8. date 9. salgo 10. facciamo 11. vogliono 12. uscite 13. dà 14. bevi 15. danno 16. dice

Es. 2
1. esco 2. salgono 3. vanno 4. faccio 5. ho 6. è 7. danno 8. vogliono 9. sono

Es. 3 *(risposte suggerite)*
1. Non ho fame 2. Andiamo a fare un giro in centro 3. Vieni anche tu al bar? 4. Piacere, come va? 5. No, sta male 6. Grazie. Vuoi la ricetta? 7. Vuoi un dessert? 8. Bevi un whisky?

Es. 4
1. devono, vogliono 2. deve 3. posso/possiamo 4. possiamo 5. vuoi/vuole/volete/vogliono 6. possono 7. devono 8. posso, puoi
1. salgo/saliamo 2. esco/usciamo 3. vado/andiamo 4. viene, andiamo 5. vieni, sali
1. fai, rimango/fate, rimaniamo 2. stiamo 3. fate 4. rimane 5. stai/sta/state
1. date 2. danno 3. sa 4. dice 5. dicono 6. sai/sa

9. PRESENTE INDICATIVO: I VERBI MODALI PER ESPRIMERE L'OBBLIGO/ IL PERMESSO

Es. 1
1. devo, deve/dobbiamo, dovete 2. possiamo 3. dobbiamo 4. posso 5. posso, devi 6. posso 7. potete 8. possiamo, dovete

Es. 2 *(risposte suggerite)*
1. Non potete parcheggiare qui 2. Dobbiamo fare una telefonata interurbana 3. Devono pagare entro il 15 giugno 4. Non possono portare il cane in albergo 5. Non dovete dimenticare di timbrare il biglietto 6. Dovete aspettare un momento 7. Possono pagare a rate 8. Devono lasciare le borse al guardaroba

Es. 3 *(risposte suggerite)*
1. ...potete rimanere a vedere un film 2. ...puoi uscire 3. ...devi andare sempre dritto 4. ...dovete studiare 5. ...devo fare una telefonata urgente 6. ...dobbiamo andare al supermercato 7. ...può pagare con la carta di credito 8. ...dobbiamo lavorare molto

Es. 4 *(risposte suggerite)*
1. I condomini possono ritirare la posta fino alle 12:30 2. I genitori devono sorvegliare i bambini 3. I condomini non possono lasciare la macchina nelle aree comuni 4. La gente non deve fare molto rumore dopo le 22:00

10. PRESENTE INDICATIVO: I VERBI MODALI PER INVITARE E RIFIUTARE

Es. 1
1. vuoi 2. posso 3. devo 4. possiamo 5. devo 6. vogliamo

Es. 2
1 c 2 d 3 f 4 e 5 b 6 a

Es. 3 *(risposte suggerite)*
1. Non possiamo, dobbiamo partire 2. Non posso, devo aspettare un'amica 3. Non posso, devo studiare 4. Purtroppo devo andare fuori città 5. Purtroppo dobbiamo portare già Luisa e Marco 6. Non possiamo, dobbiamo ripartire subito 7. Purtroppo devo andare a un altro appuntamento

Es. 4 *(risposte suggerite)*
1. Volete uscire domani sera? - Grazie, ma dobbiamo andare a cena con tutta la famiglia 2. Vuoi venire con me al cinema? - Non posso, mi dispiace, devo tornare subito a casa 3. Potete rimanere a cena da noi? - Grazie, ma dobbiamo andare all'aeroporto a prendere i miei genitori 4. Puoi andare tu in posta? - Non posso, devo portare la macchina dal meccanico

11. PRESENTE INDICATIVO: *ANDARE* E *VENIRE*

Es. 1
1. vai 2. venite 3. andiamo 4. vieni 5. va 6. vengono 7. veniamo 8. vado

Es. 2
1 e 2 d 3 a 4 g 5 h 6 b 7 c 8 f

Es. 3
1. andiamo, venite, viene, andiamo, venite 2. va, viene 3. vengono, andiamo, venite 4. andate/vai, andiamo/vado, viene 5. va, viene 6. va, vengo

Es. 4
2. vieni 4. vieni 5. andiamo 6. venire 8. viene

12. IL PRESENTE INDICATIVO CON GLI AVVERBI DI FREQUENZA

Es. 1 *(risposte suggerite)*
1. Vado in palestra due volte alla settimana 2. Mangio spesso la pasta 3. Non scrivo mai una lettera 4. Faccio ogni tanto un viaggio all'estero 5. Bevo sempre il caffè 6. Parlo spesso al telefono con la mamma 7. Compro vestiti o scarpe una volta al mese 8. Faccio raramente sport 9. Esco sempre con gli amici 10. Non vado quasi mai dal dentista

Es. 2
1. 2 2. 2 3. 1 4. 2 5. 1 6. 2 7. 2 8. 1

Es. 3 *(risposte suggerite)*
1. Andate mai in piscina? 2. Qualche volta usciamo con gli amici 3. Guardate spesso la televisione? 4. Di solito, alle 7 5. Fate sempre colazione a casa? 6. Li porta sempre mia moglie 7. Andate spesso in albergo? 8. Cambiamo la macchina molto raramente

Es. 4 *(risposte suggerite)*
1. Bruno lavora spesso con l'estero 2. Bruno vede o sente sempre Giulia 3. Bruno va in palestra due volte alla settimana 4. Bruno di solito passa il week-end fuori città 5. Bruno di solito cena a casa

13. ESPRIMERE LA CAPACITÀ: *POTERE/SAPERE/RIUSCIRE (A)*

Es. 1 *(risposte suggerite)*
1. Sai qual è la strada per Pavia? 2. Sai dov'è la mia giacca blu? 3. Puoi giocare a golf domani? 4. Sapete giocare a golf? 5. Riesci a capire che cosa dice Paul? 6. Sai l'inglese? 7. Riuscite a vedere qualcosa da qui? 8. Riesci a telefonare a Cristina prima delle 7? 9. Sai cucinare? 10. Puoi cucinare stasera? 11. Sa quanto costa un chilo di pere? 12. Posso lasciare la macchina qui?

Es. 2
1. puoi, so 2. riesco a 3. può 4. riesco a 5. posso 6. riesco ad 7. sai 8. possiamo

Es. 3
1. ...non so dirglielo 2. ...non riesco a leggere il segnale 3. Sai cucinare? 5. ...non riesco a vedere così lontano 8. Ma riesci a portare...

Es. 4 *(risposte suggerite)*
1. Non posso, non so nuotare 2. Che cosa posso fare? 3. Grazie, ma non so giocare 4. Oggi purtroppo non riesco a liberarmi 5. Non riesco a farli, sono troppo difficili 6. Non lo so 7. Non so dirglielo, mi dispiace 8. Grazie, puoi portare quella borsa?

14. LE PREPOSIZIONI SEMPLICI: REGOLE GENERALI

Es. 1
1 d 2 c 3 a 4 b 5 g 6 e 7 h 8 l 9 f 10 i

Es. 2
1. di 2. in, a 3. da 4. di 5. da, a 6. fra 7. con, di 8. per, di

Es. 3
1. di 2. a 3. a 4. di 5. di 6. a 7. a 8. a 9. da 10. in 11. per 12. fra

Es. 4
1. in 2. a 3. in 4. in 5. di 6. su 7. a 8. di 9. di 10. da 11. da 12. in 13. in 14. fra

15. LE PREPOSIZIONI ARTICOLATE

Es. 1
dall', dalle, dal, dallo, dai, dalla, dagli; all', *alle*, al, *allo*, ai, alla, agli; sull', sulle, sul, sullo, sui, *sulla*, sugli; dell', delle, *del*, dello, *dei*, della, degli; nell', nelle, *nel*, nello, nei, nella, *negli*

Es. 2
1. negli 2. alla 3. dei 4. nella 5. dalla 6. dalle, alle 7. sulle 8. agli 9. dal 10. del

Es. 3
1. nell' 2. di 3. da 4. alle 5. da 6. con il 7. in 8. del 9. sul 10. al

Es. 4
1. al, dal, alle 2. nel, in, negli, delle 3. delle, nei 4. all'/nell', al 5. dall', dal 6. nelle 7. degli 8. dalle 9. nel, al, all' 10. alla

16. IN o A?

Es. 1
1. al 2. a 3. in 4. all' 5. in 6. al 7. a 8. in 9. in 10. in 11. in 12. a 13. in 14. al 15. a

Es. 2
1. a, in 2. in, in, a 3. in 4. in 5. al, in 6. a, in 7. in, in 8. in

Es. 3
1. Vieni con me a scuola? 2. Stasera andiamo a teatro..., ...devo andare al cinema con Piero 3. ...arrivate a Torino? 4. Come vai in ufficio? 5. In questa casa... 6. Sabato andiamo in montagna...

Es. 4 *(risposte suggerite)*
1. Alla Banca Popolare di Milano 2. Al mare, in Liguria 3. In aereo 4. A scuola 5. In un negozio, in centro 6. Al bar

17. DI o DA?

Es. 1
1. di, di 2. da, da 3. dall' 4. da, di 5. di, di 6. di, a

Es. 2
1. di 2. di 3. da 4. d' 5. di 6. da 7. da 8. di 9. da 10. da

Es. 3 *(risposte suggerite)*
1. Quel ragazzo è sempre pieno di entusiasmo 2. Quel libro mi sembra completamente vuoto di idee 3. Quel film è stato visto da pochi 4. Quella cornice antica è ricoperta d'oro 5. Sabato non ho fatto niente di speciale 6. È un attore conosciuto da tutti 7. Questo dolce è fatto da mia madre 8. Ho bisogno di qualcosa di rilassante 9. Vuoi qualcosa da leggere mentre aspetti? 10. La Divina Commedia è stata scritta da Dante

Es. 4
1. ...dove abbiamo provato qualcosa di particolare 2. ...di forte 3. ...una città sempre piena di turisti 4. ...vengono da tutto il mondo 5. Marie, francese di Marsiglia 6. ...sento qualcosa di speciale 7. ...un piccolo paese della Sicilia

18. *ESSERE* E *AVERE* USATI COME AUSILIARI NEI TEMPI COMPOSTI

Es. 1

transitivi	riflessivi	di movimento	di stato	di cambiamento	impersonali
4, 6, 7, 12, 15	3, 13, 17	1, 8, 10, 12, 14	2, 18	9	5, 11, 16

Es. 2
ESSERE: stare, tornare, alzarsi, succedere, divertirsi, restare, riposarsi, essere, uscire, costare, salire, partire
AVERE: mangiare, avere, comprare, leggere, scrivere, salire

Es. 3
1. sono 2. ha 3. ho, ho 4. avete/ho 5. sei 6. hai/ ha/avete 7. sono 8. sei 9. sono 10. siamo

Es. 4
1. ...sono nato a Firenze 2. ...e mi sono laureato in Lingue Orientali 3. Durante l'università sono andato... 4. ...ci siamo sposati tre anni fa 5. L'anno scorso siamo tornati... 6. Allora, Akiko è tornata... 7. ...sono rimasto qui a Firenze

Es. 5
1. è 2. hai/avete 3. sono 4. hai 5. è 6. è 7. ho 8. è 9. sono 10. ho/abbiamo

Es. 6
1. ...e il cane hanno sceso le scale 2. ...sono finiti contro la mia porta 3. Giovanni ha cominciato a piangere... 4. ...è passata un'amica di Julie 5. Sono salito e... 6. io ho passato una giornata d'inferno... 7. ...il mio lavoro non è finito

19. IL PASSATO PROSSIMO: VERBI REGOLARI

Es. 1
1. d 2. g 3. e 4. b 5. a 6. h 7. c 8. f 9. l 10. i

Es. 2

io sono	io mi sono	io ho
tornato	riposato	saputo
entrato	divertito	capito
uscito	addormentato	conosciuto

Es. 3
1. parlato, avuto 2. capito 3. partiti 4. sentito 5. cercato, trovato 6. costato, pagato 7. aspettato, arrivate

edizioni Edilingua • *Una grammatica italiana per tutti*

Es. 4 *(risposte suggerite)*
1. Dove sei andata? 2. Ti sei divertita? 3. Quando sei partita? 4. Quando sei tornata? 5. Hai pagato molto? 6. Che cosa avete mangiato? 7. Hai conosciuto qualcuno?

20. PASSATO PROSSIMO: VERBI IRREGOLARI

Es. 1
1. aprire 2. scendere 3. spegnere 4. fare 5. accendere 6. dire 7. rimanere 8. prendere 9. scrivere 10. chiudere 11. essere/stare 12. perdere 13. vedere 14. chiedere 15. avere 16. succedere

Es. 2
1. preso 2. stato 3. speso 4. chiuso 5. deciso 6. pianto 7. fatto 8. scelto 9. rotto 10. chiesto 11. messo 12. bevuto 13. venuto 14. risposto 15. vissuto 16. vinto

Es. 3
1. b 2. d 3. a 4. c 5. f 6. g 7. l 8. i 9. e 10. h

Es. 4
1. detto, letto, rimasto 2. stato 3. risposto 4. successo 5. stati/e 6. deciso, preso, chiesto, scelto 7. rotto 8. speso 9. discusso

Es. 5
1. è successo 2. ho fatto 3. ho chiuso 4. ho chiesto 5. ha risposto 6. ho spento 7. ho chiuso 8. sono rimasto 9. ho deciso 10. sono sceso 11. ho preso 12. ho visto 13. ho bevuto 14. ho acceso 15. ho chiuso 16. ha detto

Es. 6 *(risposte suggerite)*
1. *Che cosa avete fatto ieri?*, Chi ha vinto? 2. Chi l'ha dipinto? 3. Che cosa è successo? 4. Che cosa hai letto? 5. Siamo stati, Ha pagato/ha offerto

21. PASSATO PROSSIMO: VERBI MODALI

Es. 1
1. ho 2. ha 3. sono 4. ha 5. è 6. ho/abbiamo 7. hai 8. sei, ho 9. ho, ho/ha, ha 10. sono

Es. 2
1. *ho dovuto* 2. ho voluto 3. è potuto 4. siamo dovuti 5. sono potuto/a 6. ha voluto 7. avete dovuto 8. ho potuto 9. ho voluto 10. è voluto/a

Es. 3
1. siamo potuti 3. siamo potuti 4. ha voluto 5. è dovuta 6. abbiamo voluto 8. ho potuto 10. è dovuta

22. IL PASSATO PROSSIMO CON LE DETERMINAZIONI DI TEMPO

Es. 1
a. *un mese fa* b. ieri c. un anno fa d. l'anno scorso/ l'anno passato/l'altro anno e. due giorni fa/l'altro ieri f. l'estate scorsa/l'estate passata/l'altra estate g. tre giorni fa/venerdì scorso h. il mese scorso/il mese passato i. una settimana fa/lunedì scorso/l'altro lunedì l. tre anni fa

Es. 2
a. *15 anni fa* b. dieci anni fa c. cinque anni fa d. l'anno scorso/l'anno passato e. nel febbraio scorso/quattro mesi fa f. un mese fa/il mese scorso g. una settimana fa/lunedì scorso h. due giorni fa/sabato scorso i. ieri l. qualche ora fa/quattro ore fa m. un'ora fa

Es. 3 *(risposte suggerite)*
1. Due giorni fa 2. Pochi minuti fa 3. L'altro ieri 4. Venerdì scorso 5. Si. L'ho comprata la settimana scorsa 6. L'ho conosciuta due mesi fa

23. IL PASSATO PROSSIMO CON GIÀ/ANCORA/APPENA

Es. 1
1. non ... ancora 2. già 3. già 4. già 5. appena, non ... ancora

Es. 2
1. già, appena 2. non ... ancora 3. appena 4. appena 5. non ... ancora

Es. 3
1. appena (poco prima) 2. appena (poco prima) 3. non appena (subito dopo) 4. non appena (subito dopo) 5. non appena (subito dopo) 6. appena (poco prima) 7. non appena (subito dopo) 8. appena (poco prima)

Es. 4 *(risposte suggerite)*
1. Si, sono appena tornata dal supermercato 2. Ci sono già andata 3. Ha appena chiamato, dice che è stato male 4. L'ho già pagata 5. No, non ci sono ancora andato 6. No, non ho ancora preparato niente

24. IL PASSATO PROSSIMO CON LE AZIONI FINITE

Es. 1 *(risposte suggerite)*
1. *hanno costruito* 2. avete fatto, siamo andati, abbiamo fatto, siamo tornati, siamo rimasti, abbiamo visto 3. è nato 4. ho fatto 5. ho dormito, mi sono alzato/a

Es. 2 *(risposte suggerite)*
1. ha fatto 2. ha scoperto, sono arrivati, ho visto 3. ha pubblicato/ha scritto, ho...letto 4. ho preso 5. sei...stato, ci sono andato

Es. 3 *(risposte suggerite)*
Alle 9:00 è andato al bar, ha fatto colazione e ha comprato la Gazzetta. Alle 10:00 è arrivato all'Università e dalle 10:30 alle 12:30 ha seguito le lezioni. Alle 13:00 è andato a pranzo alla mensa universitaria, alle 14:00 ha schiacciato/ha fatto un sonnellino sul prato dell'Università e poi alle 15:00 è andato

a studiare in biblioteca. Alle 19:00 è arrivato in palestra, ma ha fatto solo 30 minuti di esercizi: infatti, alle 20:00 ha cenato a casa e poi alle 21:00 è andato all'appuntamento con Silvia: hanno visto un film al cinema e dopo hanno bevuto una birra al pub. Alle 24:00 Sandro è tornato a casa, ha guardato la TV per un po' e poi è andato a letto.

25. IL FUTURO SEMPLICE: VERBI REGOLARI

Es. 1
Comprerò, comprerai, comprerà, compreremo, comprerete, compreranno; Leggerò, leggerai, leggerà, leggeremo, leggerete, leggeranno; Partirò, partirai, partirà, partiremo, partirete, partiranno

Es. 2
1. chiamerò 2. leggerà 3. pagheremo 4. partirai 5. mangerò 6. lavoreremo 7. sentiranno 8. prenderà 9. sceglierete 10. cercherà 11. dormirò 12. finiranno 13. spiegherai 14. scriverà 15. capirete 16. metterò

Es. 3
1. partirà 2. partirò 3. ci sarà 4. arriverò 5. finirò, partirò 6. farai 7. guarderemo 8. ti chiamerò 9. compreranno 10. inizierà

Es. 4
1. prenderò 2. partirà 3. prenderà 4. comprerà 5. aprirò 6. leggerà 7. pagherò 8. controllerò 9. chiuderà 10. guadagnerò 11. metterai 12. dormirò 13. spiegherò 14. arriverà

26. IL FUTURO SEMPLICE: VERBI IRREGOLARI

Es. 1
Vedrò, vedrai, vedrà, vedremo, vedrete, vedranno; Verrò, verrai, verrà, verremo, verrete, verranno; Vivrò, vivrai, vivrà, vivremo, vivrete, vivranno; Farò, farai, farà, faremo, farete, faranno; Starò, starai, starà, staremo, starete, staranno; Dirò, dirai, dirà, diremo, direte, diranno

Es. 2
1. berrò 2. andremo 3. rimarrai 4. sapranno 5. avrete 6. andrò 7. avrai 8. vivranno 9. sarà 10. daremo

Es. 3
1. avrò, starò 2. verrai 3. andremo 4. ci sarà 5. berrà 6. darò 7. farà 8. sarò

Es. 4
1. vedremo 2. andranno, diranno 3. avrai 4. saprete 5. ci saranno 6. ridurrà 7. sarà, andremo 8. ci sarà

Es. 5
Dovrò, dovrai, dovrà, dovremo, dovrete, dovranno; Potrò, potrai, potrà, potremo, potrete, potranno; Vorrò, vorrai, vorrà, vorremo, vorrete, vorranno

Es. 6
1. potremo 2. dovremo 3. dovrò 4. dovrai, vorrai 5. potrò 6. vorranno 7. potrà 8. dovrà

Es. 7
1. ...dovrò fare molte cose 2. faremo un giro in città... 3. ...e quindi potremo andare al ristorante 4. Mercoledì dovrò fare... 5. ...e non potrò stare con loro 6. invece Giulia rimarrà... 7. io e Giulia andremo... 8. mangeremo... 9. ...e berremo un sacco 10. Sabato io avrò...

Es. 8
1. potremo/potrete/potranno 2. verrai, dovrai/verrete, dovrete 3. dovrò 4. daremo 5. andrò/andremo 6. avrò/avremo 7. dirà 8. avremo 9. rimarrai/ rimarremo/rimarrete 10. faremo

27. IL FUTURO ANTERIORE CON LE DETERMINAZIONI DI TEMPO

Es. 1
1. sarò andato/a 2. avrà scritto 3. sarai partito/a 4. avrete pagato 5. saremo arrivati/e 6. avrò finito 7. avranno trovato 8. avrò saputo 9. avremo fatto 10. avrai conosciuto 11. saranno rimasti/e 12. avrà offerto

Es. 2
1. sarò arrivato 2. avrò visto 3. avrà saputo 4. avrò messo da parte 5. avrò spiegato 6. sarà finita 7. avrò analizzato 8. sarà finita

Es. 3
1. avrò ricevuto 2. sarà arrivato 3. sarò dimagrita 4. saranno entrati 5. l'avrò assaggiata 6. avrò finito 7. avrò passato 8. avrò parlato

Es. 4 *(risposte suggerite)*
1. *Quando avremo guardato...entreremo* 2. Non appena avrò preso...comprerò... 3. Dopo che avrò parlato...ti telefonerò 4. Quando avrai finito...potrai venire con noi 5. Non appena avrò parlato...ti chiamerò 6. Appena avrete finito...potrete andare... 7. Quando avrò fatto...andrò... 8. Quando avranno lasciato...potranno firmare ...

28. IL FUTURO PER LE PREVISIONI

Es. 1
1. sarà 2. dimagrirà 3. cambierò, incontrerò, sarò 4. diventerai 5. pioverà, ci sarà 6. saranno, si scioglieranno

Es. 2
1. vincerà 2. farà 3. diventerà 4. starai 5. vivrà, spenderete 6. ci saranno

Es. 3 *(risposte suggerite)*
1. ...ingrasserai 2. ...ci sarà la recessione 3. ...arriverò in ritardo al lavoro 4. ...troveremo un sacco di traffico 5. ...ci saranno le strade bloccate 6. ...non avremo abbastanza antipasti

Es. 4 *(risposte suggerite)*
1. Ci sarà più inquinamento 2. Ci saranno più disoccupati 3. Useremo le barche invece delle auto 4. Useremo altre fonti di energia

29. IL FUTURO DOPO UN VERBO DI OPINIONE

Es. 1 *(risposte suggerite)*
1. *andrò* 2. parteciperà 3 potrà 4. sarà 5. sarà 6. ci sarà 7. comprerà 8. potrò

Es. 2 *(risposte suggerite)*
1. Non penso che partirà 2. Penso che non sarà qui prima di sabato prossimo 3. Penso che ti riconoscerà immediatamente 4. Penso che sarà difficile 5. Penso che sarà alla fine del mese 6. Non penso che sarà così

Es. 3 *(risposte suggerite)*
1. ...*sarà un successo* 2. ...si sposerà con lei 3. ...non potranno comprare la casa 4. ...si rivelerà un affare 5. ...potranno andare d'accordo 6. ...troverà prima o poi la donna giusta 7. ...sbaglieranno strada 8. ...riuscirete ad arrivare in tempo

30. GLI AGGETTIVI: LA CONCORDANZA CON IL NOME

Es. 1
1. veloci 2. piccola, luminosa 3. intelligenti 4. simpatici, rumorosi 5. difficile, interessante 6. alte 7. pronti 8. inglesi

Es. 2
1. le giacche rosse 2. un ragazzo spagnolo 3. gli alberghi centrali 4. le situazioni particolari 5. le idee geniali 6. la serata estiva 7. gli autunni caldi 8. il gatto bianco

Es. 3
1. bel 2. bella 3. buoni 4. buon 5. begli 6. bei, belle 7. buona 8. bel

Es. 4
1. grande albergo 2. gran signora 3. grande autore 4. coltello grande 5. casa grande 6. gran cosa 7. grandi campioni 8. tavolo grande

31. QUESTO/QUELLO

Es. 1
1. quest', quell' 2. questa, quella 3. questi, quei 4. queste, quelle 5. queste, quelle 6. quest', quell' 7. quest', quell' 8. questo, quel 9. questi, quegli 10. quest', quell'

Es. 2
1. quella 2. quelle 3. questa, questo 4. quell' 5. questo 6. quest' 7. questo 8. questa, quel

Es. 3
1. vedi quel ragazzo... 3. ...questo pollo arrosto... 5. ...questo bel bambino? 6. ...quel lavoro che...

Es. 4
1. quest' 2. quell' 3. quest' 4. quel 5. quella 6. questo

32. I POSSESSIVI

Es. 1
1. sua 2. le nostre 3. le loro 4. la vostra, mia 5. i tuoi 6. la loro 7. delle sue

Es. 2
1. la tua impressione 2. i miei appartamenti 3. la vostra prenotazione 4. i nostri appuntamenti 5. le loro amiche 6. i tuoi posti 7. la sua idea 8. il loro biglietto

Es. 3
1. i miei 2. il Suo 3. il tuo 4. i miei/i vostri/i suoi 5. mia/nostra 6. il Suo 7. la sua 8. la loro

Es. 4
1. il Suo 2. la mia 3. di vostro/di Suo 4. la mia 5. dei miei 6. alla sua 7. del mio 8. i miei 9. alle loro

33. I POSSESSIVI CON LA FAMIGLIA

Es. 1 *(risposte suggerite)*
1. sua 2. tua 3. le mie 4. i suoi 5. vostro 6. sua 7. i nostri 8. i miei 9. il mio 10. sua

Es. 2
1. è suo zio 2. sono i loro cugini 3. sono sua moglie e la sua sorellina 4. è la sua cuginetta 5. sono suo fratello e suo nonno 6. è la sua nipotina 7. è la loro madre 8. è sua cognata 9. è suo nipote 10. sono le sue zie

Es. 3
1. Sua 2. i nostri 3. mia 4. tua 5. i vostri 6. le sue 7. i miei zii 8. dai miei

Es. 4
1. mia 2. mia 3. mio 4. il mio 5. mia 6. suo 7. i loro 8. suo 9. sua 10. i miei 11. mia 12. i miei 13. la loro 14. la loro

34. LE ESPRESSIONI *CI VUOLE/CI METTO*

Es. 1
1. ci vuole 2. ci mettiamo 3. ci metto 4. ci mette 5. ci vuole 6. ci vogliono

Es. 2
1 e 2 f 3 d 4 a 5 b 6 c

Es. 3
1. ci vuole 2. ci mettono 3. ci vogliono 4. ci metto/ci mettiamo 5. ci mettiamo 6. ci vogliono 7. ci metti 8. ci vuole

Es. 4
1. ...ci vuole una persona... 2. Non ci mettiamo molto... 3. Sai che cosa ci vuole... 4. ...ci vuole un condizionatore 5. Quanto tempo ci mettete per la consegna 6. ...ci vuole un bel tavolo 7. Noi ci mettiamo una settimana per fare il trasloco, loro dicono che ci mettono solo due giorni 8. Non ci vuole una grande intelligenza...

35. L'IMPERFETTO: VERBI REGOLARI

Es. 1
1. vivevo 2. aspettava 3. sapevamo 4. sentivi 5. arrivava 6. conoscevate 7. trovavo 8. avevamo 9. mettevi 10. finivate 11. chiedeva 12. preferivo 13. chiamavamo 14. iniziavano 15. leggeva 16. partivo

Es. 2
1. andavamo 2. vivevi 3. volevo 4. leggeva 5. dovevano 6. sapevo 7. smetteva 8. pagavano

Es. 3
1. stava 2. andava 3. aspettavo 4. avevo 5. usciva 6. volevo 7. conoscevano 8. offriva 9. ricordavano 10. sembrava 11. pensava 12. parlava 13. cercava 14. passavano 15. diventava

Es. 4
1. *andavi*, passavamo 2. volevo 3. avevo 4. studiavo, andavo 5. stavo/mi sentivo 6. aveva 7. leggeva, fumava 8. pensavo

36. L'IMPERFETTO: VERBI IRREGOLARI

Es. 1
Ero, eri era, eravamo, eravate, erano; Facevo, facevi, faceva, facevamo, facevate, facevano; Dicevo, dicevi, diceva, dicevamo, dicevate, dicevano

Es. 2
1. dicevo 2. bevevo 3. facevi 4. dicevate 5. eravamo 6. diceva 7. bevevi 8. dicevi 9. traducevano 10. dicevano 11. dicevamo 12. facevano 13. bevevate 14. faceva 15. traducevo 16. facevo

Es. 3
1. e 2. a 3. f 4. b 5. h/i 6. c/g 7. d/l 8. g/c 9. d/l 10. i/h

Es. 4
1. *era* 2. facevo 3. eravate, eravamo/aspettavamo 4. beveva 5. erano 6. era 7. facevi, bevevo 8. c'erano 9. c'era 10. ero

37. L'IMPERFETTO: VERBI MODALI

Es. 1
1. desiderio 2. permesso 3. necessità 4. obbligo 5. possibilità 6. volontà

Es. 2
1. dovevo 2. volevi 3. volevate 4. dovevano 5. dovevi 6. potevamo 7. volevano 8. poteva 9. voleva 10. potevate

Es. 3
1. voleva 2. potevo 3. volevi, volevo/volevate, volevamo 4. dovevi/dovevate 5. poteva 6. dovevo/dovevamo

Es. 4
1. *Non si poteva entrare in pantaloni corti* 2. Volevo smettere di fumare 3. Dovevo passare da Carla 4. Non si poteva parcheggiare 5. Lui voleva parlare con te 6. Si poteva cambiare la valuta in banca 7. Dovevamo pagare le tasse 8. Non potevo arrivare prima

38. L'IMPERFETTO CON *MENTRE*

Es. 1
1. c *2. a* 3. g 4. b 5. d 6. h 7. e 8. f

Es. 2
1. tu giocavi a calcio 2. dormivamo 3. pulivo 4. è arrivato 5. guidavamo 6. eravate

Es. 3 *(risposte suggerite)*
1. *Mentre aspettavo l'autobus, ho visto Marco* 2. Mentre mangiavamo, è entrato un gatto 3. Mentre studiavo, lavoravo/ho anche lavorato in un bar 4. Mentre cucinavo, mi sono tagliato un dito 5. Mentre leggevo il giornale, ho sentito un rumore strano 6. Mentre guardavo il film, piangevo

Es. 4
1. ... mentre la Juventus giocava ... 2. I giocatori erano visibilmente preoccupati ... 3. Mentre i giocatori uscivano ... 4. ... mentre guardavo la polizia ... 5. Mentre uscivo dallo stadio ...

39. L'IMPERFETTO PER LE ABITUDINI NEL PASSATO

Es. 1
1. da bambino 2. non studiavo mai 3. uscivo spesso 4. sempre 5. ogni giorno 6. generalmente

Es. 2
1. giocava 2. giocavano 3. correvano 4. costruivano 5. mangiava 6. finiva 7. facevano 8. andavano 9. andava 10. comprava 11. passava 12. aveva

Es. 3 *(risposte suggerite)*
Giulia, quando stava a Bruxelles lavorava dal lunedì al venerdì. Pranzava molto spesso con un ragazzo, Jacques. Andava sempre in palestra. Ogni lunedì andava a Roma in aereo per partecipare a una riunione. Il sabato mattina frequentava un corso di tedesco e il pomeriggio di solito faceva shopping. Non andava mai a teatro, ma andava al cinema il sabato. La domenica mattina dormiva sempre e il pomeriggio studiava tedesco. Generalmente la domenica sera lavorava a casa, rivedeva la relazione per il lunedì.

Es. 4 *(risposte suggerite)*
1. *Andavo sempre al mare in Sardegna* 2. Tutti i giorni andavo in spiaggia, facevo il bagno, giocavo con gli altri bambini 3. I miei amici per la pelle erano Paolo e Gabriele 4. Dormivo un'ora dopo pranzo, poi facevo i compiti con mia madre e poi andavo in giardino a giocare 5. La sera guardavo la TV fino alle nove e poi andavo a dormire 6. Non mi piaceva mangiare le verdure e non mi piaceva dormire il pomeriggio

40. L'IMPERFETTO: ALTRI USI

Es. 1
1. azione in svolgimento 2. descrizione 3. richiesta 4. descrizione 5. azione in svolgimento 6. descrizione

Es. 2
1. *era*, aveva 2. leggevo 3. dormivo/stavo facendo niente 4. stavo/mi sentivo 5. volevo 6. era

Es. 3 *(risposte suggerite)*
1. Cosa facevi/stavi facendo? 2. Com'era Giulia? 3. Come stava Carlo? 4. Cosa facevi/stavi facendo ieri alle 10? 5. Com'era il film? 6. Marcella, cosa volevi?

41. IL CONTRASTO FRA IMPERFETTO E PASSATO PROSSIMO

Es. 1
1. completa 2. non completa 3. completa 4. completa 5. non completa 6. completa 7. non completa 8. non completa 9. completa 10. non completa 11. completa 12. completa

Es. 2
1. sono arrivato 2. parlavo 3. parlavo 4. ho cercato 5. ho iniziato 6. ho trovato 7. andavo 8. facevo 9. lavoravo 10. ho conosciuto 11. lavorava 12. ha chiesto 13. interessava 14. cercavano 15. ho detto 16. avevo 17. era 18. c'erano 19. ho deciso 20. sono andato

Es. 3
1. ho comprato 2. vivevi, facevi/vivevate, facevate 3. c'era 4. ho saputo, ha vinto, sapevo, ho saputo 5. ho lavorato, sono andato/abbiamo lavorato, siamo andati 6. stavo/stavamo 7. ho fatto/abbiamo fatto 8. studiavo 9. parlava 10. ho navigato/abbiamo navigato 11. studiavo, ho dovuto smettere 12. hai visto

Es. 4 *(risposta suggerita)*
L'anno scorso Paul e Jane sono arrivati a Roma e hanno subito cercato un lavoro e una casa. Hanno trovato una casa bellissima in centro. Jane ha trovato un lavoro ma Paul no e così stava sempre a casa. Jane guadagnava un sacco di soldi e Paul era depresso. Un giorno loro hanno conosciuto Antonio, il vicino di casa. Jane e Antonio andavano molto d'accordo e spesso si incontravano nel parco. Un giorno Paul li ha visti mentre erano nel parco ed è diventato molto geloso. Paul è tornato a Londra. All'inizio Jane era contenta e lei e Antonio uscivano spesso insieme. Dopo qualche settimana però Jane si è accorta che Antonio era veramente noioso. Jane è diventata molto triste e ha telefonato a Paul che è subito tornato a Roma. Dopo qualche mese Paul e Jane si sono sposati. Il mese scorso è nata Clarissa la loro bambina.

42. IL TRAPASSATO PROSSIMO

Es. 1
1. *d* 2. a 3. b 4. e 5. c 6. h 7. f 8. g

Es. 2
1. avevo promesso 2. eri arrivato/a 3. avevamo detto 4. era rimasto 5. avevate fatto 6. avevi chiesto 7. aveva pagato 8. avevo studiato 9. erano tornati/e 10. eravamo stati/e 11. avevate visto 12. mi ero vestito/a

Es. 3
1. avevo conosciuto 2. aveva fatto 3. aveva pensato 4. avevo offerto 5. aveva cancellato 6. aveva accettato 7. avevo deciso 8. era andato 9. era stato 10. c'era stato 11. aveva chiesto 12. avevo fatto

Es. 4
1. era *già* iniziato 2. avevo conosciuto 3. era andata via 4. avevo visto 5. era *già* partito 6. avevo letto 7. avevamo *già* visto 8. avevo perso

43. DIFFERENZA TEMPORALE FRA L'IMPERFETTO E IL TRAPASSATO PROSSIMO

Es. 1
1. stavo 2. avevo dimenticato 3. aveva saputo 4. ascoltavi 5. aveva regalato 6. aspettava

Es. 2
1. *Anna non ha potuto comprare la borsa perché aveva speso tutti i soldi* 2. Quando sono arrivato, avevano mangiato tutta la pizza 3. Ieri stavo male perché avevo camminato troppo 4. Non sono venuto al cinema con voi perché avevo già visto il film 5. Volevo telefonarti ma avevo perso il tuo numero 6. Quando sono arrivato, loro erano già andati via

Es. 3
1. Non ci avevo pensato! 2. Non l'avevo visto! 3. Io te l'avevo detto! 4. Te l'avevo promesso!

44. PRONOMI DIRETTI

Es. 1
3. ringraziare 6. sentire 7. lasciare 8. vedere 11. conoscere 12. chiamare/richiamare

Es. 2 *(risposte suggerite)*
1. Paola, ti ringrazio per la tua disponibilità 2. Mario e Sandro non li sento da mesi 3. Il cappotto puoi lasciarlo qui 4. Dove sono i bambini? Non li vedo 5. Praga non la conosco, ma so

che è molto bella 6. Ha telefonato Paolo e dice se lo richiami (chiami) stasera

Es. 3
1. lo prendo 2. li teniamo 3. lo trovi 4. le sento 5. mi chiami, ti chiamo/ci chiamate, vi chiamiamo 6. la conosco 7. ti sento 8. vi accompagniamo

Es. 4
1. ... puoi prenderla tu/la puoi prendere tu 2. ... le vediamo ogni fine settimana 3. ... la porto io 4. ... non lo deve bere/non deve berlo perché ha la pressione alta 5. ... li accompagni tu? 6. ... però lo capiscono un po' 7. ... tu la fai la mattina 8. ... Allora le mangio io

45. I PRONOMI DIRETTI CON I TEMPI COMPOSTI

Es. 1
1. l'hai detto 2. le ho prese 3. ci ha salutato 4. li ho messi 5. li hai già lavati 6. l'ho parcheggiata 7. ti ho mai visto 8. l'ho già preso

Es. 2 *(risposte suggerite)*
1. No, non l'ho ancora fatta 2. No, grazie, l'abbiamo già preso 3. L'ho messa in garage 4. Le hai lasciate sul tavolo dell'ingresso 5. Li ho comprati al mercato 6. Sì, li ho sentiti proprio ieri

Es. 3
1. L'ho visto al ristorante, ma non mi ha salutato 2. Hai saputo che l'hanno licenziata 3. L'hai chiamato? No, non l'ho ancora fatto 4. Le ho dimenticate 5. Quando siamo andati a Verona, i nostri amici ci hanno portato all'Arena 6. Perché non le avete invitate? 7. Quando vi ho visto, non l'avevo ancora saputo 8. Non ti ha mai potuto dimenticare, anche se l'hai lasciato tanto tempo fa

Es. 4 *(risposte suggerite)*
1. *Come l'hai fatta? (la frittata)* 2. Dove l'hai incontrato? (mio fratello) 3. L'hai trovata ? (la ricevuta) 4. Chi l'ha fatto? (il quadro) 5. Perché non l'hai visto? (lo spettacolo) 6. Quando li hai conosciuti? (gli amici) 7. Dove le hai viste? (le scarpe) 8. Perché non le hai invitate? (le cugine) 9. Dove l'hai comprata? (la borsa) 10. L'hai fatto? (il lavoro)

46. CI e NE

Es. 1
1. ...ne porterò un po' 2. Non so perché ci vado... 3. Ne ho comprate quattro 4. Ne vorrei solo... 5. Non ci sono mai andato 6. ...ci ho fatto il ricevimento di matrimonio 7. ... viverci insieme 8. ... non ne ha più di quaranta

Es. 2
1. ci 2. ne 3. ci 4. ci, ci 5. ne 6. ci 7. ne 8. ne

Es. 3
1. Quell'uva era proprio buona, ne ho presa ancora 2. Ho cercato un parcheggio per un'ora, ma non ne ho visto nessuno 3. C'era il caffè anche per Gianni, ma non ne ha voluto 4. Non avevamo abbastanza vino per la cena, ne ho comprata un'altra bottiglia 5. Mi serviva una borsa nera, ne ho presa una di mia sorella 6. Di dolci, per due settimane non ne ho mangiati: ero a dieta 7. Di bugie, per la prima volta non ne ha dette 8. Che begli appartamenti! Ne ha comprato uno anche mia suocera

Es. 4 *(risposte suggerite)*
1. No, non ci vado 2. Ne ho più di trenta 3. Sì, ci vengo spesso 4. Ne abbiamo invitate quindici 5. Veramente non ci vado mai 6. No, ne abbiamo solo due 7. No, grazie, ne ho già bevuto troppo 8. Ci siamo stati a Capodanno

47. VERBI RIFLESSIVI AL PRESENTE INDICATIVO

Es. 1
1. ti alzi 2. vi svegliate 3. si veste 4. ti fai 5. mi pettino 6. mi metto

Es. 2 *(risposte suggerite)*
4, 1, 5, 2, 3, 7, 8, 6
Mi sveglio sempre alle 7.30, mi alzo dopo qualche minuto e poi vado in bagno. Mi faccio la doccia e mi lavo i denti. Poi mi faccio la barba (o mi trucco) e mi pettino. Esco dal bagno e vado in camera a vestirmi e mettermi le scarpe. Esco e vado a fare colazione al bar.

Es. 3
1. mi siedo 2. si sente 3. mi sbaglio 4. ti trasferisci/vi trasferite 5. ti metti 6. vi fermate

Es. 4 *(risposte suggerite)*
1. A che ora ti svegli la mattina? 2. Come si chiamano i tuoi figli? 3. Dove mi siedo? 4. Come ti senti? 5. Che cosa ti metti per la festa? 6. Come vi trovate a Firenze?

48. VERBI RIFLESSIVI AL PRESENTE INDICATIVO: ESPRIMERE LE EMOZIONI

Es. 1
1. mi sento 2. si preoccupa 3. vi divertite, ci rilassiamo 4. ti spaventi 5. mi arrabbio 6. si deprime 7. si annoiano 8. ti innervosisci

Es. 2
1. mi lamento 2. si arrabbiano 3. si preoccupano 4. si innervosiscono 5. mi annoio 6. mi sento

Es. 3
1. mi diverto 2. è arrabbiato 3. è depressa 4. ci annoiamo 5. sono preoccupato 6. si spaventa 7. sei nervosa

edizioni Edilingua • *Una grammatica italiana per tutti*

Es. 4 *(risposte suggerite)*
1. Mi arrabbio se rimango chiuso/a fuori 2. Mi preoccupo se mi rubano il portafoglio 3. Mi innervosisco quando perdo il treno 4. Mi spavento se mi regalano un dobermann 5. Mi preoccupo se devo andare dal dentista 6. Mi spavento se ricevo telefonate misteriose 7. Mi arrabbio se mi consegnano un pacco sbagliato 8. Mi innervosisco se non trovo le chiavi

49. VERBI RIFLESSIVI AL PASSATO PROSSIMO

Es. 1
1. ci siamo mossi/e 2. ti sei sbagliato/a 3. si è vestito 4. si sono messi/e 5. mi sono ricordato/a 6. si è sistemata 7. vi siete fermati/e 8. si sono addormentati/e 9. si è fatto 10. ti sei rotto/a

Es. 2
1. mi sono vestito/a 2. vi siete alzati/e 3. ci siamo messi 4. vi siete sposati 5. si è fatto 6. ci siamo perse 7. si è spaventata 8. vi siete divertiti 9. si sono trovati 10. si sono fermati/e, ti sei fermato/a, si è fermato/a, vi siete fermati/e

Es. 3 *(risposte suggerite)*
1. mi sono svegliata 2. vi siete divertite, ci siamo annoiate 3. mi sono rilassato/a, ci siamo rilassati/e 4. mi sono rotto/a 5. ti sei lavato 6. mi sono sbagliato/a 7. mi sono addormentato/a 8. vi siete sistemati 9. si è fatto

Es. 4
1. *Ho dovuto svegliarmi - Mi sono dovuto/a svegliare presto ieri* 2. Ha potuto fermarsi - Si è potuto/a fermare fino a giovedì 3. Avete voluto riposarvi - Vi siete voluti/e riposare sabato e domenica 4. Hanno dovuto sbrigarsi - Si sono dovuti/e sbrigare 5. Hai dovuto farti - Ti sei dovuto/a fare la doccia prima di andare a dormire 6. Hanno voluto fidanzarsi - Si sono voluti fidanzare ufficialmente in giugno 7. Ieri abbiamo potuto riposarci - ci siamo potuti/e riposare tutto il giorno 8. Ha dovuto sedersi - Si è dovuto/a sedere lì vicino alla zia

50. VERBI RIFLESSIVI ALL'IMPERFETTO

Es. 1
1. ci preoccupavamo 2. si chiamava 3. si riposavano 4. vi facevate 5. ti annoiavi 6. si sentiva 7. mi allontanavo 8. ci lamentavamo 9. vi occupavate 10. ti sbagliavi

Es. 2 *(risposte suggerite)*
1. ci occupavamo 2. mi divertivo 3. si lamentava 4. si annoiava 5. si vestivano, si divertivano 6. si ricordava 7. si occupava 8. si preoccupava, ci allontanavamo

Es. 3
1. si chiamava 2. si pettinava 3. ci divertivamo 4. si sentiva 5. mi dovevo annoiare 6. si sbagliavano 7. dovevano trasferirsi/doveva trasferirsi 8. ci sentivamo 9. si ricordava

Es. 4
1. *Potevo occuparmi - Mi potevo occupare di tutto io* 2. Non doveva preoccuparsi - Non si doveva preoccupare di quello che facevo 3. Non dovevate disturbarvi - Non vi dovevate disturbare per noi 4. Voleva fermarsi - Si voleva fermare qualche giorno 5. Volevamo trasferirci - Ci volevamo trasferire a Roma entro l'anno 6. Se volevate arrivare in tempo, dovevate muovervi - vi dovevate muovere 7. Non poteva lamentarsi - Non si poteva lamentare di tutto 8. Dovevi rivolgerti - Ti dovevi rivolgere al capostazione

51. IL *SI* IMPERSONALE

Es. 1
1. ci si alza 2. si spende 3. si consiglia 4. si fa 5. si beve, si può 6. si studia, ci si concentra

Es. 2
1. non si mangia, si paga 2. si viaggia, si è contenti 3. si esagera, ci si sente 4. ci si sente stanchi, ci si deve riposare 5. si sbaglia, ci si deve scusare 6. si ha fretta, si corre

Es. 3 *(risposte suggerite)*
1. *si sta insieme con la famiglia* 2. ci si diverte 3. ci si riposa 4. qualche volta si litiga 5. si va in discoteca 6. si deve andare piano 7. si mangia male 8. si sta in casa

Es. 4
... si va di fretta! ... si corre al lavoro ... Non si mangia più ... non si va al ristorante, ma si prende ... si salta addirittura ... Si lavora fino ... si ha pochissimo ... Si legge poco ... si guarda soprattutto ... Non ci si ferma a pensare ...

52. PRONOMI INDIRETTI

Es. 1
1. piacere 2. sembrare 4. parlare 5. telefonare 7. lasciare 9. mancare 10. assomigliare

Es. 2 *(risposte suggerite)*
1. Gli piace molto la musica 2. Come vi sembra questo film? 3. Le parlo dopo la lezione 4. Quando le telefoni? 5. Gli lascio una fetta di torta 6. Dice che gli manca un'ora per finire 7. Signora, come Le assomiglia suo figlio!

Es. 3
1. ..., le telefono perché le voglio parlare/voglio parlarle di te 2. ..., gli può scrivere/può scrivergli se ha un reclamo da fare 3. ..., non gli piace assolutamente 4. ..., gli potete lasciare/potete lasciargli un messaggio 5. ..., gli spiego tutto 6. ..., ma non gli diamo la pasta 7. ... perché le manca 8. ..., però le pare anche troppo cara

Es. 4
1. gli ho scritto 2. la metto 3. le 4. le, le 5. li conosco 6. gli telefono 7. li trovo 8. gli

53. USO DEI PRONOMI DIRETTI E INDIRETTI AL TELEFONO

Es. 1
1. gli 2. La 3. mi 4. lo 5. mi, ti 6. Le

Es. 2
1. gli 2. Le 3. li/La 4. le, La 5. Le 6. gli, lo

Es. 3
1. lo 2. le 3. li 4. la 5. gli

Es. 4 *(risposte suggerite)*
1. A: *Pronto, sono Paolo, c'è Monica?*
   B: *No, è uscita.*
   A: *Puoi dirle di richiamarmi quando torna?*

2. A: Sono la Signora Rossi, vorrei parlare con la Signora Bianchi, per favore.
   B: Non c'è. Vuole lasciare un messaggio?
   A: Sì. Può dirle di portarmi le chiavi della cantina?

3. A: Sono la mamma di Paolo, è in casa?
   B: Mi dispiace, signora, non c'è.
   A: Io e mio marito arriviamo domani alla Malpensa alle 19. Puoi dirgli di venire a prenderci?

4. A: Sono Anna, c'è Maria?
   B: No, è andata dal dentista.
   A: Puoi dirle di richiamarmi appena possibile?

5. A: Pronto, parlo con il Signor Macchi?
   B: No, in questo momento non c'è.
   A: Qui è la Banca Popolare. Può dirgli per favore di contattarci al più presto perché ci manca una firma su un documento?

54. I PRONOMI NELLA FORMA DI CORTESIA

Es. 1
1. La, La 2. Le 3. Le, La 4. Le 5. La, La 6. Le, La

Es. 2
1. Le dirò 2. La trovo, Le lascio 3. Le mando 4. di risentirLa, Le mando 5. Se aspetta, Le do 6. posso offrirLe 7. La prego 8. Le chiedo

Es. 3
1. Le 2. Le 3. La 4. Le 5. Le

Es. 4 *(risposta suggerita)*
Gentile Dott.ssa Rossi,
abbiamo il piacere di invitarLa al congresso "Economia e Strategie: riflessioni sul ruolo del Manager moderno" in collaborazione con l'Istituto di Economia Aziendale dell'Università Cattolica del Sacro Cuore di Milano.
Le comunichiamo che il termine utile per l'iscrizione è il 26/05 e La informiamo che potrà trovare ulteriori informazioni sul nostro sito: www.congressi.it
Le ricordiamo che potrà confermare la sua partecipazione utilizzando il modulo allegato, che dovrà inviarci compilato in ogni sua parte e firmato al numero di fax: xxxxxxxxxx
Rimanendo a Sua disposizione per ulteriori chiarimenti e informazioni, La salutiamo cordialmente.

55. L'IMPERATIVO PER *TU* E *VOI*

Es. 1
1. Stai 2. Andate 3. Vieni 4. Finisci 5. Ricordate 6. Abbi 7. Non dire

Es. 2
1. smetti, fai 2. fate 3. non perdere, finisci 4. chiudete 5. non dimenticate 6. scusate 7. entra, metti 8. non parlare

Es. 3 *(risposte suggerite)*
1. aspetta 2. scusa 3. scusa, guarda 4. vieni 5. non entrate 6. impegnatevi 7. dimmi 8. andate

Es. 4
1. Non uscite 2. Fai silenzio 3. Parla 4. Fate 5. Chiudi 6. Porta 7. Non disturbare 8. Venite

56. L'IMPERATIVO NELLA PUBBLICITÀ/AVVISI PUBBLICI

Es. 1
1. comprate 2. risparmiate 3. scegliete 4. confrontate 5. chiedete 6. acquistate 7. iniziate 8. telefonate 9. non perdete

Es. 2
1. compra 2. risparmia 3. scegli 4. confronta 5. chiedi 6. acquista 7. inizia 8. telefona 9. non perdere

Es. 3
1. ..., usate il nostro shampoo alle erbe 2. ..., fate la spesa tutti i giorni nel nostro supermercato 3. ..., telefona al Telefono d'Oro 4. ..., scrivete alla nostra casella di posta elettronica 5. ..., non dimenticate di obliterare il biglietto 6. Prova il nostro sistema ...

Es. 4 *(risposte suggerite)*
1. L'estate si avvicina: vuoi perdere chili facilmente? Prova la nostra dieta *sprint* 2. Dopo il diploma, quali studi universitari? Scegli il nostro programma *Ateneo* 3. Non volete fare le solite vacanze? Provate i nostri viaggi avventura 4. Volete investire e non sapete come? Affidatevi ai nostri consulenti specializzati 5. Divertitevi in un locale nuovo: venite tutti al *Millennium* 6. Se amate la cucina genuina e tradizionale, venite alla *Locanda Antica*

edizioni Edilingua • *Una grammatica italiana per tutti*

57. L'IMPERATIVO PER ESORTAZIONI/CONSIGLI

Es. 1 *(risposte suggerite)*
1. vai 2. finite 3. prendi 4. uscite 5. studia 6. pensa 7. restate 8. prendete

Es. 2 *(risposte suggerite)*
1. Compra una stufa elettrica 2. Vai a parlare con loro 3. Andate a fare una gita 4. Fai subito la denuncia ai carabinieri 5. Consulta uno specialista 6. Chiedete informazioni alla vostra banca

Es. 3 *(risposte suggerite)*
1. *Fai una dieta* 2. Non restate in casa, uscite con gli amici 3. Vieni a cena a casa mia 4. Prendi una camomilla prima di andare a letto 5. Non restate in ufficio dopo le 19 6. Scrivi bene il tuo curriculum e leggi tutti gli annunci sul giornale 7. Non mentire ai tuoi amici 8. Trovate un lavoretto per guadagnare un po' di soldi

Es. 4 *(risposte suggerite)*
Cara amica,
non preoccuparti troppo! Se decidi di non andare al matrimonio, manda un regalo con un bel biglietto di auguri; se decidi di partecipare, riduci le spese: vai da sola in rappresentanza della tua famiglia!

58. L'IMPERATIVO PER DARE ISTRUZIONI

Es. 1
1. togliete 2. premete 3. lasciate 4. prendete 5. fate 6. non lasciate

Es. 2
1. prendete 2. andate 3. girate 4. proseguite 5. prendete 6. andate avanti 7. parcheggiate

Es. 3
1. ..., usa il brodo caldo 2. ... premi il bottone in basso 3. ..., lascia un messaggio in segreteria 4. ... fate la richiesta alla vostra banca 5. ..., usate l'auricolare 6. ..., prendi nota del nome

Es. 4 *(risposte suggerite)*
1. Vai avanti dritto per 200 metri e, al semaforo, gira a sinistra 2. Fai bollire l'acqua e poi lascia in infusione la bustina di tè per 3 minuti 3. Telefonate sul cellulare 4. Prendi un'aspirina 5. Vai fino in fondo al corridoio e poi a sinistra 6. Andate subito a fare il check-in

59. I PRONOMI CON L'IMPERATIVO *TU* E *VOI*

Es. 1
1. compratelo 2. restituiscile 3. assaggiatela 4. portateli 5. invitali 6. telefonagli

Es. 2
1. non darle 2. portami 3. non fidarti 4. seguitelo 5. cambiatela 6. portatelo 7. divertiti 8. siediti

Es. 3 *(risposte suggerite)*
1. dammi 2. non disturbatemi 3. maneggiatateli 4. lasciala 5. chiudetela 6. prenotalo 7. non preoccupatevi 8. chiamami

Es. 4 *(risposte suggerite)*
1. Mettiti un abito nero 2. Andatevene a casa 3. Portala in piscina 4. Portalo dal veterinario 5. Portatelo in una pensione per animali 6. Compratele un condizionatore d'aria

60. IL CONDIZIONALE PRESENTE

Es. 1
1. comincerei 2. saprebbero 3. vorreste 4. sarei 5. partiremmo 6. dovrebbe 7. uscireste 8. potrebbe 9. ci alzeremmo 10. giochereste 11. verresti 12. preferiremmo 13. andrebbe 14. avrebbero 15. finiresti 16. vorrei 17. ti arrabbieresti 18. sarebbero 19. capirebbe 20. dimenticherei

Es. 2
1. saprebbe, dovrebbe 2. andresti 3. mangerei 4. daresti 5. vorrei 6. aiuteremmo 7. comprerebbero 8. prestereste, restituirebbe

Es. 3 *(risposte suggerite)*
1. verrei con voi in piscina 2. andresti in vacanza 3. uscirebbero la sera 4. ti direbbe dov'è 5. andrebbero in Cina 6. inviterebbe Chiara a cena 7. usciremmo con voi 8. verreste al cinema

Es. 4 *(risposte suggerite)*
1. Verresti in palestra? 2. Saprebbe dirmi l'ora? 3. Mi daresti un passaggio a casa? 4. Potrei parlarti? 5. Potreste farmi uno sconto? 6. Lo diresti anche a lui?

61. IL CONDIZIONALE PASSATO

Es. 1
1. saresti partito/a 2. saremmo andati/e 3. avreste avuto 4. avrebbe fatto 5. avrebbero voluto 6. avrei pensato 7. avreste finito 8. avrei saputo 9. ti saresti alzato/a 10. sarebbe scesa 11. sarebbe stato 12. avrei visto 13. avrebbe aperto 14. avrei dovuto 15. avrebbero vissuto-sarebbero vissuti/e 16. avremmo preferito 17. saremmo stati/e 18. sareste andati/e 19. si sarebbero messi/e 20. saresti riusciti/e

Es. 2
1. sarei venuto 2. sarei andato 3. sarebbe passato 4. saremmo usciti 5. avresti detto 6. avremmo fatto 7. avrei dormito 8. avrei voluto/avremmo voluto

Es. 3 *(risposte suggerite)*
1. ti avrei parlato di quella cosa 2. avrebbero chiamato 3. ti avrebbe invitato fuori 4. sareste andati all'ospedale 5.

sarebbe andata 6. avrebbe spiegato tutto 7. saremmo partiti anche noi 8. mi sarei fermata a parlare

Es. 4 *(risposte suggerite)*
1. L'avrei fatto, ma ero fuori città e non ho avuto tempo 2. Avremmo voluto, ma non ci sentivamo bene 3. L'avrebbe fatto, ma aveva promesso di non parlare 4. Sarebbero venuti, ma c'era lo sciopero dei treni 5. Avrei dovuto farlo, ma mi sono dimenticato 6. L'avrebbero comprata, ma non hanno accettato la loro offerta

62. IL CONDIZIONALE PRESENTE PER ESPRIMERE LA CORTESIA

Es. 1
1. potresti 2. potrebbe 3. avreste 4. dispiacerebbe 5. potreste 6. avresti 7. avrebbe 8. saresti

Es. 2
1. mi darebbe 2. potrebbe non fumare 3. andreste a prendere 4. avrei un impegno 5. potrebbero portare 6. chiuderesti 7. porterebbe/potrebbe portare 8. direi

Es. 3 *(risposte suggerite)*
1. ..., chiuderesti la finestra? 2. ..., potremmo fare un altro giorno? 3. ..., mi accompagneresti all'aeroporto? 4. ..., ci lasceresti soli? 5. ..., potrebbe venire subito, dottore? 6. ..., potrei cambiarla?

Es. 4 *(risposte suggerite)*
1. Potrei dare un'occhiata al suo giornale?/Le dispiacerebbe lasciarmi vedere il suo giornale? 2. Mi saprebbe dire dov'è Via Bergamo?/Saprebbe dirmi dov'è via Bergamo? 3. Vorrei pensarci su 4. Non si potrebbe fissare un appuntamento per questa settimana?/Potrebbe fissarmi un appuntamento questa settimana? 5. Le dispiacerebbe vedere se c'è un posto il giorno prima?/Potrebbe provare con un'altra compagnia?

63. IL CONDIZIONALE PRESENTE PER I DESIDERI

Es. 1 *(risposte suggerite)*
1. andrei 2. verreste 3. inviterebbe 4. lascerebbe 5. aiuteremmo 6. farebbero 7. accetterebbe 8. andrebbe

Es. 2
1. e 2. a 3. f 4. h 5. g 6. c 7. d 8. b

Es. 3 *(risposte suggerite)*
1. Andremmo in vacanza, ma non abbiamo le ferie 2. Uscirei con i miei amici, ma devo studiare 3. Prenderebbe il treno delle 17, ma deve restare in ufficio fino a tardi 4. Andremmo al concerto, ma non abbiamo i biglietti 5. Mangerei un cioccolatino, ma sono a dieta 6. Cambierebbe casa, ma è difficile trovarla 7. Vorresti un cane, ma hai un'allergia 8. Comprerei la macchina, ma non ho soldi

Es. 4 *(risposte suggerite)*
1. mangerei un pollo intero 2. dormirei fino a mezzogiorno 3. non lo vorrei più vedere 4. andrebbe subito a letto 5. la cambieremmo volentieri 6. ne vorrei uno più interessante 7. gli chiederei il numero di telefono 8. vorrei una stanza in più

64. IL CONDIZIONALE PRESENTE PER LA POSSIBILITÀ

Es. 1 *(risposte suggerite)*
1. potrebbe spedire 2. potremmo decidere 3. potresti alzarti 4. potreste provare 5. potrebbe diventare 6. potrebbe essere

Es. 2 *(risposte suggerite)*
1. Potremmo andare in Croazia 2. Potrebbero dare il lavoro a Giorgio 3. Potremmo lasciare la macchina qui 4. Potrebbero venire con noi 5. Potrebbe piovere 6. Potreste riuscire a prendere il treno

Es. 3 *(risposte suggerite)*
1. La moglie potrebbe cercarsi un lavoro 2. Tom potrebbe cambiare lavoro 3. La macchina servirebbe a fare delle gite 4. La moglie userebbe la macchina per la spesa a altre cose

Es. 4
1. potremmo 2. arriverei, tornerei 3. potremmo 4. potremmo 5. vivremmo 6. sarebbe 7. dovrei 8. sarebbe 9. dovrei 10. potrei 11. ucciderebbe

65. IL CONDIZIONALE PER I CONSIGLI

Es. 1 *(risposte suggerite)*
1. dovreste consultare 2. dovresti buttarli 3. dovresti chiedere aiuto a qualcuno 4. dovremmo sbrigarci 5. dovrebbero venderla 6. dovrebbero fare silenzio

Es. 2
1. d 2. e 3. a 4. f 5. b 6. c

Es. 3 *(risposte suggerite)*
1. Dovresti parlare con lui 2. Dovresti cambiare vestito 3. Al posto tuo andrei in vacanza 4. Al posto tuo non lo ascolterei 5. Dovreste fare un bel viaggio 6. Dovreste provarlo

Es. 4 *(risposte suggerite)*
1. Parlerei con i vicini 2. Cambierei numero di telefono 3. Le direi di parlare con il marito 4. Andrei alla polizia 5. Telefonerei a chi ha perso il portafoglio 6. Telefonerei al negozio 7. Direi che si sbaglia 8. Andrei a protestare

66. IL CONDIZIONALE PASSATO PER ESPRIMERE I RIMPIANTI

Es. 1
1. Avrei dovuto imparare 2. Avrebbe dovuto accettare 3. Avrebbe dovuto capire 4. Si sarebbe potuta impegnare di più 5. Non avrebbe dovuto fare speculazioni 6. Avrei dovuto informarmi

Es. 2 *(risposte suggerite)*
1. *Avrei dovuto stare zitta!* 2. Avrei tanto voluto averla! 3. Avrei tanto voluto vedere il concerto 4. Saremmo dovuti/e partire già ieri 5. Avremmo potuto ricordarci di fare benzina stamattina 6. Sarei voluto/a andare in ferie la prossima settimana

Es. 3
1. verremmo 2. avrebbe dovuto 3. avrebbero fatto 4. avrei fatto 5. avresti potuto 6. darei

Es. 4 *(risposte suggerite)*
1. Non avrebbe dovuto comprare quella macchina 2. Avrebbe dovuto controllarla 3. Avrebbe dovuto venderla invece di ripararla 4. Sarebbe dovuto partire con un'altra persona 5. Avrebbero dovuto fare più attenzione alle loro cose 6. Avrebbe dovuto convincere Angela a stare calma 7. Non avrebbe dovuto presentare Giampaolo a Marina

67. IL CONDIZIONALE PASSATO PER ESPRIMERE IL *FUTURO NEL PASSATO*

Es. 1
1. sarebbe venuto 2. avrebbe telefonato 3. avrebbe chiamato 4. saresti stato 5. sarebbero arrivati

Es. 2 *(risposte suggerite)*
1. sarebbe arrivato in tempo 2. si sarebbe arrabbiato così 3. ti tratteranno bene 4. non sarebbe riuscito a farlo 5. non sarà facile vincere 6. sarebbe finita male

Es. 3 *(risposte suggerite)*
1. Anna ha pensato che una società affermata le avrebbe dato più sicurezza 2. Anna ha riflettuto che una ditta giovane le avrebbe offerto più stimoli 3. Ha immaginato che avrebbe trovato colleghi più simpatici nella ditta giovane 4. Ha pensato che avrebbe avuto un orario di lavoro più fisso nella società affermata

Es. 4
Frasi che contengono un futuro nel passato: 1, 4, (escluso: avrei dovuto immaginarlo)

A presto con
Una grammatica italiana per tutti **2**

Progetto italiano 1

Corso multimediale di lingua e civiltà italiana
Livello elementare (A1 - A2)

Progetto italiano 1 è il primo livello di un moderno corso di italiano. Si rivolge a studenti adolescenti e adulti fornendo circa 90-100 ore di lezione in classe.

Perché usare *Progetto italiano 1*? Perché:

- è un manuale equilibrato tra elementi comunicativi e grammaticali, presentati in modo induttivo: né troppa grammatica né solo comunicazione;
- è un libro piacevole e divertente, con dialoghi simpatici e attività motivanti che piacciono agli studenti;
- lo studente impara fin dal primo momento a comunicare in modo efficace;
- è un corso completo, con vari materiali ben integrati insieme (che continuiamo ad arricchire) sulle 4 abilità linguistiche;
- è innovativo, ma anche molto facile da usare sia per lo studente che per l'insegnante;
- presenta l'Italia moderna, fornendo tante informazioni sulla realtà e la cultura italiana;
- è un libro accattivante, chiaro e sistematico.

Progetto italiano 1 comprende:

- **Libro dei testi**, articolato in 11 unità di lavoro e 1 introduttiva.
- **Libro degli esercizi**, con test finali, cruciverba, prove d'ascolto per ogni unità e test di ricapitolazione ogni 3 unità.
- **CD-ROM interattivo**.
- **Nuova Guida didattica**: con idee e suggerimenti per un miglior uso del libro, giochi e attività ludiche, test e altro materiale da fotocopiare. Grazie alla nuova Guida didattica Progetto italiano 1 diventa ancora più comunicativo e completo.
- **1 audiocassetta / 1 cd audio,** con i dialoghi introduttivi delle unità e i testi per la comprensione orale e la pronuncia.
- **Supplementi** in varie lingue, contenenti la traduzione di tutto il lessico e note grammaticali.

edizioni EdiLingua

Progetto italiano 1 T. Marin - S. Magnelli
Corso multimediale di lingua e civiltà italiana. Livello elementare

Progetto italiano 2 T. Marin - S. Magnelli
Corso di lingua e civiltà italiana. Livello intermedio - medio

Progetto italiano 3 T. Marin - S. Magnelli
Corso di lingua e civiltà italiana. Livello medio - avanzato

Allegro 1 L. Toffolo - N. Nuti
Corso multimediale d'italiano. Livello elementare

Allegro 2 L. Toffolo - M.G. Tommasini
Corso multimediale d'italiano. Livello preintermedio

Allegro 3 L. Toffolo - R. Merklinghaus
Corso multimediale d'italiano. Livello intermedio

La Prova orale 1 T. Marin
Manuale di conversazione. Livello elementare

La Prova orale 2 T. Marin
Manuale di conversazione. Livello medio - avanzato

Video italiano 1 A. Cepollaro
Videocorso italiano per stranieri. Livello elementare - preintermedio

Video italiano 2 A. Cepollaro
Videocorso italiano per stranieri. Livello medio

Video italiano 3 A. Cepollaro
Videocorso italiano per stranieri. Livello superiore

.it D. Forapani
Internet nella classe d'italiano - Attività per scrivere e parlare (CD-ROM)

Vocabolario Visuale T. Marin
Livello elementare - preintermedio

Vocabolario Visuale - Quaderno degli esercizi T. Marin
Attività sul lessico - Livello elementare - preintermedio

Diploma di lingua italiana A. Moni - M. A. Rapacciuolo
Preparazione alle prove d'esame

Scriviamo! A. Moni
Attività per lo sviluppo dell'abilità di scrittura. Livello elementare - intermedio

Sapore d'Italia M. Zurula
Antologia di testi. Livello medio

Primo Ascolto T. Marin
Materiale per lo sviluppo della comprensione orale. Livello elementare

Ascolto Medio T. Marin
Materiale per lo sviluppo della comprensione orale. Livello medio

Ascolto Avanzato T. Marin
Materiale per lo sviluppo della comprensione orale. Livello superiore

l'Intermedio in tasca T. Marin
Antologia di testi. Livello preintermedio

Al circo! B. Beutelspacher
Italiano per bambini. Livello elementare

Una grammatica italiana per tutti 1 A. Latino - M. Muscolino
Livello elementare

Una grammatica italiana per tutti 2 A. Latino - M. Muscolino
Livello intermedio

Le tendenze innovative del Quadro Comune Europeo di Riferimento per le Lingue e del Portfolio (a cura di Elisabetta Jafrancesco, ILSA)

Insegnamento e apprendimento dell'italiano L2 in età adulta
(a cura di Lucia Maddii, IRRE Toscana)

Errata Corrige

	I edizione	II edizione
Pag. 9 (scheda 1: articolo indeterm.)	Uno (**)	Uno/Un (**) (**) Si usa un davanti a vocale
Pag. 14 (scheda 2: riquadro in basso)	... la frase è femminile singolare.	... altre parti della frase sono al femminile singolare
Pag. 20 (scheda 4: es. con essere)	Dove siete? Siamo vicino casa.	Dove siete? Siamo vicino a casa.
Pag. 29 (scheda 7: nota bene)	... inserendo "sc" nel tema.	... aggiungendo "isc" al tema.
Pag. 39 (scheda 11: nota bene)	... formare il futuro.	... formare il futuro (ad esempio come in francese).
Pag. 81 (scheda 26: futuro semplice)	... anche negli altri tempi verbali (...	... anche in altri tempi verbali (...
Pag. 95 (scheda 31: es. con quello)	... + nome che inizia per vocale)	... + nome che inizia per vocale. Ma si può anche dire: Questo amico / Questa amica)
Pag. 111 (scheda 38: imperfetto)	... interrotta da un'altra più importante	... interrotta da un'altra
Pag. 128 (scheda 45: nota bene)	Il participio passato non cambia se ... (non si deve dire: ...)	Il participio passato può cambiare se ... (si può anche dire: ...)
Pag. 149 (scheda 54: nota bene)	... scriviamo sempre i pronomi di ...	... scriviamo i pronomi di ...
Pag. 159 (scheda 59: nota bene)		(andare) Vammi a comprare il giornale! (non si dice/scrive: vami)